博瑞森图书
BRACE

企业阅读 本土实践

管理 · 人文 · 生活

建材营销系列

成为最赚钱的家具建材经销商

全面盈利一本通

李治江◎著

中华工商联合出版社

图书在版编目（CIP）数据

成为最赚钱的家具建材经销商/李治江著 . —北京：中华工商联合出版社，2018.4

ISBN 978-7-5158-2231-0

Ⅰ . ①成… Ⅱ . ①李… Ⅲ . ①家具 – 商业经营②建筑材料 – 商业经营 Ⅳ . ①F768.5②F765

中国版本图书馆 CIP 数据核字（2018）第 047093 号

成为最赚钱的家具建材经销商

作　　者：李治江
责任编辑：于建廷　王　欢
责任审读：郭敬梅
封面设计：久品轩
责任印制：迈致红
出版发行：中华工商联合出版社有限责任公司
印　　刷：北京宝昌彩色印刷有限公司
版　　次：2018 年 5 月第 1 版
印　　次：2018 年 5 月第 1 次印刷
开　　本：710mm×1000mm　1/16
字　　数：250 千字
印　　张：16.75
书　　号：ISBN 978-7-5158-2231-0
定　　价：168.00 元

服务热线：010 – 58301130
团购热线：010 – 58302813
地址邮编：北京市西城区西环广场 A 座
　　　　　19 – 20 层，100044
http：//www.chgslcbs.cn
E-mail：cicap1202@sina.com（营销中心）
E-mail：gslzbs@sina.com（总编室）

工商联版图书

版权所有　侵权必究

凡本社图书出现印装质量问题，请与印务部联系。

联系电话：010 – 58302915

导读

"互联网＋"时代的到来，让很多经销商都倍感焦虑，生意越来越难做了、钱越来越难赚了。怎么办？很多经销商老板都在抱怨，线上网店分流了线下实体店的客源，共享经济颠覆了传统行业的游戏规则，新生代消费者改写了传统营销的命运。面对更加扑朔迷离的未来和举步维艰的现状，经销商老板渴望着突围与转型？摆在我们面前的问题是，究竟该怎么转型，往哪里转型？

"渠道碎片化，内容个性化"是新零售时代渠道的最典型变化，本书开篇就指出了经销商在新时代的新思维，打造全网营销销售渠道，从传统的点状思维跃迁到全新的网格思维，从零售门店、工程项目、隐性渠道、深度分销、电商渠道全面构建经销商新零售销售平台，实现与终端用户的无缝对接。

长期以来，我们都认为产品是厂家的事情，厂家给什么货就卖什么货。但是在新零售时代，厂商关系倒置，消费者拥有了最终话语权。经销商更了解区域市场消费者的需求，把最合适的产品以最快的速度送到最需要的消费者手中，经销商的产品选择眼光决定了产品能否热销。第二章的内容从经销商老板如何定价到经销商老板如何打出产品组合拳，再到经销商老板如何打造热销新品，系统地分析了经销商产品组合策略。

面对来势凶猛的电商冲击，传统线下门店怎么办？任何事物都像一枚硬币拥有正反两面，曾经风光无限的电商如今同样面临着业绩下滑的危机。新零售打通的不仅仅是线上与线下资源的对接，更是对线下传统经销商信心的提振。传统门店面对电商的冲击，我们有制胜的两大法宝：一手抓客户体验，一手抓客户服务。抓客户体验就要强化店面的陈列，将零售终端从原来的售卖场所升级为体验中心，给客户创造一种全新的购物体验。抓客户服务就要将服务做到极致，让客户感受到前所未有的礼遇。"经销商门店精细化管理"用大量翔实的案例，启发经销商老板的思维，实现经销商向精销商转型。

对于客户来说，新零售时代最大的变化就是购买方式的变化。以前买东西，有了需求直接去相关产品的店面购买；新零售时代顾客产生购买需求后会先在网上搜索或者找熟人了解。也就是说，当顾客在信息搜索阶段都找不到你的品牌或者产品信息，那么顾客根本就没有机会走进你的门店。"经销商市场推广策略"主要从小区推广、异业联盟和老客户营销三个方面提升经销商零售店面的客流量，解决了我们当下入店顾客越来越少的问题。

"独行快，众行远"，经销商老板想要做大做强、基业长青，没有一支自己的核心团队非常危险。招人难，留人难，管人难。提到团队管理，大多数经销商老板都是一肚子的酸楚。在"经销商打造超级销售团队"这一章，我将跟大家分享一些经销商老板招人、留人的高招妙招，既能看到像肯德基这样的世界级企业系统化人才工程建设，又能看到夫妻店老板用人、留人之术。

"没有成功的企业，只有时代的企业。"著名企业家张瑞敏先生一语道破了商业真谛，只有站在时代的风口上，紧跟时代步伐、洞悉客户需求并且满足客户的需求，才能让自己生存下去，并且做大做强。

经销商老板的三十年江湖

生意越来越难做了，钱越来越难赚，是当下很多经销商老板的困惑。为什么做了多年生意的经销商老板反倒越来越没有底气、越来越没有信心了呢？三十年前做经销商，闭着眼睛卖货都能赚钱，现在就算使出浑身解数也不一定能赚到钱。我觉得至少有三个原因：

第一个原因是任何行业都有一个生命周期，当你进入行业的发展期时，怎么干都能赚钱。因为你站在了时代的风口上，这个时候比拼的不是经销商老板的能力，而是经销商老板的胆识。

第二个原因是消费者的变化，消费者消费品质升级，价格不再是消费者购买产品时考虑的首要因素。因此对于经销商老板来说，"专业销售"时代来临，你有没有能力影响消费者成为能否生存下去的重要资本。

第三个原因是"互联网＋"时代的来临，所有行业都会经历一个从野蛮成长到波澜不惊的过程，所有的老板都要经历从靠机会赚钱到靠专业制胜的洗礼。只是"互联网＋"时代的到来，加剧了这种蜕变的进程，对很多经销商老板来说，蜕变已经是很残酷的事情了，如果再加上一个效率因素，这种变化加剧了一些中小经销商老板的灭亡。

一、经销商老板发展的五个阶段

三十年河东，三十年河西。试问三十年前经销商老板做生意的套路今天还行得通吗？答案是否定的。遗憾的是，很多老板依然在走老路，跟不上时代的变化。

（一）经销商老板发展的第一个阶段，靠产品赚钱

对于经销商老板来说，选择大于努力。三十年前，如果你卖家电肯定能赚钱，直到国美电器吹起全国连锁扩张的号角；二十年前，如果你卖服装肯定能赚钱，美特斯邦威、森马、真维斯、以纯等休闲品牌充斥着大街小巷；十年前，如果你做电商肯定能赚钱，阿芙精油、百武西、七格格等电商品牌春潮萌动。所有行业在刚刚起步的时候，经销商老板都能闭着眼睛赚钱，这是时代的风口，谁有货谁就能赚钱。

（二）经销商老板发展的第二个阶段，靠管理赚钱

等风过了，行业红利结束，管理竞争成为经销商老板赚钱的第二个阶段。管理竞争要求经销商老板有两个转型：第一个转型是从夫妻店向公司化运营的转型；第二个转型是从粗放式经营向精细化管理的转型。公司化运营、精细化管理是经销商老板做大做强的必然阶段，是市场优胜劣汰、物竞天择的必然法则。要想做到公司化运营，经销商老板首先得有经营目标，其次要有团队，最后要有制度。

（三）经销商老板发展的第三个阶段，靠服务赚钱

很多经销商老板都认为线下门店受到线上的影响，就是因为线上更便宜，这说明他们没有认真研究线上的销售。有一个品牌叫作三只松鼠，专门做坚果销售，当你收到三只松鼠的包裹时，包裹里不但有坚果，还

送了很多吃坚果的工具、湿巾、封口夹、垃圾袋等小东西，方便顾客吃坚果时使用。线上的企业更加了解客户的需求，基于客户吃坚果时可能遇到的问题，提供场景化的解决方案。反观线下的门店，有几家门店能够为顾客提供这样的服务呢？所以，市场竞争到了第三个阶段，比拼的是服务能力，谁能够给消费者提供更好的服务，谁就有机会赢得未来的市场。

（四）经销商老板发展的第四个阶段，靠模式赚钱

焦虑和颠覆是这两年听到最多的词，所有企业面对"互联网＋"时代的来临都充满了焦虑，而各种基于"互联网＋"创造出来的商业模式通常会颠覆一个行业的游戏规则。"羊毛出在猪身上""不会做饭的厨师不是个好司机"，各种不合逻辑的主张在这个时代都可以生存，因为在这个时代我们要的不是逻辑，而是让客户满意，谁能理解客户、赢得客户谁就是最终的赢家。未来的商业模式一定离不开共享经济，不管是优步打车、小猪短租还是闲鱼、转转等二手资源置换平台，都在颠覆传统经销商的思维模式。在共享经济时代，消费者需要的不再是商品的所有权，而是商品的使用权，这样就让我们以商品交易为盈利途径的方式遭遇到前所未有的挑战。

（五）经销商老板发展的第五个阶段，靠资本赚钱

没有不赚钱的行业，只有不赚钱的老板。不管你身处哪个行业，只要这个行业还在就一定有人能赚到钱。当经销商老板抱怨钱越来越难赚的时候，要么是自己的专业能力不够，跟不上市场的脚步；要么是自己的实力不够，心有余而力不足。对于经销商老板来说，想要在一个区域市场站稳脚跟，我认为只有两条出路：要么做大做强靠规模致胜，像国美、苏宁这样的连锁卖场一样雄霸天下，但是没有几个制造商敢轻易跟他们叫板；要么出奇制胜靠创新赢得市场，不过这样的经销商只能做小众市场，很难做大做强。

二、经销商老板背靠大树好乘凉

"选择大于努力",经销商老板选择什么样的品牌合作,不但决定了经销商未来能否做大做强,甚至决定了经销商老板的生死存亡。

(一) 高利润的背后是高风险

任何强调高额利润的厂家都是在给经销商老板造梦,任何相信厂家高额利润许诺的经销商老板都在做梦。经销商老板盈利的简单公式:利润额＝销量×毛利率。最终能赚多少钱不仅取决于毛利率,还取决于销量。如果一个产品一年都卖不出去,即使毛利率高达200%,又有什么意义呢?高利润的背后一定是高风险,如果突然冒出一两个品牌商热情洋溢地跟你说:"跟我们干吧,包你几年之内就能发大财。"你就要考虑清楚了,他们靠什么能让你发大财,就是他们所许诺的高利润吗?没有市场何来利润?

(二) 样板市场是否可以复制

"眼见未必为实。"经销商老板不要轻易相信厂家所谓的样板市场,在参观样板市场时,要冷静地思考几个问题:

(1) 这个样板市场到底是经销商自己做起来的,还是企业支持他打造出来的。如果得不到公司的支持,还能有这样的结果吗?

(2) 这个样板市场有没有特殊性,比如市场容量、消费习惯和潜在客户的分布等,如果这个市场有一定的特殊性,那么你是很难复制的。

(3) 这个样板市场是否具有可持续性的业绩增长,有些样板市场是"虚假繁荣"透支市场,等样板市场的示范作用一结束,销售业绩就会一落千丈。

(4) 样板市场的经销商老板有多少资源,比如他的资金实力、社会关系、经营思路、销售团队等,你是否跟他有一样的资源,否则人家能做好,你可不一定能做好。

（三）品牌的成长是否可持续

经销商老板该怎样判断一个品牌是否具有长足的发展动力呢？品牌不是广告，也不是促销活动，首先，品牌应该是产品的背书。品牌的载体是产品，如果产品缺少竞争力，那么品牌就是水中月镜中花。在选择品牌的时候，经销商老板一定要先看看这家企业的产品能否过关，质量没问题不一定就是好产品，产品要有特色，能赢得一部分消费群体的喜好。其次，要看这家企业的品牌建设是在简单地打广告还是在做系统的品牌建设工作，广告再好，可是消费者找不到门店，或者找到门店以后整个品牌 VI 做得一塌糊涂，这都不是长久的品牌作为。最后，要看看这家企业的品牌广告是在卖产品还是在讲故事，卖产品的品牌还处于低级的产品竞争意识阶段，讲故事的品牌才能跟消费者建立情感的纽带，产生共鸣。

（四）企业文化是否符合自己

"物以类聚，人以群分"这句人际交往的至理名言，同样适用于商业关系的建立。经销商老板要选择一家企业文化跟自己的处事准则相同、相似的企业合作，否则为了一点小钱弄得自己很不开心，实在是不值得。经销商老板在跟企业接触的时候，要用心留意企业销售人员的爱好和做事风格，因为每个企业员工身上都会有企业文化的烙印，如果这些行为只是个别员工的行为就不必介怀，如果这家企业每名跟你接触的员工都有类似的行为，那么就可以判断这家企业的文化就是如此。适不适合你只有你自己知道，能不能跟这样的企业合作也只有你才能做出决定。

三、经销商老板要学会借力发展

亚里士多德曾经说过一句经典的话："给我一个支点和一个足够长的杠杆，我可以用它撬动地球。"这句话套用在经销商老板的生意上同样适用。"借力"是经销商老板获得快速发展的有效方法，经销商老板要学会整合各种内外部资源，为我所用从而有所作为。

（一）向厂家借力

作为经销商老板，不要简单地跟厂家要渠道返利，把更多的目标放到这点蝇头小利上时，永远也得不到发展的机会。厂家的很多资源都可以为我所用，就看你怎样跟厂家争取这种资源。厂家的宣传物料做得好，就跟厂家多申请一点，如果这种申请违反公司政策，就自己出钱购买，厂家在做物料的时候多做一点总可以吧；厂家的推广活动做得好，就跟厂家申请到自己这里来做一次活动，自己出钱、出人、出力，厂家只要教会你怎么做就可以了；厂家的销售人员比较厉害，就把销售人员请到店里，帮自己的店员多做做培训，指导一下如何调整店面陈列。总之，厂家掌握着很多资源，但是能否多争取这些资源，就要看经销商的争取力度。等着厂家打雷下雨，经销商拿盆接水肯定不行，经销商要像风一样，没有云的时候可以吹起一片云，也可以吹落一片云，只有主动争取才能借力厂家资源。

（二）向市场借力

经销商老板向市场借力，就要摒弃简单的促销思维模式，从促销思维向营销思维转化，借助社会事件提高自己在区域市场的品牌影响力。我们经常组织经销商老板参加一些公益性的活动，3·15活动、地球熄灯一小时等都可以，赞助的费用不高却能迅速曝光自己。举个简单的例子，每年夏天高考的时候，肯定有很多家长在考场外面焦急地等待，这么热的天，做一批晴雨伞给这些高考家长一人发一把，高考这么大的事情电视台一定会报道。等报道的时候，镜头里全都是你的广告伞，不但实现了品牌宣传的目的，还能提升你的公益形象。

（三）向同行借力

向同行借力，可以跟同行共享客户资源，还可以共享同行的优势资源，包括费用、人员和管理等资源。难怪很多经销商热衷于跨界联盟活动，这种联盟不仅能够增加客户来源、提高生意额，小的经销商也可以跟优秀的经销商学习先进的管理经验和经营方法。一位经销商老板就曾悄悄地跟我说："跟着大品牌做联盟，能学到很多东西。"向同行借力，在航空行业、经济型连锁酒店行业和连锁餐饮行业都已出现，那么未来的婚纱摄影行业、家居建材行业甚至培训行业一定也会往这个方向发展，那些抱着非要跟对手拼个你死我活的经销商老板该醒醒了。与其把精力花在关注对手上，不如修炼内功让自己插上"腾飞"的翅膀，因为有些对手你根本看不见，就像交通广播电台永远也想不到自己的对手竟然是滴滴、快的这些打车软件平台。

（四）向员工借力

前面谈到的三种经销商借力方式，都是在向外部寻找借力机会，经销商老板也可以从公司内部借力。现在有很多经销商老板抱怨招不到人，可是我们冷静地思考一下，真的到了山穷水尽的那一步了吗？显然没有。世界 500 强公司除了去人才市场招人、在网站上发招聘帖子以外，还有一个重要的渠道就是公司内部员工的推荐。如果内部员工推荐的人选被公司录取了，推荐人就可以获得 1~2 倍的月薪奖励。

向员工借力，老板就不要总把员工当成雇员来看，应该把员工当成自己的生意伙伴。

目录
Contents

第一章

Chapter 1

经销商销售模式创新

第一节　打造全网营销销售系统

用卖白菜的思路赚钱，是当下大部分经销商老板做生意的盈利模式。一棵白菜5毛钱拿到手，转身卖给消费者1元，赚5毛钱的差价。但是这种赚钱的套路正在面临着挑战，因为竞争对手越来越多。同样是5毛钱拿货，你卖1元，别人卖6毛钱，你说消费者会找谁买。"互联网＋"时代的到来，消费者可以购买的途径增加了，可以选择线上购买，也可以选择门店购买，还可以找电话销售人员、直销人员购买。线上的企业想到线下开店，线下的商家想去线上开店，O2O闭环全渠道营销等新玩法让传统线下经销商倍感压力。

市场需要的是搅局者，如果大家都是一样的销售规模，都相安无事地过日子，那么行业必然没有进步的机会，搅局者心怀梦想，想要做大自己的生意，想要做出一份事业。

案例分享：

时间回到20世纪80年代，有一个来自广东潮州的年轻人，穿着小背心，蹬着三轮车奔波在北京的胡同小巷，靠捣腾家电赚取差价过日子。1987 年，他在菜市口开了店，开始正儿八经地做起了家电经销商。过了几年，这个不甘寂寞的年轻人不愿意只做这个小店的生意，于是把店的面积扩大了。不但如此，他还不甘心只做一家店，于是乎遍地开花，短短几年内，他就把一个大型家电零售卖场开成了全国连锁店，这个企业就是国美电器，而这个年轻人就是黄光裕。

黄光裕是家电行业的搅局者，虽然国美电器经历了很多变化，但是作为家电零售业态新模式的开拓者，黄光裕先生的眼光和格局，今天想来仍然让人为之敬佩。每一个行业都会有发展的黄金五年，在这五年内，闭着眼睛都可以赚钱，就像小米手机的老板雷军说的那样："只要站在风口上，猪都会飞。"雷军的这句话不但适合互联网行业，每个行业都经历过这样的风口。

与其站在风口上等风来，还不如自己主动行动，做行业的搅局者。随着市场竞争越来越激烈，经销商老板开大店已经成为一个不成文的法则，动辄上万平方米的大卖场风起云涌，加速了各个行业的洗牌，强者恒强，弱者扶墙，直至被清盘出局。这山望着那山高，每个行业的经销商老板都在抱怨生意不好做，都在羡慕着别人的生意。其实，不管哪个行业，都是"月儿弯弯照九州，几家欢乐几家愁"的局面。难怪一位照明行业经销商叹息："前几年，我卖一个灯够赚四个灯的，现在我卖四个灯还赚不到一个灯，生意越来越难做了。"如果只是生意难做还是幸福的，最怕的是生意没得做。随着顾客购买越来越理性，传统的销售方式越来越行不通了，看着每天像被水洗过一样冷清的卖场，很多经销商老板都摇头琢磨着今后的出路。

真的到了山穷水尽的那一步了吗？答案是否定的。当我们用更加聚焦的眼光来关注所在的行业时，我们会发现更多的销售机会。关键是作为一名经销商老板有没有创新意识，面对困境的时候有没有想到过更多突围的方法与手段。

案例分享：

索菲亚衣柜贵阳的经销商，开了一家只有几百平方米的小店，却做着年销售额几千万的生意。当你走进这家店的时候，会发现这家店并没有想象中的奢华，为什么这个弹丸小店可以创造这样惊人的业绩呢？因为这家店的生意不单单依靠店面的零售生意，老板组建了四个销售团队，每个团队都有10~20个人的编制。一个团队专门负责店内的零售生意，一个团队负责在小区开发客户，一个团队负责电话销售，还有一个团队负责工程项目的销售。一个小店多渠道销售，成为索菲亚衣柜经销商赚钱的盈利之道。

经销商老板的销售方式不能过于单一，如果你只是用零售做销量，或者只是靠工程来做销量，都是单腿走路，销量很难做大。当你想清楚了"我们的目标客户是谁""我能用什么方法把产品卖给他们"，销售渠道就被设计出来了，然后就是组建团队开发这个渠道了。只要经销商老板销售的是消费类产品，一般来说都会有五个销售渠道，如图1-1所示。

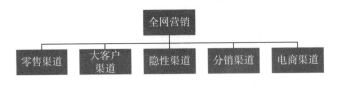

图1-1　消费类产品的五个销售渠道

经销商老板所在的行业可能有很大差异，但是渠道规划上的差别不大。我具体解释一下，零售渠道直接把产品卖给最终的消费者，目前主要的销售方式分为两种：一种是通过专卖店的形式进行销售；另一种是通过超市卖场销售。专卖店目前成为众多商家销售竞争的主要手段，得终端者得天下，当一家企业有足够的专卖店数量时，不但能够形成销售力量，而且也是最好的品牌广告。大客户渠道得分行业来谈，对于家居建材产品来说，大客户渠道就是指工程项目，比如万科、恒大这样的地产商。对于酒水饮料产品来说，大客户渠道指的是特通渠道，比如酒店、夜场、网吧等。隐性渠道是指能够给我们带来销售订单的各类专业人群，他们并不会销售我们的产品，但是他们的建议会影响甚至决定消费者的购买。分销渠道是指经销商老板可以把自己的产品批发给下线客户，由下线客户把产品卖给最终的消费者。目前对于大部分经销商老板来说，电商渠道是他们既恨又爱的渠道，恨的是电商渠道分流了线下门店的生意，爱的是自己如果会玩电商，生意可以有井喷的增长。

一、门店零售，一店定生死

零售是很多传统经销商产品销售的重要渠道，而门店则是经销商老板进行零售活动的重要载体。随着市场竞争的加剧，消费者对于产品购买过程的体验和服务的要求不断升级，专卖店成为经销商老板做零售生意的必然选择。这种选择对于有思路的经销商老板来说是一种主动选择，因为专卖店更加能够强化客户的购买体验，从而提升客户的进店率与成交率。当然还有一种选择是被动选择，只要你想经营一个品牌，那么品牌厂家对经销商老板的第一要求就是开专卖店，因为专卖店还是企业品牌形象塑造与输出的重要途径。

在当今的市场环境下，厂家选择经销商第一个标准就是是否有店。SX家纺的营销总监告诉我，公司曾经在这方面吃过亏，开发了一个看似很有实力的经销商，结果这名经销商老板一年也没开出专卖店，一店难求成为很多行业经销商面对的共同问题。

一个好店面可以传世，这话可能有点夸张，但是一个好店面不但要出房租还要出转让费却是不争的事实。肯德基开店的首要条件就是位置、位置、位置，虽然在"互联网＋"时代位置不像当年那么重要了，但是找到一个好的位置会事半功倍。因为专卖店好不好就取决于客流量、进店率、成交率、客单价、回单率五大指标，而客流量首当其冲排在第一位。店面的位置选对了，有足够的客流量，进店率和成交率等问题是经销商老板通过内部的经营管理就可以解决的问题。

对于如何才能做好一家门店零售的生意？我就这个问题向很多经销商老板提问时，大家给出的答案五花八门，有人说做好门店零售生意最重要的是做好客户服务，有人说做好门店零售生意最重要的是抓好门店导购团队管理，有人说做好门店零售生意最重要的是做好促销活动……好像都有道理，而且在这些方面都有成功的案例，但是仔细想想好像又不是专卖店经营的核心。关于这个问题，我们研究了不同行业专卖店的经营模式，比如 7－11、星巴克、麦当劳和快时尚品牌 ZARA 等，结果发现，专卖店的核心竞争力在于创造顾客的能力。这种能力包括两个方面：一方面是如何吸引新顾客；另一方面是如何留住老顾客并让老顾客重复消费，每次消费金额有所提升。

二、大客户渠道，品牌快车道

门店零售是经销商生意的基础，因为零售能够创造充裕的现金流。工程项目在给经销商带来巨额销量的同时，也有与生俱来的致命短板，那就是账期长、资金回笼慢。我在走访市场时，跟很多经销商聊天都发现了一个现象，那就是做零售的羡慕做工程的，自己辛辛苦苦地干一年才赚一点小钱，做工程的一个单子够做零售的干好几年的；做工程的又羡慕做零售的，现在工程难做，又要专业又要做关系。

既然做工程有这么大的弊病，为什么还有很多经销商老板把重点放在工程上呢？其根本原因在于工程订单能够提高品牌的曝光率，会影响零售客户的购买。机场、高铁站或者一些上档次的酒店的洗手间里使用的卫浴产品很多都是 TOTO、科勒这样的大品牌，这些品牌的曝光无疑能影响零售。所以，工程渠道建设看起来是做大单，其本质是在做区域市场品牌建设。经销商势单力薄，经销商与厂家协同操作，共同开发工程项目才是赢得市场的关键。

三、隐性渠道，深挖大金矿

"互联网＋"时代很多传统的观念被颠覆，尤其是营销领域，不管你用什么方式将产品交付到客户手中，只要你能够实现交易的达成并且让客户持续满意，那么就是成功的营销。去渠道化、去中心化是"互联网+"时代渠道销售的变化，因为信息高度透明化，物流配送的无缝对接，导致消费者可以跨过经销商直接找到厂家。消费者提出购买需求，厂家根据消费者的需求进行生产定制，是"互联网+"时代营销渠道变化的最大特点。在这样的时代背景下，经销商老板何去何从？我认为，经销商老板需要构建一个更大的经营平台，不只是担当搬运工的角色，还要参与厂家的品牌建设和产品开发，为消费者提供更有附加值的产品和服务。这样的转型需要经销商老板颠覆传统的销售思维，整合各种社会资源，实现销售的最大化。

凡是能够帮助我们把产品送到客户手中的资源都是能够为我所用的销售资源，如果再依赖传统的点对点销售模式，这个平台是无法做大的。哪些资源是我们说的销售资源呢？我举个例子，眼镜的销售既可以通过店面零售的方式销售给客户，可以通过医生向客户提出销售建议，也可以由学校的老师向学生提出建议，那么医生和老师就是我们的销售资源，难点就是怎样把握与这些人群的关系，我们把这些能够带单的资源叫作隐性资源。隐性资源的开发绝不是销售提成这么简单，如果隐性资源的人没有职业道德，为了蝇头小利胡乱向客户推荐产品，不但会造成客户反感，而且还有触犯国家法律法规的风险。

四、分销网络：地网全覆盖

所谓分销，无外乎开发出下线客户，让他从自己的手上拿货然后再销售给最终用户。这样的销售形式，一要获得厂家的授权，二要划分严格的销售区域。有些公司没有办法覆盖的市场，经销商就可以向厂家提出开发分销的要求，比如乡镇市场，出于对市场容量和服务能力的考量，有些厂家还没有计划渗透。如果经销商认为这个市场具有一定的潜力，就可以向厂家申请开发。

分销的类型，我们更多地讨论的是地理位置上的分销，也就是纵向分销。一般厂家采取的模式是"总代理—经销商—分销商"层级管理模式，对于经销商的销售模型来讲，不但可以开发纵向分销客户，而且可以开发横向分销客户。比如在一个地级市，很多经销商会选择在一个专业市场开一家门店，但是很多地级市都有十几家专业市场，你不去开店，竞争对手必然会选择开店，品牌的曝光率明显不够。为了更多地占领市场份额，在同一平面市场，经销商应该做出合理的商圈评估，让门店数量辐射到每一个有购买需求的顾客。如果自己做不到，可以考虑开发分销商。总之，不管是纵向分销还是横向分销，都是能够让经销商在短期内快速打开市场、占领市场的有效方法之一。

五、电商渠道：天网造未来

"互联网＋"时代的到来，对于传统经销商来说既是挑战更是机会。那些故步自封跟不上历史潮流的经销商终究会被淘汰出局，那些紧跟时代步伐的经销商能够借着"互联网＋"的大势弯道超车，实现快速发展。首先，对于经销商老板来说，应该正确认识到"互联网＋"时代的到来，这个时代最大的特点就是渠道碎片化和内容的个性化。也就是说，消费者开始拥有了更多的购买便利性，任何再用传统想法开店做生意的模式都得改变，消费者要的是怎么方便、怎么买，渠道的碎片化就要求无论何时、何地，只要消费者有需求，我们都能够快速地出现在消费者的面前。其次，内容的个性化要求经销商老板加入社会化营销中，未来厂家的品牌力量将会被削弱。区域市场经销商老板如何打造自己的品牌，利用社群营销的方式将客户的价值挖掘到最大化，将成为经销商构建核心竞争力的一个重要手段。

"互联网＋"时代是一个充满焦虑的时代。对于厂家来说，焦虑的是未来怎么走、如何才能够平衡线上销售与线下经销商之间的冲突问题；对于经销商来说，是甘心沦为厂家产品体验的门店平台和只赚取微薄利润的厂家配送服务商，还是升级为专业运营的平台商，是时候做出决策了。我认为，经销商一定不能抱着厂家不能在线上开店的思路哭穷傻等，在历史的潮流面前没有人可以逆时代而动，经销商需要打造线上线下一体化的

O2O 平台，引导客户线上搜索我们的产品，来到线下门店进行体验购买，强化门店的客户体验功能和服务功能。

渠道碎片化、内容个性化，是"互联网＋"时代企业营销与销售最大的变化，经销商老板唯有打造线上线下联动销售的全网营销渠道，实现对消费者的无缝对接，为消费者提供随时、随地的客户服务，才有机会在越发惨烈的商战中不被歼灭。从传统经销商到新零售经销商，需要我们转变观念，更需要我们提升能力。

第二节　"互联网＋"时代的门店新零售

起步阶段的经销商老板大都是租店开店的模式，由于零售生意既不占用太多的资金也不需要过多的社会关系，只要脚踏实地地把门店体验做好，再加上价格优势和店员的销售能力，就不愁在市场上占有一席之地。然后，经过几十年的快速发展，门店零售的生意早就发生了天翻地覆的变化，开店就能赚钱的日子一去不复返。

传统的经销商门店再不转型，就会必死无疑。主要问题来自以下几个方面：

（1）互联网对线下门店的冲击不容小觑，不管你承认还是不承认，互联网的价格优势、服务优势已经赢得了无数年轻消费者的芳心。

（2）门店零售行业的细分特征明显，专业的零售店风起云涌，专业做护理产品销售的屈臣氏、万宁，专业做化妆品销售的丝芙兰，专业做玩具销售的玩具反斗城等店面的出现，直接颠覆了消费者对于传统门店的认知。

（3）7－11、全家 Family Mart 等社区便利店这两年开始跑马圈地，在各个社区遍地开花。虽然这些社区店在价格上并不便宜，但是各种贴心的社区服务项目，特别是离消费者距离近的地理优势，使得这些社区店站稳了社区营销的脚跟。

（4）消费升级与消费者群体的变化也会颠覆传统的零售门店生意。随着消费者购买力的不断提升，消费者更加关注产品的品质与品牌，价格竞争的优势正在慢慢减弱，而且消费者重心正在向"85后""90后"转移。这些年轻的消费者更加追求个性化，不懂"85后""90后"就没有未来。

在这样的市场大背景下，传统意义上的专卖店已经举步维艰。专卖店本身就是一个站在厂家角度忽视了消费者感受的门店形式，它过于强调产品的陈列和坪效等可以量化的销售指标，但是在"互联网＋"时代，消费者才是店铺的主人，他们更关注店铺能提供什么样的产品和服务。因此，在"互联网＋"时代，场景体验和服务营销成为门店构建核心竞争力的两把利剑。

案例分享：

那么门店是否还有机会，传统的零售门店如何生存下去？我想回答是肯定的，最直接的例子就是宜家家居，一家来自瑞典的家具零售企业，是靠什么生存下来的呢？宜家家居的售卖方式和很多门店有巨大的差异，当大多数门店都在强调坪效（每平方米卖多少货）、人效（每名店员卖多少货）的时候，宜家家居则用体验式的开放空间创造了让人羡慕的人流量和销售额。他们没有按照产品品类做陈列，而是设计了一个个真实的家庭体验间，让最小的空间得到最大化利用，同时突出家具的舒适性和人文气质，这就是宜家设计卖场的理念。所以每个来到宜家的人不仅仅是在买产品，还是在接受家庭装修的设计理念。大家纷纷拿出照相机四处拍照，一会儿羡慕人家的电视柜不但做得漂亮而且有很多储物收纳功能，一会儿又说人家的厨房间设计得科学，连操作台面都考虑了人的习惯，一会儿又说一张小床都做得这么别致，实用舒服而且价格便宜……很多人在逛宜家的时候都忘了自己到底是在买家具，还是在体验一种全新的生活方式，或者两者兼而有之。

从宜家家居的零售模式可以看到，专卖店这个词不再适用这个瞬息万变的时代了，顾客想要的是一种生活方式。如果你还在通过货架空间卖产品，终将会被顾客抛弃。门店生存的第一个关键问题就是，我们到底在卖什么？

一、传统专卖店如何转型

（一）是卖什么的

专卖店模式强调品牌化经营。如果是一家咖啡店，那么主营产品就应该是咖啡；如果是卖厨具的专卖店，那么店里不但只能卖厨具，而且还只能卖所代理的品牌的厨具。在"互联网＋"时代，这些最纯粹、最传统的观点都受到了冲击与挑战。消费者才不关注店里是卖什么的，最关注的是能够解决什么问题。场景营销才是门店未来自救的重要出路，不必刻意界定自己是卖什么的，你卖什么并不重要，重要的是当下你能为我解决什么问题。

为了把这个问题说清楚，我不得不说家居建材行业这两年最流行的经销商活动促销玩法——异业联盟。所谓异业联盟就是以瓷砖、地板、橱柜、家具、灯具等品类为代表的商家一起联合进行促销活动，大家一起投入费用、投入人员进行市场开发、互相带单，因为大家针对的目标消费者是一样的，就是正在装修的业主。其实，异业联盟的形式可以玩得再深入一点，因为在顾客装修主材采购需求的这条决策链条上，构成了一个装修采购的场景，那么一家店面就可以解决这些问题。所以，在我看来异业联盟最终发展的结果就是类似红星·美凯龙、居然之家等零售卖场的形式出现，遗憾的是红星·美凯龙、居然之家这样的卖场只忙着向商家收房租，忽视了对顾客装修场景需求的满足与创新营销。

（二）是怎么卖的

如果你是刚刚入行的经销商，首先应该思考的问题是卖什么产品，然后要思考的问题是卖什么品牌，接下来要思考的问题是怎么卖。至于卖什么产品能赚钱，这是"仁者见仁，智者见智"的问题。如果抱着赚钱的心态选产品就一定要选择处于上升期的产品。

原来市场上有个浴霸产品卖得特别好，浙江有个品牌在国内是响当当的老大品牌，这两年走下坡路了。不是他们家的产品不行，而是市场上出了一个新产品叫作集成吊顶。它把照明、取暖、换气和扣板四大模块整合成一个了，原来的浴霸产品多了一个革命性的竞争对手。如果你是做浴霸的经销商，你说惨不惨？要说惨，还有比浴霸行业更惨的，手机行业、服装行业、电动车行业，哪个行业好做呢？

手机行业，最开始是诺基亚一家独大，后来诺基亚、三星和摩托罗拉三分天下，接着市场井喷了，波导、首信、夏新，估计很多人至今还记得当年硝烟弥漫的战斗场景。然后市场洗牌山寨机出现，直到苹果、华为、OPPO、小米等众多手机如火如荼，这么一场轰轰烈烈的生死大战也不过十几年的时间。如果经销商当年短视，抱着赚快钱、牟暴利的心态做一些国产小品牌，估计早在奋斗的路上就算没被渴死、饿死，也被行业的冬天给冻死了。再来看看服装行业，国产运动服装品牌最疯狂的时候，同一品牌可以在一条街上开三四家专卖店，为了狙击竞争对手天天打折促销。本来以为在这么惨烈的竞争中，行业肯定会洗牌出现"寡头"品牌的，谁知道市场的变化速度让很多人招架不住，这边的战斗还没打完，那边新生力量正策马扬鞭奔驰而来。快时尚品牌颠覆了整个服装零售行业，H&M、C&A、GAP、Zara、优衣库等服装零售商如雨后春笋般遍地开花，用他们出色的产品品质、价格策略和供应链管理，把传统运动服饰品牌逼到了死角。

不创新就是等死，这可以说是移动互联网时代带给经销商的直接挑战，谁再像以前那样，租个铺子以卖白菜的方式赚差价，谁就是自寻死路。从来没有一个时代像现在这样，消费者拥有了更多的信息知晓权，只要愿意，不用到门店也可以了解到全部的产品信息，甚至足不出户直接选择网上下单。经销商要思考的问题是用什么样的方式销售产品。即使市场上出现了众多的模仿者，星巴克依然能够笑傲江湖，靠的是什么？很多年轻人到星巴克喝咖啡，事实上又有多少人是真正的咖啡爱好者，说到底这些人是喜欢星巴克的环境而已。所以，星巴克卖的不是咖啡，是第三空间，是一种氛围。

（三）是卖给谁的

零售门店的成功秘诀是什么？经销商老板的回答大相径庭，有人告诉我说是团队，有人说是服务，也有人说是店面位置。特别是这五年以来，我们明显感受到了零售业态翻天覆地的变化，从前的很多商业法则今天都不适用了，对于门店来说，核心竞争力应该是创造顾客和留住顾客的能力。对于一家门店来说，首先要研究的不是自己内部的情况是什么，而是要研究我们的客户是谁，他们有什么需求和期望，我们该怎样做才能满足客户的这些需求和期望。

我们发现，如果一家门店没有精准的客户定位和分析，最终的结果必然是客户的持续流失，专注做大众市场还是小众市场，走大流通渠道还是高端客户群？这是很多经销商老板的一个挑战。大家都看到 LV 在国内的大肆发力，销售额节节攀升，这对 LV 来说是好事还是坏事呢？可以试想一下，当一名高端客户拿着 LV 走在大街上的时候，他发现 100 个人里面有 99 个人都拿着 LV，是不是感觉很不好。当一个所谓的高端奢侈品不断地靠客户数量来实现销售增长的时候，就意味着它已经告别了高端的梯队，开始向低端产品滑行。很多人都听说过微笑曲线，在这里可以做一个改变，如图 1 - 2 所示。

品牌定位决定了价格策略

图 1 - 2　微笑曲线

如果销售额的实现不是靠客户质量的增长，而是靠客户数量实现的，最终结果就是走向低端大众化，而低端大众产品的微薄利润是很难让企业再有资源去做更多客户服务提升的。现实的情况是，经销商老板很难静下心来，看着别人店里门庭若市，而自己店里门可罗雀，他就会采取一些激进的促销手段。这些促销手段虽然在短期内能够帮助经销商实现销售增长，但是如果促销常态化，对品牌来说是很大的伤害。如果你的产品瞄准的是高端客户群，那么我们就应该在客户服务上做出更多的努力，而不是靠简单的低价手段来启动市场，当然简单的低价手段也没法打动这些客户。

零售门店是客户资源的整合平台，在细分客户类型的时候，我们发现不管是哪个销售渠道的客户想要变现，最终还是会回到"门店"这个平台上。零售渠道的客户来到门店购买产品，工程渠道的客户来到门店进行产品看样，隐性渠道的客户通过门店实现合作，分销渠道的客户通过门店树立信心、复制经验。

（四）还能做什么

随着移动互联网时代的到来，很多人都开始唱衰传统门店，认为传统门店早晚得关门大吉，对此我是持反对意见的。人们为什么要买？如果从刚性购买需求的角度来看，买东西就是要解决问题，那么线上完全有可能取代线下。但是客户的购买行为不仅仅是一种经济行为，还是一种生活方式。我们想象：假如所有的实体店都关门了，每个人都宅在家里刷屏购物，你知道这多么可悲了吧。客户的购买行为除了完成产品的交换外，还有情感交流，传统门店能给客户创造更多的真实体验，让客户获得愉悦的购买体验，而不仅仅是一个产品交易的场所。

那么，怎样实现门店的转型，从专卖店向体验店转型呢？前几年，我们在企业里开始倡导旗舰店的概念，就是鼓励经销商开大店，因为开了大店既能吸引客户又能给公司长面子。随着市场竞争的加剧，经销商钱赚得越来越辛苦，我们又开始提坪效的概念，也就是看看哪个门店的卖货效率最高。今天，不管是大店还是坪效店都将成为历史，因为对客户来说，体验才是关键。上海的 K11 商场主打艺术商场的概念，麦当劳餐厅也卖起了咖啡，未来的门店更加突出生活场景的构建，不再是简单的产品售卖场所。苏州的新光百货用园林式的场景模式，实现了将零售业态与苏州古典园林文化的完美结合，正是洞察消费者变化与时代风口的典范之作。

（五）为什么要从这里买

国美电器最初在进入济南市场的时候特别艰难，因为虽然国美电器是全国响当当的家电连锁品牌，可是在济南，经过多年的市场运作，老百姓就认三联的牌子。他们觉得万一国美倒闭了怎么办，三联不一样，在济南很多年了，大家认为三联不会撂挑子跑人，就算跑了也是"跑的了和尚跑不了庙"。有一个裁缝在街上打出一个牌子"全市最好的裁缝"，第二个裁缝马上挂出了"全国最好的裁缝"的牌子，第三个裁缝怎么办？他想了想，挂了"整条街最好的裁缝"的牌子。看似是一个笑话，放到今天的市场环境来看，这就是定位的问题。经销商的最大优势不是自己的资源，也不是自己的能力，而是对当地区域市场的熟悉程度。只要经销商老板更加熟悉市场，经过多年的精耕细作就可以形成一定的竞争优势。

客户为什么会从你的门店买东西？

第一个因素就是品牌。这个品牌不是我们说的厂家品牌而是经销商的品牌。我跟很多经销商分享过一句话："在区域市场没有强势的厂家品牌，只有强势的经销商品牌。"如果经销商有能力，完全可以把一个三线品牌做成当地市场的第一品牌，经销商口碑决定了消费者是否愿意在你的门店购买。

第二个因素是服务。如果经销商能够把服务做得更极致，让客户少一些烦恼，客户就会愿意来你的店里购买。

第三个因素是情感。这个词看起来有点空，其实一点也不空洞，经销商门店与消费者之间的情感联系将成为客户再次走进你的门店的重要因素。

二、经销商 1+N 开店模式

这两年我接到很多厂家的培训需求，都是关于"经销商如何做大做强"的主题，可见打造优质经销商是很多厂家共同的心声。瘦死的骆驼比马大，大经销商的抗风险能力更强，不但能够帮助厂家在区域市场打造强势品牌，而且能在危机时刻挺身而出助厂家一臂之力。在厂家纷纷垂青于大经销商的时候，中小经销商唯有创新营销弯道超车、快速提升销量，才不会成为风中之沙被市场淘汰出局。那么，中小经销商究竟怎样做才能快速做大做强呢？对于以门店零售为主营业务模式的经销商老板来说，多开店才能获得长久的生存发展。

（一）大店是经销商立身之本

如果说经销商老板多店布局策略是满足消费者购买便利性需求，那么经销商老板开大店的目的则是要满足顾客购买体验的需求。在同一区域市场，对于经销商老板来说，运作多家动辄上万平方米的大店压力过大，但是没有一家像样的大店又很难吸引消费者，特别是年轻消费者的兴趣。我已经多次提到过在"互联网＋"时代，厂家品牌正在衰落而经销商品牌正在崛起的观点，所以提出了 1 + N 的经销商开店策略。1 是指一家超大规模的体验店，而 N 则是指经销商老板完善战略布局的各种类型的小店，形式不拘一格。

唯有大店经营才能够为客户创造更好的客户体验，方太电器的旗舰店近千平方米，马可波罗瓷砖至尊店上万平方米，竞争越是惨烈的行业越早进入大店竞争时代。这么大的店面面积，早已经不再是传统意义上的专卖店了，在这些大店中既有产品展示又有用户体验，产品的体验功能远远大于售卖功能。经销商老板开大店的首要目的是销售，通过大店体验中心来为客户构建场景，客户来到这些店面的时候通过生动的场景展示通常能够激发客户的联想，从而产生购买欲望。经销商开大店的另一个目的则是在区域市场提升品牌形象，打击竞争对手。

案例分享：

"心有多大，舞台就有多大。"这句话送给当下心怀梦想的经销商老板再合适不过了。关于开大店，很多经销商老板担心高额的运营成本可能会让自己的投入血本无归。当你把自己的店面开在专业市场的时候,由于专业市场店铺寸土寸金,高额的房租租金对很多老板来说确实是巨大的挑战。尚品宅配、维意衣柜等家居建材行业的领军品牌选择在万达广场、绿地这样的商场开店,结果让人大跌眼镜。这就是跨界思维,你是卖什么的不重要,重要的是你能给消费者创造什么价值,你在哪里卖也不重要,重要的是你离消费者的距离要近。有人会问,在购物中心开家居建材专卖店能行吗?"互联网+"时代,客户的时间越来越碎片化,消费群体更加趋向"90后",将家居建材产品以快时尚品牌的方式进行销售更能够赢得这些年轻消费者的心。

(二)多店是经销商发展之路

"互联网+"时代的最大变化就是渠道碎片化、内容个性化,当经销商老板抱怨生意每况愈下的时候,家乐福、沃尔玛等传统的大卖场生意也很艰难,反倒是7-11、全家Family Mart等社区连锁店如雨后春笋般遍地开花。究其原因就是消费者购买行为的改变,随着消费者购买能力的提升,消费者的购买行为有三点变化不能不引起经销商老板的重视:

第一,"互联网+"时代,客户对于产品信息的了解越来越多,只要愿意,客户可以在网上了解到自己所要了解的各种信息,因此有时候消费者比店员更加专业。

第二,消费者的购买力升级,结果就是很多低价产品、杂牌产品销售出现大幅下滑,截至2016年,方便面、啤酒等快消品出现大幅下滑就是不争的事实。

第三,消费者变得更加挑剔,当你没办法满足消费者的购买要求时,你的对手可以,因此谁离消费者近谁就拥有胜出的机会。经销商老板多开门店的意义不仅仅是要完善区域市场布局,打击竞争对手,更是满足客户产品购买便利性需求的必然抉择。

第三节　工程项目销售引爆品牌势能

案例分享：

席梦思公司是从 1876 年就开始销售 95 分弹簧床垫的销售商，该公司和达喜屋酒店及度假酒店集团旗下的威斯汀酒店合作，将天梦之床置于威斯汀酒店的客房内。如此一来，酒店顾客获得了天梦之床的购前体验机会。短短 4 年时间，美国和加拿大的威斯汀酒店就向其顾客售出了 4000 套组合式天梦之床，每一整套的价格是 3000 美元。威斯汀酒店还以每只 65～75 美元的价格售出了 30000 只席梦思羽绒枕头。

其他公司纷纷效仿。喜达屋集团旗下的另一个酒店——喜来登大酒店通过免费订购电话向顾客销售甜梦之床和床上用品。记忆泡沫床垫的制造者——丹普感温公司也建立了自己的合作伙伴，通过他们的帮助，该公司的销售额超过了 5 亿美元。丹普感温公司通过网站让其潜在客户到全美各地精心挑选酒店，顾客付费后就可以在酒店内的泡沫床上享受美妙的一晚。

这种相对新型的互惠互利方式使得酒店顾客可以事先体验各类产品，诸如床、灯、喷头、洗手液等。如果顾客觉得满意，就可以把产品买回家。同时，这种协同合作方式也使得公司能够为其产品营造一种轻松，有时甚至是豪华的氛围。大约 4 年前，摩恩水龙头公司请求位于其俄亥俄州总部大街对面的万豪国际酒店允许该公司在酒店的部分客房内试用其革命按摩喷头。公司称顾客反映非常好，以至于酒店请求摩恩公司在将喷头推向大众市场之前，先让酒店在前台销售。

——罗格 D·布莱克韦尔《消费者行为学》

　　席梦思品牌的建立，不仅仅是靠零售渠道消费者的支持，而是因为他们研究了市场的状况，选择与高端酒店合作，从而通过客户体验创造了销量。工程项目和团购订单是很多厂商瞄准的细分客户，做工程项目不仅能够实现短期内快速上量，还能在区域市场进行有效的品牌曝光，对于品牌在区域市场的建立意义重大。我所认识的经销商有的侧重零售业务，也有的专攻工程项目。不论是从经销商的生意理念还是在人生历练上两者都相去甚远，我们很难去评价孰好孰坏、孰优孰劣，只能说各有特点、各有各的活法。

　　照明行业有一个叫"海洋王"的灯具品牌，少有人知道，甚至有些在照明行业混了六七年的人都不一定知道这家公司。但是它的销售规模却在几十亿元以上，也可以称得上是"隐形冠军"了。为什么这家公司有这么大的销售规模，却鲜为人知呢？海洋王与欧普、雷士等传统照明企业不同，它们主要生产轮船、厂矿工业用灯，他们的销售方式不找渠道，而是直接做甲方，厂家派驻销售工程师驻点在客户方的工厂和办公室，随时随地为客户解决各种问题。这样的客户关系和专业的销售方案支持，不是任何一家企业靠低价能够竞争的。因此，无论从海洋王产品的销售方案还是销售方式上，都具有不可替代性，即使竞争加剧，这家企业也能独善其身。

一、开发工程项目独步天下

　　对于经销商老板来说，要想在区域市场快速建立自己的知名度，最直接的做法就是做工程项目。经销商老板在区域市场拥有广泛的人脉资源，所以工程项目是发挥人脉作用，将人脉资源用到极致的最好体现。

（一）工程项目可以在短期内迅速提升销量

　　作为大宗消费产品的重要出货渠道之一，工程项目的出货量令人兴奋，辛辛苦苦干一年零售，可能都没有一个工程项目的采购量大。那些擅长于工程项目操作的经销商老板对于零售的生意总是嗤之以鼻。原因很简单，再怎么做零售，如果做不成连锁门店，单凭一两个小店，随你怎么玩也难望工程项目销售的项背。

（二）工程项目可以提升品牌在区域市场的影响力

卫浴行业的三大领军品牌美标、科勒和 TOTO，在工程项目的竞争上已经到了短兵相接的地步。无论是机场还是高铁站，都能看到这三个品牌的产品，正是在这些标杆性项目上的频频亮相，导致其品牌知名度家喻户晓。国际品牌与国内品牌的最大区别就是国际品牌很少在零售终端祭起价格战的大旗，不搞低价促销反而让这些品牌坐稳了高端定位的交椅，既保证了产品的丰厚利润又提升了品牌形象。

（三）工程项目可以提升经销商老板的知名度

在厂家组织经销商年会的时候，你会发现经销商老板常常会因为自己操作过一些工程项目而沾沾自喜，哪怕这些项目曾经让自己焦头烂额，哪怕这些项目真的是赔本赚吆喝。为什么？因为在操作工程项目的时候，他经历了很多的竞争，最终在竞争中胜出，用实力证明了自己的能力。工程项目可以让经销商老板在区域市场结识各种人脉，也能提升经销商老板在厂家经销商队伍中的排名。一提起工程经销商，大家的感觉就是"牛人才能办牛事"。

（四）工程项目可以打造一支优秀的销售团队

很多做工程项目的业务人员不太把门店销售人员放在眼里，因为他们觉得工程项目销售的难度远远大于门店销售，搞定一位零售客户不一定能搞定一个工程项目。工程项目的采购周期长、决策人数多，想在众多对手中胜出的确是件难事。工程项目可以让经销商老板的销售团队快速成长，让每名业务人员都能成为独当一面的销售高手，对于经销商老板销售团队的组建和发展来说，工程项目是最好的练兵场。

二、SWOT 分析谋定而后动

案例分享：

沈阳周总比我年长几岁，我们的相识说起来真的是缘分。有一次给安徽桐城一家家纺企业培训，周总作为该家纺企业的经销商正好和我坐同一辆车去机场，所以大家便从一面之缘发展成了朋友关系。跟周总接触多了，才知道周总不但做家纺还做窗帘产品，而他代理的亨特窗帘属于高端的窗帘品牌，主要做希尔顿、万丽等五星级酒店。周总说："亨特的品牌说起来可以算是全行业的标杆，荷兰的百年老牌，人家的吊顶做得更好，很多机场的弧形吊顶都是亨特的，因为全行业只有亨特可以做弧形吊顶。"

据周总所说，他的工程项目不仅仅是做沈阳的圈子，因为都是大订单所以就全国跑，但是有几个原则，压货款的单子不接，利润太低、出力不讨好的单子也不接。原因是周总早就过了发展期。从周总身上，我们可以看到一名典型工程经销商的影子，那么要开发工程渠道，到底该从哪里入手呢？我觉得首先做一个 SWOT 分析（如表 1－1 所示），了解一下自己的优势和不足，从内外部两方面分析，只有知己知彼，才能做到百战不殆。

表 1－1　工程项目销售 SWOT 分析表

S 优势	W 弱势
O 机会	T 威胁

S 代表了自己的优势。经销商老板要想做好工程项目，需要理性地分析自己的优势。能够写进标书中的优势一般都是手上所代理品牌的优势，比如企业的生产规模、品牌价值、服务网络、产品专利等，在提炼和总结这些优势的时候，如果能够进行量化，那么在投标的过程中就会更有说服力了。参与工程项目的投标，没有写在标书中的优势才是经销商核心的优

势，比如客情关系、当地人脉等，这些优势一般不会被竞争对手所掌握，如果经销商运作工程项目多年，任何一个项目通常都会埋两条线进去，东方不亮西方亮，不打无准备之战。

W 代表了自己的弱势。如果我们能够清楚地认识到自己的弱势，那么在工程项目的竞争中就可以未雨绸缪。销售中任何一个对自己不利的因素，如果能够提前设防就有可能变危机为转机。一家卖保险柜的公司去开发一个客户，结果自己的产品和对手相比不管是技术标还是商务标都没有竞争力，怎么办？这家保险柜公司在分析了自己的优势和弱势之后，利用了一些社会资源轻松地把订单拿到手。他们找到为甲方做装修的施工单位，通过施工单位将甲方放保险柜的位置做成自己产品的标准尺寸，结果真正到了产品采购阶段，甲方发现所有来投标的企业产品尺寸都不合适，只有这家公司产品尺寸刚刚好，再加上在甲方埋了自己的线人，这单生意轻松地拿下了。

O 代表了外部的机会。经销商还要分析的一个重要因素就是外部的机会有哪些，这些机会适不适合自己开发工程项目。上海圆石金融研究院的沈总一直专注在金融行业的咨询服务领域，在接触了家居建材产品之后，毅然决然地加入照明产品代理商的行列，主要做工程项目，因为沈总洞察和熟悉 EMC 能源合同管理，这就是外部的机会。

T 代表了外部的威胁。经销商老板在做工程项目以前，还要认真地分析一下外部市场有哪些不利的因素，万一做工程项目是一个火坑，一旦跳进这个火坑，可能就把自己烧没了。我曾经受邀给一家厨房电器企业的项目销售人员做《经销商开发与管理》的培训，课前与该公司的营销总监沟通，工程项目人员直接做精装房项目为什么还要开发经销商呢？原来，这些工程项目人员早就完成了万科、绿地、恒大等精装房项目的开发工作，但是甲方通常货款结款速度比较慢，导致公司的资金吃紧。厂家不愿意直接做工程项目，需要开发经销商，让经销商垫付这笔资金。对经销商老板来说，工程项目最大的痛苦就是结款周期长，很多企业厂家开发经销商要降低在资金上的风险。

三、六脉神剑决胜工程项目

在做了精准的 SWOT 分析以后，经销商老板该怎样运作项目呢？你去问很多老板，他们告诉你的第一句话就是找关系、喝酒做客情。用这样的方法操作工程项目或许前几年还可以，工程项目采购对于专业的要求越来越高，采购决策的透明度越来越高，因此经销商老板一定要摒弃传统夫妻店做工程的思路，要想做好项目，经销商老板就必须从单兵作战走向团队配合，培养自己专业的销售团队，用专业的手法运作市场。

第一剑：市场定位。

经销商老板需要分析自己主要做什么类型的项目？为什么自己做得很累？因为很多老板不管什么项目都做，是肉就想扒拉进自己的碗里，不累才怪。像周总这样只服务五星级酒店，就越做越专业、越做越轻松。我在照明公司做项目销售主管的时候，公司把项目类型进行了细分，银行、医院、机场、学校、商铺、精装房地产，每一个类型的项目不管是在产品需求还是在服务需求上都存在着很大差异。如果你做的是学校的项目，那么就需要清楚学校按照功能分有教室、图书馆、宿舍、食堂、篮球场等场所，每个场所对于照明照度的需求是不一样的，根据不同的照度需求来设计照明方案，最后再提供专业的照明产品。如果你拿着这样的方案去跟客户谈，就很有说服力。

第二剑：打造团队。

从夫妻店向公司化运营转型，最基本的配置就是打造专业的销售团队。如果还像原来一样老公跑工地、老婆管财务，游击队早晚得被正规军收编。只有拥有了专业的团队，才能把经销商老板从低头赶路的状态中解放出来，一名老板应该把更多的时间和精力花在战略规划和运营管理上，而不是花在对每一个订单的开发与维护上。当然，打造一支具有超强战斗力的销售团队并非易事，首先需要经销商老板转变思路，很多老板都抱怨现在的人很难招，我觉得不是人难招而是好人难招。当老板总是希望用最低的薪水招到一名顶尖的销售高手的时候，自然遇到招人难的问题。铁打的营盘流水的兵，销售高手不是招来的而是经销商老板培养出来的。从这一点来看，打造团队首先需要经销商老板提升能力，从原来的销售谈单技能转变到带人管团队的能力。如果经销商老板在这个能力上存在短板，短期内没办法提升，那么充分借用厂家的资源，让厂家的销售经理帮助自己组建团队并且培养团队是一个好方法。

第三剑：目标管理。

当经销商老板拥有了自己的销售团队后，接下来要做的事情就是让团队发挥价值。沙场秋点兵之后，将军要做的就是把士兵送上战场，可是任何一场战斗离开了将军的战略部署，再优秀的士兵也不知道这场仗怎么打，也就没有取胜的可能。目标管理就是要求经销商老板为每名销售人员划定销售区域、制定销售任务、设置考核机制，并且做到流程的监控管理。有些经销商老板跟我说工程项目销售人员是最难管理的，因为工程项目通常销售周期比较长，采购金额比较大，"三年不开张，开张吃三年"，针对这种情况该怎么办？其实所有的销售工作都可以进行量化考核，不能量化考核是因为我们还没有找到方法而已。当我们把一个项目分解成若干个跟进阶段的时候，销售人员的考核也就量化了。对于工程项目销售来说，通常分为信息搜索、企业接触、递送资料、确定关键人、投标和项目交付等阶段，当一名销售人员按照这样的销售流程跟进一个项目时，经销商的监管工作就轻松了。

第四剑：信息搜集。

既然经销商老板愿意操作工程项目，就说明经销商老板很可能在当地市场有一些人脉关系。有些经销商老板做项目是等别人找上门的，而有些老板做项目则是自己上门找别人。有了团队的经销商可以让销售人员通过专业的手段去搜集项目信息，但是真正能够快速切入的一定是经销商老板的关系项目，所以做工程项目销售的经销商需要想办法积极拓展自己的人脉资源，从而接触到更多的项目信息。我认识的一些经销商，名片上印着很多的职务，"××协会的会长""××市青年企业家""政协委员或者人大代表"等，经销商老板的各种身份角色都是他的社交圈子，没有社交圈子的经销商想要做项目无异于闭门造车。在有了足够数量的信息之后，经销商需要和自己的团队进行 SWOT 分析，确定哪些项目是自己的主攻方向，哪些项目是需要放弃的鸡肋。

第五剑：项目公关。

项目销售既要在专业上超越对手，也要在客情关系上强于对方，否则想要做下一个项目谈何容易。项目攻关需要经销商老板搞定项目采购方的关键人，只搞定自己的线人显然不够，最好能在客户内部多埋几条线，关键时刻谁都可能帮你、谁都可能拆你的台。项目销售通常会遇到各种不确定因素，自己辛辛苦苦跟了大半年的项目，很可能仅仅因为客户方的人事变动导致自己的努力付之东流。做项目销售，对于经销商老板来说不能得罪甲方的任何一个人，哪怕是一个扫地的阿姨都可能决定这个项目的生死。投其所好，是销售人员洞察客户、赢得客户信任与好感的重要法宝，在跟客户接触一两次之后察言观色就能知道别人喜欢什么、爱好什么，找到一些话题从而快速建立关系，这绝非一两句话就能说清楚的。冰冻三尺非一日之寒，对一名经销商老板来说是多年的市场历练。

第六剑：项目交付。

因为我并不是在写项目销售的书，在此就将项目销售过程中的沟通谈判技巧、招投标策略等惊险刺激的谈单故事一笔带过，将重点聚焦在经销商老板项目销售渠道开发的问题与方法上。在成功拿下甲方的销售合同后，接下来就是经销商老板的项目交付能力了。由于经销商老板团队缺兵少人，在项目交付的过程中自己真正的实力暴露在甲方面前，销售时的种种承诺无法兑现，会降低甲方对经销商的信任。因此，与其过多地追求工程项目的数量，不如在工程项目的质量上下功夫，对于任何一个项目的交付都做到追求卓越。把每一个工程都当成样板工程来交付，那么你的服务就是最好的口碑。

第四节　深度分销精耕区域市场

案例分享：

有一次在河北香河给一家家具企业培训，中午吃饭的时候，有位经销商老板跑过来问我："李老师，我在的那个城市有居然之家，也有红星·美凯龙，您觉得我应该去哪家卖场开店呢？"我反问他："你为什么不考虑在两个卖场都开店呢？"对于我的回答，这位经销商老板显然是不满意的，因为他觉得我是站着说话不腰疼，在他眼里开店的前提是能赚钱，不赚钱或者赚钱少的店谁会开，所以他带着失望的表情离开了。

我不由得陷入了沉思，对于一名经销商老板来说，到底应该多开店还是应该开大店，这是个值得思考的问题。在渠道碎片化的今天，经销商老板既要开大店满足客户的体验需求，又要多开店实现客户的服务需求，随时、随地满足客户的要求。

一、深度分销客户开发三板斧

怎样才能做到用最快的速度开出更多高盈利的门店呢？我认为，如果条件允许就自己直接开店，如果条件不允许则借助各种渠道资源间接开店。我总结了三种深度分销的开店策略（如图1-3所示），下面就一一展开论述。

（一）水平分销

关于水平分销的概念非常简单，就是在同一区域市场开几家店的问题。比如我们在前面提到的家具店老板，如果真想在区域市场有所作为，

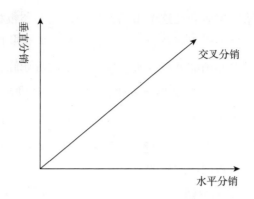

图1-3 区域市场深度分销策略

红星·美凯龙和居然之家两个大卖场都应该开店，这样才能形成区域市场的联动效应，在区域市场形成品牌拉力。

那么水平分销到底有哪几种形式，在区域市场开几家店比较合适，是不是每家店都要建成标准店呢？这个问题的答案值得思考，有想法的老板会采取差异化的水平分销策略，我觉得水平分销又可以总结为三种模式。

1. 基于地理位置的分销

如果从地理位置上做出评估，我们首先要评估一家门店对周边消费者的辐射范围有多大。比如在苏州市已经有四家红星·美凯龙，一家在相城区、一家在园区、一家在新区、一家在吴江区，那么你会发现这四家店对周边顾客的辐射范围是不一样的。经销商老板没有专业的门店选址开发团队，但是家居建材卖场不一样，他们在开店之前一定会做选址评估，所以经销商老板只要跟对大卖场，他们在哪开店你就在哪开店，这个方向错不了。这种分销开店的形式是现在大多数经销商的做法，就是在地理位置上多开店、多插旗，方便顾购买。

2. 基于顾客细分的分销

德高防水大连的经销商在同一家居建材卖场开出了三家专卖店，是怎么做到的？他充分利用了顾客细分的原则，第一家店开在市场的负一楼，店面面积不大，主要负责装修工人对防水产品、瓷砖胶等产品的配送工作；第二家店开在市场的一楼，开在各种品牌瓷砖店之间，这家店主要做零售业主和瓷砖店的生意，通过瓷砖店的联合销售和客户转介绍来带动自己的产品销售；第三家店开在这个市场的外围，主要和板材、管材等基础建材店开在一起，这个店主要负责工长、包工头的销售。同一家卖场能开出三家专卖店，很多经销商老板一听到这个消息都有些咋舌，但是这位老板开店成功了，三家店的生意都很不错，原因就是他对顾客进行了细分。家居建材产品的销售主要来自终端业主，但是装修工人、设计师等渠道资源同样要引起商家的注意，他们能够带来很大的销量，为不同的顾客提供专业的服务需求是零售门店发展的一个方向。

3. 基于产品细分的分销

经销商都希望实现利润最大化，实现利润最大化从销售的角度看有两个方法：一是产品利润最大化；二是销量利润最大化。如果你追求的是产品利润最大化，就需要对产品结构进行梳理，将那些毛利低的产品剥离；如果你追求的是销量利润的最大化，就需要有足够的销量做支撑。所以，理想的状态是，经销商的核心专卖店要卖高利润产品，那些低毛利跑量的产品完全可以让分销商或者一些相关的零售商去销售。很多家居建材行业的商户都听过"搬砖头"的概念，我在给经销商老板培训的时候就提过这个做法，为什么不把"搬砖头"的客户纳入我们的管理体系中来，让"搬砖头"常态化呢？产品细分上的分销也早有先行者，欧普照明的专卖店之外还有另外一种店，叫作欧普照明电工电器店。这样的店不销售欧普照明灯具产品，而是专门销售浴霸、厨卫灯和开关等产品。产品细分上的分销原则是凡是同质化产品，诸如方便面和矿泉水等快消品，都可以通过多网点进行密集分销。

（二）垂直分销

垂直分销的概念对于很多人来说一点也不陌生，这就是我们经常说的渠道下沉。对于经销商老板来说，能否做渠道下沉的开发工作呢？答案是肯定的，关键就是老板有没有这方面的意识和方法。很多经销商老板一方面抱怨着店里的生意越来越差，另一方面却无所作为。随着新农村建设的蓬勃发展，三四线城市甚至乡镇市场为我们提供了无限商机。作为很多厂家暂时无力开发的薄弱市场，经销商老板完全可以凭借自己的人力、物力展开对农村市场的开发工作。

在做垂直分销的策略上，也有两种模式可以借鉴：一种是发展分销商，通过分销商的加入积极拓展三四线市场；另一种是经销商老板自己做直营。这两种模式的区别在于经销商老板对门店的管控力度和未来门店的发展规划。

1. 发展分销商

很多三四线市场顾客的消费行为都紧盯着一二线城市的顾客，一二线城市的人买什么他们就会买什么，而且这些顾客的消费能力不容小视，甚至有很多顾客根本就不会在自己的城市里购买，他们会在省会城市或者核心城市的专卖店购买，因为他们觉得大城市的产品和服务更有保障。

在做三四线城市分销商加盟的时候，经销商老板应该制定出区域市场拓展方案，并征得厂家的同意后再开展工作，只有这样才能整合厂家资源共同做大市场。在拓展分销商的时候，经销商老板需要组建专业的销售团队，不但要完成分销商的开发工作，还要对分销商的后期零售工作做出指导，从而让分销商成为持续的销售渠道，而不是一锤子买卖，一次性给分销商把货压到位就没了第二次进货的机会。

2. 经销商直营

不管市场环境如何变幻，厂商博弈一直都存在，这是因为厂家和经销商之间的逐利方式不同，厂家追求销量而经销商追求利润。所以，当经销商老板兢兢业业地在开发三四线市场的时候，一些做得好的分销商很可能被厂家收编，直接从厂家进货。分销商总觉得从经销商这里拿货被人摆了一道，即使拿货价格跟厂家一样，他也希望直接从厂家拿货。厂家也希望分销商能够摆脱经销商的控制，到厂里拿货，这样厂家就可以强化对这些终端门店的掌控力度，加大终端出货量，当然，做得不好的分销商除外。既然开发分销商存在这样的风险，那些财大气粗的经销商老板索性自己去三四线市场开店。

经销商做渠道下沉跑到三四线市场开店，不论是对厂家还是对经销商老板来说都是件好事。可是经销商老板要想做好三四线市场的直营店，除了要有一定的资金实力外，还有很多方面都需要做出改变。首先，要熟悉和了解三四线市场的消费者行为习惯，没办法把一二线市场的操作方式直接照搬到三四线市场。在很多农村，村长仍然发挥着重要的意见领袖作用，村长买什么产品村民就跟着买什么产品，村长营销是农村市场拓展的一个重要突破口。其次，开了直营店必然要有店长负责店面的运营管理工作，这名店长是在当地招聘还是由总部派驻，这是让很多经销商老板头疼的问题。最后，三四线市场直营店的物流配送、客户服务、促销活动等经营管理内容必须要符合市场情况，三四线市场更看重关系营销。

（三）交叉分销

不管是水平分销还是垂直分销，经销商老板都在强化自己的终端门店，通过门店零售来实现销售业绩的增长，交叉分销打破了这样的界限，因为交叉分销根本就不需要客户开店。随着移动互联网时代的来临，零售店正经受着前所未有的冲击，很多零售店发现自己的客流量越来越少，怎么办？研究顾客的购买行为和消费方式，跨界联合是零售业态今后发展的必然趋势。所以，优衣库里面卖起了星巴克咖啡，因为他们发现优衣库的很多顾客也是星巴克的顾客，两家不同业态的零售店面完全可以共享客户资源，联合开展营销推广活动。顾客在哪里，终端门店就应该开在哪里，方便顾客购买永远是零售门店服务改善不断追求的一个方向。

我有一位在四川成都卖硅藻泥的好朋友，开业之初，她曾经告诉我："李老师，刚开业那会儿，硅藻泥卖得不怎么好，但是我店里用来展示的几套家具和沙发，很多顾客看了很喜欢，问我卖不卖？"她后来就真的卖了几套沙发。传统门店货架陈列式的销售方式已死，门店体验营销时代来临，顾客要买的不是单一的产品，购买的是一种全新的生活方式，所以我们可以大胆地预测，未来的品牌店将走向衰落，崛起的将是经销商的零售店。从这个意义上说，品类整合、交叉分销成为经销商转型的必然趋势。

二、深度分销客户掌控五钢钩

案例分享:

德高防水作为法国派丽集团旗下的防水品牌,在中国市场上的表现可圈可点。公司在分销商开发上,"深度分销七重天"策略堪称防水行业深度分销的营销典范。深度分销一重天"出样有奖",只要分销商店内允许德高防水的产品进入就给予奖励;深度分销二重天"陈列有奖",分销商的店里不但要有公司的产品出样,还要将产品摆放到公司的指定位置才可以获得奖励;深度分销三重天"销售有奖",只要店内有德高防水产品的销售并且分销商进行补货就可以进行奖励;深度分销四重天"专柜有奖",只要客户按照公司的要求在店内展示公司的专柜,专柜上面只陈列德高的产品就可以获得奖励;深度分销五重天"圈地有奖",以两个垂直相交的墙面为界限,在此空间内天花、地面、墙面全部只陈列德高公司的产品才会有奖励;深度分销六重天"层级销售奖励",按照分销商的进货额度,公司给予不同的返点奖励;深度分销七重天"导购销售奖励",只要店内有专职的德高防水导购员,按照导购员的销售业绩给予提成奖励。

从最开始跟分销商的接洽,仅仅是把货摆进分销商的店里,到后来一步一步地实现了对分销商终端店面的蚕食,到最终全面掌控了分销商的销售人员,我们可以看到德高防水下了一盘好棋。德高防水的分销商开发策略给很多经销商提供了一个思路,那就是要想做深度分销,成功地实现对区域市场的完美布局,我们首先要做的工作就是制定正确的营销策略,只有方向正确了才能稳步推进下一步的工作。

(一)制定深度分销营销计划

对于经销商老板来说,首先需要明白在"互联网+"时代"谁离消费者最近,谁就有赢得胜出的机会",不管你现在做的是什么产品,网点数量都是至关重要的。对于有资金、有实力的企业来说，在做深度分销的时候更多的是采取"专卖专营"的形式，严把网点质量关，将每一个网点都建设成专卖店（专卖区），从而提升公司的品牌优势。对于一些不具备这样的竞争优势的产品来说，经销商则可以整合副食店、五金店等各种社会资源，凡是可以提高品牌曝光度，形成销售拉力的资源都可以为我所用。

在制定深度分销营销策略的时候，经销商首先要做的就是定位自己的产品该走什么路线的问题，是走高大上的品牌专卖路线，还是走更加亲民的大众化路线。清楚了定位后，接下来就是规划具体的营销策略。比如区域市场内的网点开发数量、销售人员的匹配数量、分销商的销售政策，以及市场开发的时间进度等。

（二）分销商的深度掌控

对于经销商来讲，比较头疼的一件事情就是分销商的掌控问题。对于一些分销商老板来说，"唯利是图"是其做生意的最大动机，没有品牌意识、缺少思路是很多分销的现状与问题。业务人员辛辛苦苦地开发出一个分销网点，可是分销商提了一次货就"见光死"，没了第二次提货。面对这样的销售困局，经销商老板该如何进行破局呢？我觉得首先要做的就是对分销商进行排查，建立基本的客户管理档案，对于那些有思路、愿意跟公司一起发展、进步的分销商老板给予一定的支持；对于那些没思路、没想法的分销商老板，我们干脆快刀斩乱麻，在首次压货后坚决地淘汰。

利益是深度掌控分销商的第一把钢钩。如果经销商老板错误地以为高利润是驱动分销商合作的唯一杠杆，那就大错特错了。即使本公司产品的利润空间没有竞争对手大，我们仍然可以用各种渠道政策来驱动分销商，"朝三暮四"还是"朝四暮三"对于我们来说仅仅是一个数字游戏，但是分销商的心理感受却有着巨大的差异。

客情是深度掌控分销商的第二把钢钩。如果经销商愿意在分销商身上投入更多的精力，加强业务人员对于分销商的拜访，业务人员能够给分销商的生意增长带来帮助，分销商自然愿意跟你一起走下去。

愿景是深度掌控分销商的第三把钢钩。经销商老板要善于给分销商造梦洗脑,告诉分销商品牌化经营的必要性与重要性。事实上随着中国消费者消费升级与信息化网络时代的到来,三四线市场甚至农村市场的消费者也慢慢地向品牌化购买转型。愿景是引导分销商跟着经销商一起发展的重要驱动力,看中愿景的分销商都是有眼光的分销商,未来的潜力很大。

服务是深度掌控分销商的第四把钢钩。由于分销商通常地处偏远,产品出现质量问题时,经销商的售后服务不及时,给分销商老板带来的体验极差。如果经销商老板能够强化对分销商的服务工作,自然能够赢得分销商的认可。

圈层是深度掌控分销商的第五把钢钩。按照马斯洛的五层次需求理论,自尊和自我实现需求是人的更高层次的需求。对于分销商老板来说,生意做大了就不仅仅是对钱的追求,对身份和地位的需求也很强烈,如果经销商老板能够把分销商分类,对于 VIP 级别的分销商给予更多的特权政策,自然就能够把这些分销商牢牢地掌控住。

第五节　创新渠道打造隐形冠军

厂家的产品经由经销商送达消费者的手上,我们把这个价值链传递的过程叫作销售渠道。渠道的建设与管理工作一直是厂家比较关注的重点问题,因为酒香也怕巷子深,不管多好的产品,如果没有经销商老板帮忙做推广,也很难卖起来。随着"互联网 +"时代的到来,客户端、产品端都发生了翻天覆地的变化,客户端的变化最突出,客户变得越来越理性、越来越精明。由于信息透明化程度的提高,客户开始有了更多的判断与选择。

不管从事哪个行业的销售,在行业内总有一批人充当着行业领袖的作用,这些人的消费观念、消费习惯影响着其他人的消费行为。九阳面条机一夜爆红,靠的就是找对了微博上的意见领袖。在推广九阳面条机的过程中,九阳没有选择传统的营销路线"渠道 + 广告"的打法,而是先在微博上向几位妈妈达人发出了试用面条机的邀请。当这些妈妈把用面条机给孩子制作面条的方法分享在微博上时，很多粉丝询问面条机的品牌及从哪里可以买到，于是乎九阳面条机未见其器先闻其声，一下子火了起来。微博上大 V 意见领袖对于产品的推广发挥了至关重要的作用，我们把这些人群叫作专业人士。

针对行业专业人士的销售，我们称之为创新渠道隐性销售。创新渠道销售不同于传统的销售方式，传统的销售方式是通过产品所有权的转移实现交易，而创新渠道更多的是依靠专业人士的专业意见，对客户形成消费观念的影响，至于客户是否会选择你的产品，决策权依然在客户的手中。

案例分享：

有一次由于工作的原因，我坐上了从杭州萧山机场开往市区的大巴。上车的时候，一名穿制服的女孩，热情地帮每一名乘客的行李挂好行李牌，微笑着引导大家有序上车。等车开始发动了，女孩又主动拿起麦克风跟大家打招呼，然后又预报了大巴的经停站点和到站时间。当时我就想，还是杭州好，旅游服务做得真不错，很多城市的机场大巴早就取消了跟车的乘务员了。当大巴车驶上高速公路之后，这位女孩面带微笑地给每个人发了一张宣传单页，原来她是杭州当地某旅行社的销售人员，她真正的目的是向乘客推销旅游产品。

虽然我们很反感销售人员的推销行为，但是直到今天，我仍然记得那位女孩发自内心的微笑及给每个人提供服务的情形。尽管她最主要的目的是销售旅游产品，但是以这样柔软的方式进行推销是能够被大家认可的。机场大巴成了旅行社产品销售的一个重要场所，这种销售方式打破了传统的旅行社销售模式，我们把利用机场大巴资源销售的活动叫作创新渠道。

一、整合资源掘金创新渠道

关于创新渠道（有的行业叫作隐性渠道）的开发，因为涉及很多法律法规的问题，是个敏感的话题。但是，没有人可以否认这样一个现实：随着客户对于销售人员信任度的降低，专业人士的意见变得越来越重要，特别是对于一些关注度比较低的行业，比如家庭装修、购买汽车、眼镜、保健品等产品时，创新渠道的开发变得更加重要了。

想要做好创新渠道的开发与管理工作，首先要做的就是明确创新渠道的定义。什么才是创新渠道？哪些人发挥着关键作用？这个渠道的开发是否具有价值？对于低关注度的家居建材行业来说，家装公司设计师就是我们所说的创新渠道，因为顾客在购买家居建材产品的时候，设计师的意见非常重要，对于这个渠道的争夺不但重要而且非常必要。随着顾客对于家庭装修品质要求的提高，整体家装设计成了客户选购产品时的主要考虑因素，设计师的意见越来越重要，有时候顾客甚至直接把产品的购买交给了设计师。创新渠道未来有可能会变成主要的销售渠道，从这个意义上说，创新渠道的开发就不仅仅是为了销售增长，甚至可以说是战略布局的必然选择。

"互联网＋"时代，顾客购买"渠道碎片化"特征越来越明显，顾客怎么方便怎么买，千万不要以为顾客还会辛辛苦苦地跑到你的店里买。对于经销商老板来说，要学会整合各种资源做大自己的经营平台，不管是老客户带单还是专业人士带单，只要是能够带来销售增长的渠道，都需要经营和管理。

二、经销商怎么做创新渠道

在做创新渠道开发的时候，经销商老板要思考几个关系到生死的战略问题：

（1）开发创新渠道的目的是什么？对于经销商老板来说，是把创新渠道作为一个销售增长的重要渠道开发，还是仅仅作为现有销售渠道的补充？是当下参与市场竞争的手段，还是未来公司整体的战略决策？精准定位将决定经销商老板在创新渠道上投入多少资源。

（2）创新渠道是否会与现有渠道发生冲突？如果顾客在店面购买和通过创新渠道购买，价格上存在太大差异，必然会招致客户不满，创新渠道专业人士也没兴趣跟你玩下去了。为创新渠道提供专属产品，跟店面销售的产品进行区隔，是解决这个问题的核心。

（3）在明确了创新渠道开发的目的与可能遇到的问题之后，我们就需要制定营销策略了，给创新渠道的合作伙伴制定销售政策，招聘并且培训销售人员，针对创新渠道的合作伙伴进行年度考核、评估等工作。

案例分享：

山西忻州某防水品牌经销商，既不开店也不做工程，只是和当地市场的泥水工师傅合作，年销售额做到了 2000 万元以上。他有当地所有泥水工师傅的电话号码，遇到泥水工师傅过生日会送生日蛋糕。不定期地举办泥水工师傅联谊会，邀约泥水工师傅吃饭、喝酒、谈生意，泥水工师傅给自己带单子会给予一定的奖励。慢慢地，他在泥水工师傅圈子中的口碑越来越好，开始对泥水工师傅进行分类，深度合作的泥水工师傅不但请吃饭，还要给泥水工师傅做培训，教他们怎样跟客户沟通，怎样才能把施工做得更好。经过四五年的发展，如今这位经销商老板的销售额已经做到了 3500 万元以上。

针对创新渠道的开发，经销商老板要么不做，要做就把它当成一项重点工作主抓。做一单算一单，不但合作伙伴不满意，而且容易造成渠道冲突，最终损害消费者的利益。像忻州这位老板通过创新渠道年销售额过千万的，在经销商老板层面可谓凤毛麟角。

（4）有人认为创新渠道就是要求高毛利的产品，这是一个误区。创新渠道除了对产品有高毛利产品的需求外，还有一个方面更重要，那就是每一个创新渠道专业人士都希望向用户推荐最好的产品。创新渠道的开发，实际上销售人员是在向创新渠道成员销售一种观念，那就是"高毛利背后是高风险""只有跟大品牌合作才安全"，让创新渠道成员向消费者推荐真正适合他们的产品，而不是出于一己私利，违背道德原则，触碰法律底线，最终落个身败名裂的下场。

三、创新渠道客户"潜规则"

一提到创新渠道，很多经销商老板都是讳莫如深，好像创新渠道有很多的商业潜规则不能说，也不能讲。在商言商，不管以什么样销售模式来做销售，只要不欺骗消费者、不触犯法律法规，都是可以进行深入挖掘的销售资源。选择合作伙伴，我们首先得分析对方的需求是什么，然后再分析我们有什么，如果我们提供的产品或服务正好能够满足对方的需求，那么谈合作就是一拍即合的事儿。在开发创新渠道的时候，如果能够洞察客户心理并且满足客户所需，那么合作起来自然就会走得更长远。

（一）想要获得商业利益

"他们跟我合作就是想要钱。"这是很多老板谈到创新渠道说的第一句话。在他们的眼里，创新渠道就是鸡肋，食之无味弃之可惜。创新渠道客户合作想要获得利益，本来就是无可厚非的事情。如果经销商老板认为创新渠道唯利是图就大错特错了，只能说明你还不了解这个渠道。要赚钱也要有底线，对于创新渠道的成员来说，他们在赚钱这件事情上有两个底线，一个是要安全赚钱，一个是要轻松赚钱。安全赚钱是说创新渠道成员更愿意向客户推荐一些知名品牌，对于一些没有品质保证的杂牌来说，即使利益回报再高，他们也不愿意轻易推荐。轻松赚钱，他更愿意给客户提出专家的建议，至于客户是否选择他不管，如果他推荐的顾客买了，你能够给予一定的好处，他下次会更积极主动地向客户推荐你的产品。但是请注意你不要让他来帮你做销售，这些人骨子里最反感的就是做销售。

（二）想要获得学习机会

邀约医生参加学术交流会，邀约设计师参加设计师推广会，都是针对那些想要学习的创新渠道成员，建立深度合作关系的方法之一。每个人的需求是不一样的，因为你的产品好，创新渠道成员积极地向最终用户推荐，在他看来这是职责范围内的事，虽然你以为他是在帮你的忙，可是那是人家专业能力的体现（当然，你经营的是大品牌、知名度高、产品质量过硬）。这时候你跟人家说："这个产品你帮我卖出去了，我表示一下。"这无异于在打人家的脸，侮辱了人家。对于这些正直善良的合作伙伴来说，送他们去参加各种专业的学习会议，帮助他们不断提升自己的专业能力，更能够赢得他们的欢心。

（三）想要获得出名机会

从初出茅庐的"青瓜蛋子"到名震江湖的"武林大侠"，没经历过孤灯长夜、凄风冷雨的考验，没经历过九死一生、儿女情长的历练，谈何容易？谁不渴望功成名就、衣锦还乡，聪明的经销商很快就发现了创新渠道成员中有些人对于"名"的渴望。在这个信息泛滥的时代想要快速出名，光靠实力是不行的，还得有颜值。还有非常重要的一点就是得有人包装你，酒香也怕巷子深。经销商老板此时变成伯乐，挖掘创新渠道成员中的千里马，然后斥巨资在这些人身上，让他们参加各种大赛，直到有一天名声大噪，那时候经销商自然也沾了这位大咖的光，赚个盆满钵满。这样的投资相当值得，关键还在于经销商老板的格局与眼光。世界上千里马不常有，伯乐就更是凤毛麟角。

（四）想要结交专业圈子

"物以类聚，人以群分。"人类是最不甘于寂寞的动物，每个人都渴望跟身边的人交流，特别是跟自己具有相似背景、相同价值观的人交流。圈层营销是这两年比较流行的营销用语，对于经销商老板来说，打造创新渠道成员交流的圈子就是在搭一个交流的平台。

案例分享：

河北邯郸某家具经销商做了一个设计师的 APP，邀约了邯郸地区所有设计师下载并使用这个 APP 软件。原来在这个 APP 软件上，设计师可以下载各种最新的设计图纸，接受各种设计培训课程。更厉害的是，这名经销商让自己的业务员去小区里开发新楼盘的业主，然后把这些业主的信息共享到这个 APP 软件上。当业主有家装设计需求时，业主发布需求，设计师可以抢单。正是因为这个 APP 强大的功能，受到了当地设计师的极大喜爱，当地市场 90% 以上的设计师都和经销商建立了合作关系。

四、五招搞定创新渠道客户

虽然我们对创新渠道客户的心理做了深入的剖析，但是对于他们的需求，很多经销商都能满足。你做的，你的对手也可能会做，怎么办？古语说："以利交，利尽则散；以权交，权倾则去；唯以心交，方其久远。"要想把创新渠道客户牢牢抓在手上，攻心销售、做好客情十分重要。

（一）勤拜访是最好的客情

"一回生，二回熟。"跟创新渠道成员合作，勤拜访就是最好的客情。在拜访的过程中，发现对方的一些需求，急客户之所急，想客户之所想，一句知寒问暖的安慰话都能够让对方感动不已。更何况你在下雨天及时地给她送把雨伞，在加班的深夜送一份宵夜，在手机没电的时候送上一个充电宝……有没有一点追女朋友的感觉？看来做销售就像谈恋爱，所言非虚。

（二）送对客户专业有帮助的礼物

给医生送礼物就要送最新的学术研究成果，给设计师送礼物就要送风靡全球的最新设计方案，只要是对客户专业有所帮助的礼物，都是非常有价值的礼物。不但能够感动客户，而且在后续的工作中，如果你的礼物用得上，客户每次使用你送的礼物时就会想起你。你说礼物送得值不值？

（三）送给客户专业之外的礼物

我可不是玩文字游戏，术业有专攻，创新渠道成员在自己领域内是专家，自己领域以外大多数都是外行。比如很多家装设计师不愿意做销售，也不善于做销售，可是要说服客户接受自己的设计方案，又不能不用到沟通谈判技巧。这时候你送他一本销售方面的书，或者把有关销售技巧的微信公众号推送给他，相信设计师一定会满心欢喜地收下你的礼物。

（四）给客户送客户

现在已经到了人人做销售的时代，不管你做什么工作，都不能忽视销售与营销的重要性。对于很多创新渠道成员来说，自己没有能力做销售，手上的客户资源比较少，如果我们能够主动地给客户介绍客户，反过来别人也会给你介绍客户，双赢局面就此打开。

（五）送充满爱心的礼物

什么叫充满爱心的礼物？我认识一个"90后"的小姑娘，她高中毕业给一家上市公司的企业老总做助理，她知道老总喜欢吃山核桃，下了班就买一包山核桃回家，然后用小锤子把山核桃敲开，把核桃仁装在一个简易的塑料袋里，送给企业老总。送礼就要投其所好，不是花的钱越多越好，而是要用心。

第六节　借势"互联网＋"线上集客

随着"互联网＋"时代的到来，人人都倍感焦虑，很多经销商老板都在担心自己的门店要被互联网打败，担心没有顾客来店里购买。对于这样的悲观论调，我是持保留态度的，不管互联网多么凶猛，线下门店一定会有生存的空间，关键是下一步怎么走，拿什么跟线上网店竞争。在这里我想强调一个观点，那就是根本不是"互联网＋"打败了线下门店，而是因为线下门店不努力，自己打败了自己。

一、顾客为什么喜欢在网上买东西

我们首先来讨论一个问题，那就是顾客为什么喜欢网上购物？

很多人认为顾客喜欢在网上买东西是因为网上的价格更便宜，如果你持这样一种观点，那么你就活在"互联网＋"1.0时代，那个时代顾客买东西的确是因为网上更便宜。

在"互联网＋"2.0时代，顾客在网上买东西不仅仅因为价格便宜，这两年你会发现以京东、天猫、苏宁易购为代表的平台网站价格一点也不便宜，顾客依然在网上买东西，是因为互联网更便利。上午在京东上拍一个东西，下午就能送到，试问线下门店有几家能做到这样的高效配送。在"互联网＋"2.0时代，物流速度完胜线下门店只是其竞争优势的一个方面，还有一个方面至关重要，那就是线上企业比消费者更了解消费者。如果我在卓越亚马逊上面拍了一包尿不湿，等我下次再用相同的账户名登录卓越亚马逊网站的时候，卓越亚马逊就会弹出一个页面，相关推荐猜您喜欢，向你推荐奶粉、奶瓶、奶嘴、儿童玩具等商品，比消费者更了解消费者。互联网企业用大数据分析实现了这样的资源整合，试问有几家线下门店能为消费者提供这样的增值服务？

如果你以为顾客在网上买东西仅仅是因为便利，你又错了，因为在"互联网＋"3.0时代，顾客买东西更看重感觉和体验。我来到一家专卖店买东西，店员都是一本正经地跟我打招呼，"先生，你好，欢迎光临××专卖店"，但是在网上买东西，哪怕只是拍一包纸巾，客服也会亲亲热热叫一声"亲，包邮哦"，"亲"无疑比"先生"更让消费者感觉舒服。

二、O2O是救命稻草还是饮鸩毒药

线上网店虽然在产品搜索、信息比对、物流培训、客户服务等方面具有优势，但是线上网店无法规避的一个致命短板就是缺少产品体验的真实感，即使AR、VR等各种新技术层出不穷，可终归和真实的产品体验比起来仍然有落差，就像假花永远无法取代真花、机器人永远无法取代真人一样。因此，当线上网店在各个方面都加大了客户满意度方面的投入，让客户越来越喜欢网店购买的时候，产品体验成了线下门店的救命稻草。如果线下门店继续以传统思路做销售缺少创新，这根稻草早晚也得被消费者丢弃。在我看来，正是因为有这根稻草的存在，线下门店还有时间和机会深练内功，缩小在其他客户服务方面与线上网店之间的差距，从而让更多的消费者回到门店中。跨界和混搭成为这两年线下门店自救的新模式，服装店里卖眼镜、干洗店里卖家纺、图书馆里卖咖啡，各种新的集合店如雨后春笋破土而出，如果按照这个套路玩下去，线下门店还有机会东山再起。在"互联网＋"时代，你卖什么都不重要，重要的是你能为消费者做什么。

写到这里，有人以为我在为线下门店扛旗呐喊，和线上网店死磕，那你就大错特错了。恰恰相反，在我看来，"互联网＋"对线下门店带来的冲击是致命性的颠覆，即使没有"互联网＋"，线下门店早晚也得走到转型的十字路口，只是"互联网＋"的风口加速了这个进程而已，这是好事。在风口面前，那些思想超前、锐意进取的经销商早就开始行动起来了，一手抓线下门店的精细化经营管理，一手抓线下与线上的融合，借力风口，御风飞行。

关于O2O的观念，可以说是"公说公有理，婆说婆有理"，更有甚者搬出了国外的教条，说国外根本就没有O2O，因此O2O是个伪观念。我想说的是，国外的月亮就比国内的圆吗？国外有国内就一定要有吗？国外没有国内就不能有吗？所以，O2O的概念国外有没有一点都不重要，或者这个概念即使是个伪命题也无所谓，反正存在就是合理的，有用比有道理重要。O2O简单通俗点解释，就是从线上到线下，线上引流线下体验，或者线上成交线下引流，或者线上引流线下体验线上成交，是不是有点乱，这都不重要的，重要的是线上和线下要结合。

线上和线下的结合，首先要求经销商老板能够打开思路，积极拥抱"互联网＋"时代所带来的变化。"互联网＋"时代最鲜明的特点就是"渠道碎片化，内容个性化"。顾客购买的渠道越来越多，怎么方便怎么买，谁规定顾客一定得到你的店里购买。内容个性化是指在与客户沟通的方式上越来越有特点、越来越有个性。

O2O首先从第一个O线上说起，经销商老板要做的就是发动全员营销，充分利用线上的各种平台与工具，实现积极的引流作用。在"互联网＋"时代，抓取一名客户越来越容易，难的是如何维护一名客户。第二个O则是指线下实体店的营销系统，给客户创造前所未有的购买体验，是线下门店必须不断努力改进的一个方向。如果有第三个O，则是消费者会不会回到网上支付的问题，如果客户回到网上支付，那么这个O2O的闭环就真正形成了。很多经销商老板都不希望顾客回到网上支付，因为这样会损失利益。可是从长远来看，消费者更愿意选择回到网上支付，原因是网上更能保护消费者的权益。比如我在你店里买单了，如果送货不及时、产品安装有问题，我只能跟你的老板投诉，然后告诉我身边的25个潜在消费者（多么老套的观点啊）。我在网上买单了，如果遇到这些问题，就可以在你的官网上给予差评，从而影响成千上万个潜在的消费者。你说消费者更喜欢哪一个？之所以现在这个闭环还没形成，一是因为消费者还没有形成这样的购买习惯；二是因为厂家出于厂商利益平衡的考虑，还没有真正推广O2O厂商一体化销售；三是因为线下门店已经采取了金融支付工具，如支付宝、微信等，方便了消费者购买。

三、经销商借势"互联网＋"七种利器

经销商老板到底该怎么触网？这里不能不提经销商老板与厂家关系的问题。我接触的很多经销商，大多数都对"互联网＋"持有观望甚至抵触的情绪，因为很多经销商所代理的品牌，纷纷在天猫、京东开了旗舰店。厂家在网上开店直接导致消费者在网上下单，触及了经销商老板的核心利益，那么经销商老板有所怨言也不奇怪。所以，厂家在线上开店不能不考虑经销商老板的利益划分问题。很多优秀的品牌在做线上运营的时候都考虑到了这个问题，采取了"就近配送""利益划分"的原则，也就是说企业官网只负责接单，根据客户收货的地址安排最近的经销商负责送货和安

装等工作，完成最后一公里的工作。

案例分享：

家居建材行业有一个叫作艾依格的衣柜品牌，只是用了短短5年时间，实现了年销售额5~6个亿的销售业绩，让整个行业大跌眼镜。艾依格成功的秘诀是什么？艾依格拥抱了"互联网＋"这个时代，采用了消费者线上下单，经销商线下对接、量房、设计等模式，一举解决了经销商与厂家之间在线下与线上销售利益分配的矛盾问题。

如果经销商老板能够与艾依格这样年轻有活力的品牌合作，就能够很快地融入"互联网＋"的大潮中，没有观望，没有抱怨。经销商老板在线下发力，厂家在线上发力，线上线下打通，厂商共赢，创造行业的销售神话也并非难事。即使厂家在线上营销方面表现平平，优秀的经销商老板仍然可以在这个领域大有作为，那就是借力"互联网＋"，自己先动起来。

对于经销商老板来说，借力"互联网＋"更多的不是在通过线上实现销售，而是通过线上引流，把更多的客户吸引到自己的门店。

（一）微信

经销商老板借势"互联网＋"的第一个武器就是微信。站在经销商老板的角度，需要知道微信营销的不同玩法，那就是"微信私人号强关系，微信公众号做营销"，什么意思呢？每一名销售人员都应该注册微信私人号，微信私人号的作用主要是开发与维护新老客户，最大的特点就是即时性，随时随地都可以跟客户取得联系进行有效的沟通，而且利用"搜索附近的人"等功能，还能发现周边的潜在客户。

微信群是基于相似的人群需求或者相似的爱好，把粉丝整合在一个群里进行交流的手段。微信群营销最大的问题是如何激发群友的兴趣，这就要求群主能够制造话题。关于微店营销、关于微店的各种诟病众说纷纭，我的态度是"存在即是合理的"。中粮推出的分销体系，既是一种营销创新，也是未来的一个趋势。

（二）微信公众号

微信公众号做营销，是因为公众号最初的开发就是为企业营销活动提供服务的，企业方可以通过电脑每天发几篇文章，微信公众号更讲究内容营销。当公众号文章跟粉丝的生活息息相关，能够为粉丝创造价值，那么粉丝就会持续地关注你，甚至愿意积极地帮你在自己的朋友圈传播，这样公众号能够获得更多的粉丝。粉丝经济是"互联网＋"思维的一个重要的思维内容，有粉丝就会有销售。

（三）微博

微博的出现时间比微信早，只是微信借助 QQ 和手机两个优势，一炮打响了市场，而微博一直在 PC 端发展，后来才转到移动端，很多经销商老板不了解微博也不奇怪。微博与微信最大的区别是什么？微博的平台比微信更加开放，比如你在微博上面发了一条信息，如果你的粉丝看到了愿意帮你转发，他的粉丝看到了你的这条微博，他的粉丝因为这条微博对你感兴趣了，那么他就可以直接关注你，也就是说微博可以快速加粉，而且粉丝上不封顶。而微信在这点上就比较弱势了，微信私人号的信息只能在好友之间传播，如果你不是我的好友，你就没办法看到我发的任何内容，而且微信私人号的上限是五千人左右，超过这个人数你就没办法继续加粉了。

（四）QQ

QQ，在这个微信横行天下的时代，企鹅早已不再是当年的企鹅，成了最熟悉的陌生企鹅。自从有了微信，QQ 的使用越来越少了。有两个事实需要引起经销商老板的关注：第一个事实就是 QQ 的使用虽然少了，但是 QQ 邮箱的使用反而多了。因为越来越多的人觉得用数字作为邮箱使用更方便，如果你想做 E-mail 营销的话，QQ 邮箱是首选。第二个事实就是虽然一些人已经很少使用 QQ 了，但是"95 后"的年轻人正在积极使用 QQ，他们在 QQ 空间里玩各种 QQ 游戏，如果你想针对未来的消费者开展营销活动，QQ仍然是不能丢掉的一个重要互联网工具。

（五）直播

直播是在2016年一夜爆火的互联网交流工具，直播最大的特点是可以看到一些明星或者网红的真实生活。目前直播的内容五花八门，不但可以直接在直播时销售产品，而且可以通过主播的软性广告植入卖产品，当然也可以由观众打赏主播，让主播获得收益。以前企业通过拍摄一些视频在网上宣传自己的品牌和产品，在"互联网＋"时代，直播实现了企业方人员与粉丝的互动沟通，更具有时效性。直播对于经销商老板来说充满了各种想象空间，想要告诉顾客自己的服务有多棒，不必再依靠书面材料或者视频了，只要让顾客观看售后服务人员在顾客家里安装产品时的在线直播，就能够让潜在客户获得直接的体验。因此，对于直播的技术，如果经销商老板愿意加以利用，将大有可为。

（六）论坛

由于微信、微博等互动交流平台的崛起，曾经雄霸网络的论坛反而出现了比较明显的衰退迹象。究其原因，论坛的及时性问题，论坛能够把一批具有相同兴趣、爱好的人聚合在一起，但是由于其内容很难及时互动，所以在快节奏的今天被微信、微博等平台超越甚至压制。论坛的最大优势就是观点与文章内容的深度，微信、微博的交流更多地体现了短、平、快等特点，而论坛则更有深度、力度，更能够聚合专业级的粉丝。深挖论坛的粉丝，把大家从线上整合到线下，更有机会形成销售。

（七）其他

除了上面提到的各种互联网集客手段外，邮箱、官网、APP等都是经销商老板集客的重要手段，在此不一一叙述。对于经销商老板来说，开发线上渠道最大的难点是如何将粉丝转化成客户，线上不仅仅是品牌宣传的途径，更是实现客户拦截的有效阵地。

四、经销商老板如何做内容营销

"渠道碎片化，内容个性化"是"互联网＋"时代最大的特点，渠道碎片化是指消费者购买的渠道越来越多，怎么方便怎么买；内容个性化则是指企业发布的内容要有特点，能够抓取目标消费者。

内容为王要求经销商老板首先想清楚自己打造的互联网平台能给顾客或者潜在顾客带来什么价值，没有价值大家就会取消对你的关注。其次，既然要打造互联网线上平台，那么每一个平台之间发布的内容应该是一个声音，从而保证品牌传播的高度统一性。最后，要想做内容营销就必须能吃苦，不能今天发一个内容明天不发了，想发就发，不想发就不发。

内容为王要求经销商老板不仅会做促销活动，还必须具备品牌运营的思路与方法，利用各种热点事件实现快速传播，从而大量加粉。线上是入口，当粉丝数量足够多了的时候，再转化为到店面购买的顾客。

案例分享：

2011 年，北京下了一场大雨。当天下午五点钟的时候，杜蕾斯发出一条微博："北京今日暴雨，幸亏包里还有两只小杜杜"，然后配了一张图，图中是一双穿了杜蕾斯安全套做雨鞋的脚。一时间这条微博被疯狂转发，短短一个小时转发就过万，到了晚上 12 点的时候，这条微博的转发数已经过了五万，这就是内容营销的力量。当你懂得借助热点事件做传播的时候，引发别人的关注并非难事。

第二章

Chapter 2

经销商产品组合策略

第一节　经销商策略：定价定天下

经销商老板在产品定价上似乎都没有绝对的定价权，厂家通常会对自己的产品给予出厂价、销售面价和最低限价三种价格。经销商老板如果违反了合作协议，按照自己的价格进行销售，一旦被厂家发现都会被扣上"低价销售，扰乱市场"的帽子。在品牌经营上，经销商老板的最大利润空间是被厂家规划好的，只是面对残酷的市场竞争，有些经销商老板采取了价格折扣的方式，牺牲的恰恰是自己的利润空间。当我们抱怨生意越来越难做、钱越来越难赚的时候，却将大把的利润转给了消费者。

价格永远是市场竞争中最有杀伤力的武器，但它也一把双刃剑，舞得不好不但会伤人还会伤害自己。在零售门店经营管理策略中，为了和竞争对手进行有效区隔，企业纷纷采取了产品差异化、渠道差异化和客户差异化等手段，在价格上做出差异化的企业非常少。

以优衣库为代表的快时尚品牌给了我们一种全新的视角。既然叫作快时尚品牌店，产品定位以年轻消费群体为主，走低价、爆款路线再加上快速上新品，整合供应链资源、舒适的购物环境等因素，网罗了一批年轻人的心。当众多营销人士在大谈特谈快时尚品牌店成功秘诀的时候，一个重要的因素被忽视了，那就是价格问题。优衣库的价格区间非常明显，99元区、149元区、199元区、299元区，也就是说你只要走进优衣库的门店，你是什么样的消费群体就到对应的区域选购产品即可，这样做最大的好处就是方便顾客做出购买决策，特别是对于价格敏感型的顾客来说更加有效。

很多传统门店都不会采用优衣库的定价方式，因为店面面积陈列的产品数量有限，没有办法做到按照价格区间提供种类繁多的产品。即便如此，价格依然对很多经销商老板具有非比寻常的指导意义，通过定价策略卖出高利润是每个经销商老板内心深处最大的需求与渴望。

案例分享：

在培训课堂上，我经常会问学员一个问题："一家咖啡店卖咖啡，小杯3元，大杯5元，哪一杯卖得多一点？"结果学员的回答一半倾向于大杯，一半倾向于小杯。正确答案是不一定，因为大杯还是小杯主要取决于顾客的需求。我接着问："门店想要提高自己的销售利润，希望大杯多卖一点，怎么办？""做活动。"这次大家的回答比较统一。有人说可以做大杯免费续杯的活动，也有人说可以做大杯第二杯半价的活动……这家门店没有这样做，他们的做法是引进另一个超大杯咖啡7元，顾客来店里，店员问："先生，您是要中杯还是大杯？"中杯就够了，我们卖的就是中杯，如果你买大杯我们更开心。

想要让大杯的咖啡卖得更好，只要在大杯的基础上增加一个更大杯，让以前的大杯变成中杯，那么顾客购买中杯的概率是50%~70%，如果购买更大杯的有5%，那么销售增长可想而知。老板一定要记住这个铁律，价格每提高1%，销售利润增长11%，门店的高价产品不但能创造更高的利润，而且能够带动中端产品销售，没有高端产品销售就没有中端产品销售。

一、策略定价的三个心理学技巧

（一）锚定效应

有人曾经做过一个实验，他对一半的人说："他是在 9 岁之前还是之后过世的？"对另一半人说："他是在 140 岁之前还是之后过世的？"然后他再问："圣雄甘地是什么时候过世的？"这问题看起来很奇怪，因为但凡对甘地有了解的人都知道，他绝对超过 9 岁，也远不会到 140 岁才去世。那为什么还要问这些明显的愚蠢问题呢？根据 Strack 和 Mussweiler 的研究结果，这些最初的问题尽管没有多大意义，却能影响人们做出的判断。在他们的实验中，第一组猜测甘地去世时的平均年龄为 50 岁，而第二组为 67 岁。两组结果都不接近真正答案，甘地实际是在 87 岁的时候被暗杀。但是我们还是发现了，最初的数字对后面猜测数字产生了很大的影响。

人们在对某人某事做出判断时，易受第一印象或第一信息支配，就像沉入海底的锚一样，把人们的思想固定在某处，作为思考和判断事物的一个立足点，这就是心理学中所说的"锚定效应"。由于锚定效应在许多场合中都有出现，没有一个理论能完整地解释它。然而，有一个现代最受欢迎的理论能解释锚定效应在制定决策方面的应用，这个解释就是：**我们总是倾向于为我们不确定的东西寻找证实。**

因此，如果我被告知一个特定钻戒的定价是 5000 英镑，我会四处寻找证据来证明它。在这种情况下，不管这个特定钻戒的价值如何，有很多钻戒大概都是这么贵。我对钻戒所有的了解就是它可能要花 500～5000 英镑。我们经常说："没有买不起的顾客，只有卖不起的销售。"当你给一个产品足够高的定价时，消费者就会自己寻找产品高价的原因。罗永浩在推销锤子手机时，就应用了锚定效应。他先在微博上抛出一个四千多的价格，把大众的心理预期价格设定在这个初始水平。但最终敲定定价为三千多，低于锚点一千多，也就是相差了 1/4。这样的定价策略将会激发人们冲动购买的欲望，促进销售。

（二）框定效应

我们通常从多个角度观察事情。如果杯子里是半杯水，我们可以把杯子描述或者框定成半空，这是在强调杯子还剩下多少空间；也可以把杯子描述或框定成半满，这是在强调已经占用了多少空间。这两种框定实质上是一样的，但是对这个半满杯子的期望，人们所形成的意见可能是不同的。

假如有一块肉，肥肉和瘦肉所占比例总和是100%，其中肥肉占比20%，瘦肉占比80%，你如何向顾客推销这块猪肉？如果你说这块猪肉80%都是瘦肉，很显然剩下的20%就是肥肉，反之亦然，你说这块猪肉20%是肥肉，那么剩下的80%就是瘦肉。关键是你会向消费者透露哪部分信息。答案很显然，当你和消费者说80%的瘦肉信息时，消费者的接受度会更高一些。

当我们向消费者推销产品的时候，是选择从获得的角度还是损失的角度进行描述或框定，这会决定消费者如何回应信息。卖保险的对这种技巧了如指掌，告诉顾客购买保险将要得到哪些保障的时候，很多顾客并不是特别的感兴趣，但是当你告诉顾客不买保险未来可能会遇到哪些风险的时候更能够打动消费者。人们对于损失的敏感程度要远远大于获得的敏感程度。想象一个场景：我给你一个苹果，你大概会很高兴吧！这个场景太简单了，现在我给你两个苹果，然后找你要回来一个，请问您觉得哪个场景让自己懊恼？理性上讲，这两个场景你所得到的苹果数是一样的，但是很多人都会觉得第二个场景让人懊恼。

通过将产品的总成本重新框定（分解）成使用期间每阶段的较小成本，我们也可用框定来形成消费者对产品的支付能力的意见。比如价格分摊法，一家健身会所会员卡的充值金额是3600元，乍一听这个价格确实挺吓人的，店员就会跟顾客算账了，每天才10元，连买一包烟的钱都不到，但是效果却是惊人的。抽烟对身体没有任何好处，而健身却能让我们拥有一个健康的身体。

（三）免费策略

免费价格策略是"互联网＋"时代企业开展市场营销活动的一种新玩法，它主要用于促销和推广产品，这种策略一般是短期的和临时性的。具体说，免费价格策略就是将企业的产品和服务以零价格形式提供给顾客使用，满足顾客的需求。

"互联网＋"时代，每一个企业和经销商都在思考一个问题，如何打造一个客户管理的生态平台，使客户的交易价值最大化。我经常说："'互联网＋'时代，客户的抓取越来越容易，而客户的管理和维护越来越难。"那么免费策略就是赚取客户的最好手段。免费策略一般有四种形式：

第一种形式是完全免费：即免费提供产品或服务购买、使用及售后所有环节。微信目前的使用就是完全免费，但是未来是否会收费有待时间去检验的问题，但起码微信的平台已经圈下了中国市场所有的人，基本上没有人不玩微信。

第二种形式是有限免费：即产品或服务可以被有限次或者有限时间内的免费使用，超过一定次数或时限就不再享受免费。比如现在许多网络游戏都在提供试玩，服务器免费开放一定天数，当玩家超过免费试玩期想要继续玩游戏就要缴费。

第三种形式是部分免费：是指将产品整体进行划分或将服务全过程分成若干个环节，只对其中某些部分或某些环节提供免费的策略。

第四种形式是捆绑式免费：即在购买某种产品或服务时可以免费享受赠送其他产品和服务的待遇。如美容院为了促销美容护肤产品，顾客购买产品后可以享受免费护理服务。

二、策略定价的四个实战方法

价格竞争是一种十分重要的营销手段。经销商老板应根据不同的产品和市场情况，采取各种灵活多变的定价策略和技巧，以期更好地实现销售目标。下面跟大家分享一下经销商老板如何制定产品价格。

（一）新产品定价策略

新产品定价的正确与否，关系着新产品的命运。常用的新产品定价主要是撇脂和渗透两种相互对立的策略。

1. 撇脂定价

撇脂定价是新产品刚进入市场阶段，企业采取高价投放的策略，以便在短期内获取尽可能多的收益。这就好像在牛奶中取奶油一样，将新产品的利益的精华尽快取出。这种定价策略有利于利用消费者求新的心理，企业还有降价的余地。

2. 渗透定价

渗透定价是将价格定得低于预期价格，使新产品迅速占领市场并有利于对付竞争者的一种定价策略。这个策略针对消费者的选价心理，在新产品上市之初，价格稍低一些，到新产品打开销路以后，再结合质量的提高，改进造型，逐步将价格提到一定的水平。较低的定价可以吸引顾客，使产品易于打开销路。同时，价低也使竞争者感到收益不大而退出竞争，从而使企业迅速占领和扩大市场。这种定价策略首先强调扎根市场，故称渗透定价。

（二）折扣定价策略

各种折扣都是以争取顾客扩大销售为目的，直接减少一定比例价格或让出一部分利益的定价策略。类型主要有以下几种：

1. 数量折扣

数量折扣是根据消费者购买数量多少分别给予大小不等的折扣。购买数量越多，给予折扣越大。

2. 季节折扣

季节折扣适用于产销之间存在明显时间矛盾的产品。生产季节性产品的企业和经济组织，对常年生产、季节性消费的产品的生产的旺季，给予购买者折扣优待。这可以在生产旺季鼓励中间商储存商品，在消费淡季使生产不受影响。

3. 交易折扣

这是根据各类顾客在购买产品时，根据顾客的购买数量给出的价格优惠，顾客的购买数量越大，经销商老板给予的折扣力度也就越大。

4. 现金折扣

这是买方按照卖方规定的付款到期日以前若干天内汇款，卖方所给予的一定比例的折扣，其目的是鼓励买方提前付款，加速资金周转。

（三）心理定价策略

1. 非整数定价

非整数定价，这是针对顾客求廉心理制定的产品价格，它包括奇数价格、零头价格和低位价格。心理学分析证明，顾客有感觉单数比双数少、零数比整数准确、低一位数比高一位数更有明显的差异。据此，企业定价就可以定出奇数价格、尾数价格和低位价格。比如某商品定价 9.98 元而不定 10.00 元，另一种商品定价 99 元而不定 100 元，这可以给人们价低、准确、便宜的感觉。

2. 整数定价

这是适应顾客"一分钱一分货"的心理，借助企业和产品声望而制定的较高的价格。一家商店经过多年经营，在消费者心目中有了名望，这家商店出售的商品，价格可以较一般商店稍高。一个品牌的商品成了名牌，消费者对它产生了信任感，售价也可较高。比如两家商店出售同样的商品，一家声望高，虽定价稍高，顾客也愿意购买，因为他们认为高级店、高价货代表质量好。

3. 招徕定价

这是指为吸引消费者光顾而对少量产品制定的特别低的价格。企业将几种商品的价格标低，有时甚至低于成本价，借低价来吸引顾客。消费者在求廉心理支配下必然光顾该店，当顾客购买廉价品时，企业还可继续运用连带推销、增加销售服务等手段，促使顾客购买其他产品。一些企业还根据季节和某些节日进行"大减价"，都是招徕定价的具体做法。实施招徕定价的企业必须是规模较大、品种繁多的，而且必须是广大消费者常用的、价值不大的产品，这样才可使企业取得一定的效益。

（四）产品组合定价策略

如果经销商所要制定价格的产品，是与其他产品存在着不同程度关联的大类产品中的一种，那么在定价上就必须通盘考虑，这就属于产品组合定价策略。这种定价是指兼顾产品大类中各个相关产品之间的价格，争取大类产品所获总利润最高的一种定价策略。对于互补商品，适当提高畅销品价格，降低滞销品价格，以扩大后者的销路，使二者的销售相得益彰，增加企业总盈利。对于互补商品，有意识降低购买频率低、需求价格弹性高的商品价格，同时提高购买频率高而需求价格弹性低的商品价格，会取得各种商品销量同时增加的良好效果。

价格是企业市场营销组合的一个重要变数，也是最复杂、最敏感的市场因素。它通常是影响商品交易成败的关键因素。企业的产品价格高低主要受市场需求、成本费用和竞争情况三方面的影响和制约。企业定价时，要受到许多因素的影响，如产品、市场需求、企业自身、市场竞争及政府对价格的约束等因素，企业应全面考虑各种因素的影响。为了实现定价目标，就要相应地采取适当的定价方法，给本企业产品制定一个基本价格，并在此基础上进行适当调整。需要注意的是，企业在制定价格时还必须综合地、全面地考虑企业整个的生产经营计划，使定价政策与企业的其他政策协调一致，从而实现企业的最终目标。

第二节　产品组合才能卖出高利润

经销商作为连接厂家与顾客的桥梁，职责就是要把厂家的产品送到顾客手上，在产品传递的过程中，赚取一定的销售利润。移动互联网时代来临，厂家跟顾客之间的距离拉近了，物流配送不再是经销商的优势，那么经销商还能创造什么价值呢？经销商老板和菜市场卖菜的小商贩之间最大的差异是什么？卖菜的小贩5毛钱进货的青菜，加价到1元卖给顾客，赚了5毛钱的毛利，去掉摊位费、运输费、菜市场管理费和扔掉的腐烂青菜，以及送给顾客的小葱、蒜等杂费外，还能剩下两三毛钱的利润，这就是纯利润。很多经销商老板的赚钱方式跟菜市场的小商贩并无差异，只不过是店开的大一点，雇的人多一点，每年的销售额大一点。

在产品同质化越来越严重的今天，经销商老板再抱着"卖什么都赚钱"的想法，显然是行不通了。所以精明的老板打起了组合拳，通过产品组合配套销售，用低价产品吸引客户进店，然后用高价产品赚取一定的利润。

案例分享：

有一年夏天，公司组织到山东旅游。在一座面朝大海的山上有一座寺庙，大家决定去寺庙烧柱香、拜拜菩萨。谁知道在寺庙门口请香的时候，卖香的大姐喊了一嗓子："小伙子，看好了你再请香，有些香请得不对，许愿是不灵的。"我一看，这位大姐的摊位前挂了一个纸牌子，上面清楚地写着每种香的价格，升官发财香398元、高中状元香298元……同样的一炷香，因为许愿的不同，价格也有了差异。菩萨不会介意我们烧什么香，所谓心诚则灵，可是精明的商人却给我上了一堂深刻的营销课。

从卖香大姐这里，我们可以得到一些产品经营上的启发，那就是产品细分才能卖出高利润。如何通过产品定位找到目标客户群体，正是优秀经销商和普通经销商在产品经营能力上的差别之一。

一、经销商打出五种产品组合拳

肯德基里是不是每款产品都赚钱呢？答案是否定的。肯德基的汉堡上下都有面包，中间有鸡腿、牛肉等真材实料，售价才十几元一个，从成本与售价之间的对比分析可以看出，肯德基的汉堡真的不赚钱。那么，肯德基是怎么赚钱的呢？他们有自己的高利润产品——可乐。在外面超市里买一瓶 550ml 的百事可乐才 3 元左右，但是在肯德基店里一杯可乐的价格高达 7.5 元，而且这杯可乐的分量连瓶装可乐的 1/3 都不到，肯德基店里的可乐 2/3 都是冰块。每位进店的顾客都会在肯德基店里买一杯可乐，原因很简单，他的汉堡包很干很咸，而且以劲辣的鸡腿堡为主，你想不喝可乐都不可能。

通过肯德基的产品策略，我们可以得出产品销售中的五个角色：

（1）标识品。代表了公司品牌与形象的产品，由于这种产品是公司高、精、尖的产品，所以产品定价比较高。在销售过程中只能被那些高消费人群接受，因此销售的数量并不多。

（2）集客品。也有人把这种产品称为钓鱼产品或者牺牲品，这种产品在门店销售的目的是为了吸引客户来到门店。由于这种产品的价格比较低，对于门店来说利润空间很小，主要目的是为了招徕生意。

（3）重点品。重点品是指能给经销商老板带来丰厚利润的产品，经销商老板通过卖这样的产品赚取足够的利润，因此经销商老板利润的高低主要取决于重点品的销售。

（4）一般品。是指为了满足顾客一站式购买而提供的产品，这种产品对于经销商老板来说形同鸡肋，既不跑量也不赚钱，主要目的就是为了方便顾客一站式购买。

（5）策略品。也叫战斗产品，是经销商老板为了打击对手而推出的产品。这种产品既可以是当下最热卖的产品，也可以是刚刚上市的新品；可以通过价格策略打压对手，也可以通过差异化的卖点形成区隔。

靠"单一产品销售差价"来赚钱的盈利方式过于单薄，产品组合策略是经销商规避风险、应对挑战的一个重要出路。因此，每位经销商老板都应该清楚自己店里产品的销售情况，清楚每一款产品的角色与价值，从而制定出科学合理的营销策略。

那么，经销商老板究竟该如何分析产品呢？《经销商门店五种产品角色分析表》能够帮助经销商快速、准确地实现这一目标，如表 2-1 所示。

表2-1　经销商门店五种产品角色分析表

产品	销售完成率	销售增长率	销售利润率	产品竞争力得分	产品角色
A					
B					
C					
D					
E					
F					

销售完成率：指该产品当月任务是否达成。如果当月销售任务100%达成，则说明产品销售情况良好。

销售增长率：指该产品对比同期的销售情况是增长还是下滑。这里有两个指标，既可以是同比增长率，也可以是环比增长率。

销售利润率：指该产品的销售毛利情况。

产品竞争力得分＝销售完成率×销售增长率×销售利润率，产品竞争力得分越高说明该产品对经销商老板的贡献越大，该产品应该作为重点品进行主推。

二、经销商产品组合的八个原则

（一）分清每个品类的目标

经销商老板在做产品管理的时候，要清楚地了解每个产品的角色定位，特别是在集客品与重点品的管理上，要科学合理地确定出哪些产品是集客品、哪些产品是重点品，只有这样才能发挥产品组合优势，实现销售利润最大化。

（二）兼顾销量与利润的原则

很多人都听说过盈亏平衡点，经销商老板到底要卖多少货才能够实现盈亏平衡呢？在做产品分析的时候，经销商老板不能只是追求高毛利，产品的高毛利当然是好事，但是如果高毛利产品一年也卖不出去，还不如选择一款热销的产品更有效率。

（三）品类组合要有关联性

门店销售业绩的提升主要抓进店率、成交率和客单价三大指标。关于客单价的提升有很多方法，将在后面的内容中具体讲解。在这里我想谈谈产品配套销售的问题，如果产品之间关联程度比较高，那么店员推销起来就比较轻松。比如在卖汽车的时候，销售人员顺带卖一套汽车坐垫或者车载吸尘器应该不算难事；卖地板的时候，销售人员顺带卖一些地板护理产品或者地毯应该也很轻松。所以，经销商的产品组合要能够形成连带销售。

（四）产品多渠道适销原则

一瓶啤酒既可能在超市销售，也可能在饭店销售，当然还可能在夜场酒吧里销售。虽然不同的销售场所啤酒的售价相差很大，但是经销商老板在做产品管理的时候，应该是啤酒可以在不同的渠道都能销售。这样既可以降低库存管理成本，又能够降低销售管理成本，越少的产品 SKU（库存量单位）越能够帮助经销商卖出高利润。

（五）产品淡旺季组合原则

在做产品组合的时候，还需要考虑时间节点的问题，卖冷饮的经销商生意最火的时候就是夏天，等到夏天一过冷饮生意一落千丈，如果经销商不做点其他生意，接下来的日子就要喝西北风了。等到秋风起，经销商就开始囤货卖烟酒糖果了，因为马上进入新年了，是烟酒糖果的销售高峰期。

（六）产品互补互斥原则

由于经销商门店产品陈列位置和库存面积的限制，很少有经销商能够把一家公司的全部产品都引进到自己的门店。在有限的空间里，如何做到销售利润最大化？这就要求我们在选择产品的时候做到互补互斥的原则。所谓互补原则，是指产品之间有关联互为补充可以形成连带销售。所谓互斥原则，是指产品之间存在着巨大的差异性，功能和款式差不多的产品尽量不要重复引进。

（七）产品生命周期互补

任何一个产品都不能热卖五年以上，经销商老板在做产品组合的时候还要考虑产品生命周期。当店内的产品卖得火热的时候，经销商老板就应该有危机意识，能够敏锐地捕捉到消费者需求的变化，积极引入新品。优衣库的成功正是源于一款叫作"摇粒绒"产品的热销。

（八）不断创造惊喜的原则

对服装这样的快速消费品门店来说，不断创造惊喜是吸引客户重复进店的不二法则。快时尚品牌 ZARA、H&M 等之所以在国内市场势如破竹、遍地开花，深受年轻消费者的喜爱，很重要的一点就是新品更新速度比较快。ZARA 更是以 7 天上一次新款的神速，掠夺了年轻消费者的眼球和钱包。

三、是高毛利重要还是 ROI（投资回报率）重要

经销商老板是怎么赚钱的？关于这个问题，很多经销商老板并没有想清楚，因为大多数老板赚钱的方式比较简单，就是赚取产品差价。产品从厂家运到自己的仓库，然后再把产品交到顾客手上，在这个产品传递的过程中，出厂价 5 元的产品卖到 7 元，就有 2 元的毛利，然后除去各种费用开支就是纯利润。

很多经销商老板跟我抱怨生意难做、钱能赚，一年辛辛苦苦卖了 2000 万元，结果算下来一年才赚了几十万的利润，还没有自己村上开饭店的王老五赚得多。关于这个问题，我想说句公道话，那就是"没有金刚钻，就

别揽瓷器活"。王老五虽然一年才做 500 多万元的生意，却赚了 100 多万元，可是你得看看王老五当初做生意的时候投了多少钱。如果人家年初光投入就 300 多万元，而你靠着 100 万元的资金投入滚动到了 2000 多万元，谁更划算？

把目光放在毛利率上的时候，经销商老板就会犯"一叶障目，不见泰山"的毛病。我们有必要重新认识一下生意盈利的重要指标——ROI。

到底什么才是 ROI？

我们先简单地把公式写在下面，然后再逐一进行拆解分析：

$$ROI = \frac{赚多少 - 花多少}{投多少}$$

赚多少 = 销售金额 × 产品毛利率

花多少 = 各项经营管理费用

投多少 = 最初投入运营时候的资金金额

但是这个公式还没有拆解完，因为经销商赚多少除了正常的销售利润外，还有厂家返点等其他收入。对于一些大经销商老板老说，厂家的返点、返利比产品销售毛利的金额还要高，是非常重要的收入来源。花多少钱则包括经销商老板的店铺租金、水电费用、仓储费用、人员工资、市场推广等各种费用。在分母这里，投多少一般不计算经销商的首期投入资金，因为随着生意越做越大，他的首期资金早就变成了库存，而且经销商还有一些应收、应付的款项。因此，在投多少这里，计算方式为：投多少 = 库存 + 应收 - 应付，对应 ROI 的计算公式如下：

$$ROI = \frac{销售金额 × 产品毛利率 + 其他收入 - 经营管理费用}{库存 + 应收 - 应付}$$

ROI 越高，表示经销商的盈利能力越好；ROI 越低，则表示经销商的盈利能力越差。那么要想提高 ROI，我们的方法就是想办法扩大分子的数字，减小分母的数字。

扩大分子的数字有四个方法：

（1）增加销售金额。

（2）调高产品毛利。

（3）增加其他收入。

（4）降低经营管理费用。

ROI 分子做大，经销商老板要综合考虑以下因素：

（1）增加销售金额，经销商老板目前的主要关注指标就是门店的进店率、成交率和客单价。

（2）调高产品毛利则要求经销商老板进行合理的产品组合，扩大高利润产品的销售。

（3）增加其他收入，要求经销商老板能够完成厂家的各项任务指标，顺利地拿到厂家的返点、返利。

（4）降低经营管理费用要求经销商老板开源节流，在经营管理的细节上下功夫，做到每一分钱都花到刀刃上。

减小分母的数字有三个方法：

（1）降低库存资金占用。

（2）减少应收款项。

（3）增加应付款项。

ROI 分母做小，经销商老板要综合考虑以下因素：

（1）降低库存资金占用，经销商老板要有科学的进销存管理制度，将库存控制在合理的范围内，不会出现产品积压滞销的状态。

（2）减少应收款项，经销商老板千万不要过多地进行赊销业务，这样很可能会造成资金回笼缓慢，甚至造成资金断流，后果不堪想象。有两类业务会造成应收货款的增加：一类就是工程项目，因为这样的业务资金押款时间比较长，如果经销商老板是小本生意，最好不要碰；另一类业务是批发业务，特别是乡镇客户从代理商那里拿货，一般都是先货后款，很容易造成资金的占用。

（3）增加应付款项是指经销商老板占用别人的钱，比如从厂家申请的信用额度，跟一些广告公司、促销活动公司的业务往来，欠人家的钱。

四、做好库存管理的四大动态指标

从 ROI 的计算公式可以看到，库存管理对于经销商老板盈利能力和盈利水平的重要性，但是大多数经销商老板只是简单地以为库存管理就是把货卖光了及时地进行补货而已，这样的观念显然存在偏颇。

那么，到底什么才是库存管理呢？经销商的库存管理应该管什么？关于这个问题，很多经销商老板都告诉我说自己的库存管理已经很科学了，上了软件系统，能够做到先进先出等，可是这些就够了吗？要想讲清楚这个问题，我们首先得了解一下库存管理的四个指标：

（1）库存数量指标。

（2）库存效率指标。

（3）库存效益指标。

（4）客户服务指标。

库存数量指标比较好理解，就是指到月底盘点的时候，仓库里还有多少货、值多少钱，但是这里有个概念还是要澄清一下，那就是平均库存。举个例子：10 月 31 日进行库存盘点，仓库里还有 500 件货，进货成本每件 50 元，那么库存金额就是 25000 元。但是这是绝对库存指标，也就是说这位经销商的仓库每天应该有多少货才是最合理的，我们是不知道的。因此引入一个平均库存的概念。平均库存等于每一天的库存金额相加之和再除以统计期天数，如果一个月有 31 天，就应该天天盘点库存，相加之后除以 31 天就是最精准的平均库存。

库存效率指标是经销商老板库存管理的关键指标，在这里我们主要讨论库存周转率指标。库存周转率也叫库存周转次数，计算公式如下：

$$库存周转率（库存周转次数）= \frac{销售成本}{库存成本}$$

以 10 月份为例，10 月 31 日盘点库存，A 产品还有 5 个，每个进货价 100 元，那么 A 产品的库存成本就是 500 元；从 10 月 1 日～10 月 31 日，A 产品一共卖出去 10 个，每个进货价 100 元，那么 A 产品的销售成本就是

1000 元；则 A 产品的库存周转率是 2 次（1000/500）。库存周转率越高，存货占用水平越低，存货变现速度越快。

库存效益指标主要考核的是经销商老板的库存盈利水平，包括库存投资回报率 ROI 和交叉比率两个指标。库存投资回报率反映了单位库存所带来的盈利收益情况，计算公式是（毛利额/库存成本）；交叉比率 = 毛利率×库存周转率，从利润空间和库存周转速度两个方面考核生意获利能力的指标。

客户服务指标主要考核经销商老板的客户服务能力，这里专指代理商对分销商的库存服务能力，包括订单的满足率和送货的准确率等关键指标。

第三节　经销商门店如何卖新品

企业推出新品的意义，一方面是要满足客户需求提升公司品牌影响力；另一方面则是要提振经销商信心、增加经销商销售利润。面对厂家推出的各种新品订货会、新品发布会，很多经销商老板一时拿不定注意，要么担心产品不好不敢进货，要么脑袋一热定了一大堆货，结果堆在仓库里一两年都卖不出去。厂家在推行新品的时候，肯定会抛出各种诱饵（优惠的促销政策），而很多经销商老板此时都希望能借一双慧眼，看得清清楚楚、明明白白。到底经销商老板该不该进新品？怎么卖新品？第一个问题的答案显而易见，因为经销商老板不进新品就没有后续的经营武器，就像汽车开到一定公里数要换机油是一个道理。关于第二个问题，下面我们重点探讨一下。

一、S 曲线打破产品生命周期悖论

要想把生意做大就要最大限度地满足客户的需求，但是客户的需求却在不断变化，因此研究客户需求、提供适销对路的产品非常重要。再热销的产品也有走向滞销的时候，就像人的一生要经历从少年到中年再到老年的过程，就像四季的变迁要经历春夏秋冬一样，花无百日红，产品也经历着这样的生命周期，如图2-1所示。

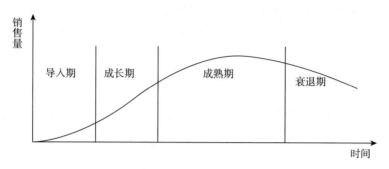

图2-1　产品生命周期曲线图

任何一款产品都是从刚刚上市推广开始，慢慢地形成热销局面，最后再转为衰退期成为滞销品的。经销商老板想要一劳永逸，通过三五款产品火上三五年的想法必然会落空。如果说所有的产品都要走上这样一条不归路，那么经销商老板只有不断地培育新品，才能让店里的产品不断档。

英国管理大师曾经提出过著名的S曲线理论，对我们非常有启发，如图2-2所示。

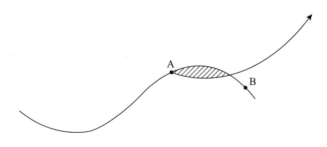

图2-2　S曲线理论

任何产品都将由盛转衰，没有人能够改变这一客观规律，所以经销商老板要具有创新和变革的精神。当一款产品卖到热销阶段，甚至还没有进入热销阶段，到达A点的时候，我们就需要积极地引进新品了，这样就在第一款产品进入滞销阶段B点的时候，第二款新品已经过了导入期，开始了新的销售增长。那些成功的经销商总是会在别人没有行动前快人一步采取措施，如果非要等到第一款产品进入 B 点的时候再引进第二款产品，就为时已晚。

二、经销商老板卖新品的五个理由

（一）新品是生意增长的核动力

我们通过查尔斯·汉迪先生的 S 曲线可以看到，只有不断地更新换代产品，才能让门店的生意焕发出勃勃生机，固步自封只能让老产品越卖越差，直到无货可卖。经销商的生意是折腾出来的，不是我们跟着客户走，而是我们要积极主动地走到客户的前面。快时尚品牌 ZARA 用 7 天就上新品的速度赢得了年轻消费者的喜爱，从而打造了 ZARA 在时尚服饰行业的霸主地位，可见新品对一家店铺生意的重要程度。

（二）新品能够创造高额利润

任何一款产品，当市场上没有类似产品出现的时候，我们就可以获得独家垄断的优势，这个时候定价权掌握在经销商老板的手中，可以为经销商老板创造高额利润。一旦市场上类似的产品增多了，竞争加剧必然导致价格战，最终的结果就是利润空间不断压缩，直至无利可图。经销商老板总是在高利润和高风险之间徘徊，以为高利润背后必然是高风险。新品卖不出去怎么办？说到底经销商在新品推广上不是能力问题，关键是信心的问题。

（三）新品可以有效打击竞争对手

在产品越来越同质化的今天，为了争取更多的客户资源，很多经销商老板都会主动采取各种促销手段和创新服务，但是再怎么创新也只是给客户创造了购买过程中的惊喜，客户更关注的还是产品。"服务不是巴奴的特色，毛肚和菌汤才是。"巴奴火锅用这样的差异化吹响了市场进攻的号角。

（四）新品能够吸引更多的客户进店

在"互联网＋"时代，如果仅仅从产品的功能性需求来说，顾客完全没必要走进门店，因为所有的产品都可以网上下单。我现在很少去超市买米和油，因为太重拎着比较累，在手机上打开购物网站下单，就可以在家坐等收货了。为什么还去店里购买呢？因为购物正从产品功能需求向购买体验需求转变，新品能够满足消费者"猎奇"的心理，从而吸引人们走进门店。

（五）新品销售能够提升销售人员能力

在门店生意越发惨淡的今天，销售人员把每一单都看得至关重要。面对进店客户，低价销售已经成为很多人的销售习惯。在确保成交和赚取利润之间，大部分销售人员选择了前者，可是经销商老板做生意赚得就是利润，做多少销售额、开多少单都不是最重要的经营指标，最重要的经营指标是利润。销售人员的低价销售既让利润稀释，又降低了销售人员自身的价值。新品正是锻炼销售人员，提高销售能力的重要机会。

三、经销商新品选择四项基本原则

经销商老板究竟如何选择新品？这个问题既考验经销商老板的眼光，又考验经销商老板的勇气。面对厂家各种充满诱惑的销售政策，经销商老板一定要定下心来将目光聚焦在产品上，预测一下这个产品到了自己的市场能不能卖得动、能卖多久、有多大的利润空间。

（一）新品利润分析

经销商老板在订货以前，首先得研究一下这款产品到底是流量型产品还是利润型产品，也就是产品角色定位的问题。流量型产品主要是走低价路线，靠销量来创造利润；利润型产品则是走高价路线，靠单值来创造利润。对于经销商老板来说，首先要思考自己更善于做低价销售还是高价销售，其次要思考是否做产品经营上的转型，然后才决定是否订货。

（二）新品功能定位

企业推出新品主要有两种类型：一种是补充性产品；另一种是替代性产品。所谓补充性产品，公司原来没有类似的产品，这次推出的产品是对原来产品的补充，可以扩充经销商老板销售的产品线，形成新的销售渠道。比如一家专注欧美家具的企业推出了中式家具，这种产品就属于补充性产品。所谓替代性产品，公司原来一直就有这样的产品，产品的核心属性没有变，只是对原来的产品进行了升级或者改良。白酒行业这两年流行光瓶酒，去包装、去商业炒作，将白酒价格降下来飞入寻常百姓家，是白酒企业营销的一个新突破。

（三）新品卖点分析

经销商老板选择新品无异于伯乐相马，因此在订货的过程中，把握产品的独特卖点至关重要。如果你是电动车行业的经销商，在订货的时候就不能不想是车子的外观时尚更能吸引消费者，还是马力大、载重能力强更能吸引消费者，还是电量足续航时间长更能吸引消费者。由于市场环境每天都在变化，消费者的需求变化超乎了我们的想象，前几年大卖的营养快线、可口可乐等产品，都在经历着销量大幅下滑的困境，消费者对于环保、节能、健康等品质的需求越来越高，消费者购买产品的理性意识越来越强烈。经销商老板在订货的时候，其实充当了消费者的代表，如果作为代表不能真正代表民意，那么消费者自然不买你的货。

（四）新品公司定位

当我们更多地站在消费者和自身的角度思考新品价值的时候，一定不能忽视另一个重要的角色，那就是厂家对于新品的态度。有些产品刚刚推出来的时候，会遭到大多数经销商老板的反对，"价格太贵了""产品没特色""利润空间太低了"等，但是经销商老板需要换位思考，厂家推出这个产品到底是战略层面上的还是战术层面上的。如果厂家是站在战术层面上推出一款新品，那么经销商老板可以权衡利弊，决定自己是否进货；如果厂家是站在战略层面上推出一款新品，那么厂家未来会往这个方向发展或者转型，你不进货很可能跟不上厂家的脚步，直到被厂家放弃。

四、经销商新品门店卖疯四部曲

新品上市，对经销商老板来说首先要考虑的不是怎么卖新品的问题，而是新品摆在哪里的问题。然后才需要制定新品的推广计划，把新品卖成热销的爆款，卖成高毛利的重点产品。

（一）确定要下架的产品

由于门店面积有限，我们不能不对一些老品或者滞销品做出下架处理，从而为新产品腾出更多的展示空间。为新品腾出展示空间，我认为至少有四类产品可以下架：

（1）原有老品在功能上能够被新品所替代；

（2）产品长期处于不流通状态，也就是我们说的滞销产品；

（3）某款产品销量出现明显下滑，或者是因为消费者需求的变化，或者是因为竞争对手有了更新更好的产品；

（4）某款产品公司订货困难。

（二）制定产品下架方案

下架产品确定了以后，经销商需要制定出针对这些产品的下架方案，确保在一个月之内将下架产品清理完毕，从而为新品腾出展示空间。对于下架产品的下架方案，我们给出以下几种建议：

（1）制定终端门店的促销方案，通过特价促销或者买赠促销的方案快速清仓，特价促销是做产品清仓比较有效的手段，只要价格降到位就能够引爆市场，买赠促销直接把要下架产品转变成送给顾客的赠品；

（2）把要下架产品直接转变成工程项目，团购市场专供产品，撤出零售市场；

（3）跟公司协商，请求公司进行产品回收；

（4）跟其他区域经销商进行信息互动，将要下架产品整合到一位经销商的手中，通过一场大促活动全面清仓。

（三）制定新品上市推广方案

针对新品上市的推广方案，经销商老板首先要思考的就是新品在店内的展示问题。不管哪家公司，只要是新品上市，都会有新品的终端展示方案。但是由于大多数经销商门店都是在营业的正常门店，并没有办法按照公司的要求进行产品展示，这个时候就需要经销商老板发挥自己的创意了，给新品更多的展示出样。比如如何做好新品与老品之间的配套化展示，如果利用橱窗和体验间来展示新品，当然现在终端门店中投入使用的VR设备，更应该突出对新品的展示作用。没店面形象，就没有新品的销售。

新品有了在店面的位置以后，第二步要做的事情就是制定新品的宣传计划，让消费者知道店里有新品。在区域市场营销上，经销商老板需要向厂家申请，投入一定的新品广告宣传费用。作为厂家主推的新品，公司都会有这样的一笔费用，关键是厂家经常纠结的问题是这笔钱到底要砸向哪一个市场？经销商老板跟厂家要资源既需要有方法也需有客情，让厂家对你的市场充满信心是获得这种支持最重要的手段。

广告宣传是搅动顾客兴趣的第一步，在"互联网＋"时代，这种搅动不一定非要投入巨额的广告费用，利用微信、微博等新媒体针对潜在客户精准营销，也能达到预期的效果。当消费者来到门店以后，店内的陈列和活动是让消费者产生购买冲动的驱动力。

案例分享：

屈臣氏的新品促销

以1瓶成本为10元的洗发水上市过程为例，刚上市定价30元，进货1000瓶，成本10000元。由于新品吸引小部分顾客，销售出10%，100瓶，销售金额3000元。经过30天的新品推广期，这批洗发水真正的销售开始启动：第一轮促销：原价 30 元，现价 28 元，附赠新产品小瓶装 1 支（新产品小瓶装 5 元）。15 天促销期，共销售 500 瓶，销售金额 14000 元。第二轮促销：空仓期，货架打出"暂时缺货"，形成热销局面。第三轮促销："30 元 + 1 元 = 2 瓶"，只需 1 元即可获取指定产品！顾客开始抢购，清仓，销售 6200 元。

（四）激发店员新品推广热情

对于经销商老板来说，首先应该对新品的推广抱有极大的信心和热情，然后想办法调动店员在门店销售过程中主推新品。

导购员在门店的销售过程中究竟是怎么卖货的？卖自己最熟悉的产品。当一名顾客走进门店的时候，为了确保自己不丢单，很多店员在跟客户介绍产品的时候都在推荐自己最熟悉的产品，而新品刚刚上市，很多店员不熟悉不敢向客户推荐，也不愿意推荐。解决这个问题的方法很简单，我曾经多次说过，要做到"可量化、可视化"，只要经销商老板把新品销售纳入考核制度，那么店员自然就会主推新品。对于店员来说，正激励比负激励的效果要好，比如店员卖新品可以多拿几个点的提成。

给新品更高的销售提成解决了店员愿不愿意卖新品的意愿问题，还有一个问题也要解决，那就是店员会不会卖新品的能力问题。关于这一点，解决办法是给店员做产品知识培训，死记硬背产品卖点是第一步；活化卖点，将卖点灵活地整合到自己的销售话术中是第二步。在做产品知识的培训时，经销商老板既要组织专人（店长或者培训师）定时定量组织培训，又要对培训的结果进行检查，没有检查的培训是没有落实的培训。

第三章

Chapter 3

经销商门店精细化管理

第一节　经销商老板开店赢在定位

案例分享：

大概在 5 年前，我从外地出差回到上海。办公室的同事建议我到淮海路逛逛，说一定会有惊喜。我在淮海路发现了一家服装店，有 2000～3000 平方米，从店外的装修看比较简单、时尚，便信步走了进去。这家店跟传统的服装专卖店最大的不同就是里面没有导购员向你推荐产品，有喜欢的衣服就拿到试衣间试穿，试穿合适就到收银台买单。店内提供的衣服种类繁多，价格经济实惠，陈列错综复杂，一件产品重复出样的概率比较大，你只要愿意在这个店里逛下去，总能发现自己想要的。这就是我想要的购物环境，方便随意自在的挑选，而不会遭遇到导购员强硬的推销，等出了店门，我记住了这两个英文单词"H&M"。

接下来，短短 5 年时间，H&M、C&A、GAP、ZARA、优衣库等品牌店如雨后春笋般遍地开花，正在以势不可挡的势头向二三线市场渗透，它们有着一个年轻而时尚的名字——快时尚品牌。

开一个店卖点特色产品就能赚钱的时代已经结束了，很多经销商老板开始抱怨"进店的顾客越来越少了""进店的顾客越来越懂了"，形势所迫，似乎不早点改变将难以生存，想做出点改变又不知道路在何方？

一、冰火两重天：新零售 & 传统门店

（一）快时尚品牌颠覆了传统服装行业

前几年，走到步行街我们还在惊讶，短短的几百米内，同一品牌的运动服装店竟然连续开了三五家。然而在五六年前，步行街上的很多运动品牌专卖店悄无声息地关店了，曾经轰动一时的 KAPPA 也偃旗息鼓，变化来得太突然又没有任何先兆，借用一句应景的小诗来形容这种变化并不为过，"忽如一夜春风来，千树万树梨花开"。上海的淮海路上开出第一家 H&M 品牌店的时候，我曾经去买过衣服，那时候的感觉就是在这里买衣服很舒服，因为没有店员的推销没有太多的花哨陈列，每件衣服都像是随机堆放和悬挂，走进这里不是在买衣服而是在淘衣服。接着，C&A、ZARA、GAP、无印良品、优衣库等快时尚品牌店相继开业。

我没有去研究快时尚品牌这个叫法到底是国人原创还是舶来品，这也不重要，不争的事实就是这些门店以势如破竹之势在全国各大城市大举建店。爆款、大卖场、无推销、亲民价格，是这类快时尚品牌店吸引年轻消费者的法宝。很多传统服装店都受到了巨大的冲击，快时尚品牌颠覆了一个行业，无印良品既是一个零售商品牌，也是对整个行业的注解。在快时尚品牌店里没有制造商的品牌，所以这些商品无印，但是顾客却可以放心购买，因为我们是良品。

（二）便利店正在改变人们的购物习惯

在中国市场上，沃尔玛的表现跟他的对手家乐福比起来有点差强人

意，为什么全球零售巨头在中国市场上竞争不过家乐福？如果你留意一下，会发现家乐福的运营策略和沃尔玛显著不同。家乐福开店通常是圈了很大的一块地，但是它只用一半的面积做超市，另外一半则用来招租，引进一些服装、餐饮店品牌，而沃尔玛则是单纯的超市模式。家乐福更了解中国的消费者，他们不像美国消费者那样一周才去一次超市，很多消费者去超市的频率比较高，因此超市提供了一站式的服务，除了买日用品，你也可以在超市外面的专卖店买到鞋服、吃饭。家乐福的模式是店中店，而沃尔玛只是超市，显然沃尔玛的模式不适合中国消费者。

移动互联网时代带给消费者的购买体验不仅仅是价格便宜，还有便利性。当越来越多的消费者把购买的便利性排在了购买原因的首位时，大超市大卖场的优势悄然减弱，便利店如雨后春笋般遍地开花。在这场爆炸式增长的开店热潮中，7－11、好德、可的、全家 Family Mart 成为领跑者，开店策略则从传统的商圈扩展到小区、机场和高铁等人流密集之地。碎片化是移动互联网时代的一大特点，网点数量成为零售商品牌打造的一个关键因素。

（三）购物中心将彻底取代传统百货商场

碎片化的表现不仅仅是便利店的星火燎原之势，传统商圈也正在被裂变成多个新商圈。以万达为代表的购物中心，让传统的百货商场感受到了危机和挑战。万达广场提供的是吃、喝、玩、乐、购为一体的新的生活方式，与其说人们去万达广场购物，不如说人们去万达广场过周末。当购物中心遇到快时尚品牌店会怎么样？快时尚品牌店正成为购物中心的核心竞争力要素，如果哪个购物中心没有快时尚品牌店，这样的购物中心通常会被年轻消费者认为是不够时尚、不够潮不愿意前往的，因此想要成功地让购物中心生存发展下去，快时尚品牌店是必须要引入的。

我经常思考一个问题，购物中心到底是什么？两个字可以概括：体验。购物中心是给顾客创造一种前所未有的生活方式，专卖店货架式的产品售卖方式已经行不通了，购物中心未来会告诉顾客，如果你想要哪种生活方式，这种生活方式到底是什么样的？这也可以叫作消费者教育，移动互联网时代，消费者掌握了更多的信息主动权，购物中心只有创造生活梦想，才能让顾客走到这里，并且留在这里。

二、门店的核心竞争力是满足客户需求

案例分享：

春节期间，我拜访了江苏丹阳一家眼镜品牌的营销高管，跟他交流一些业务上的事情。一时兴起，随口说了句："我们自己开家眼镜店怎么样啊？"这位总监连连摆手，"李老师，谁还把眼镜店开在街边，成本太高，而且销售情况也没那么理想。""那你的意思是眼镜店开不了？""不是不能开，现在的眼镜店也开始细分了，一种是类似于宝岛眼镜、吴良材眼镜全国连锁，还有一种是当地一些经销商开的眼镜店，现在出现了一种新的平价眼镜店——JINS。"

这位营销高管建议：如果要做，不如去写字楼租个房子，然后专做写字楼里白领的生意，通过推广吸引顾客，而且只做高端客户群。

不管哪个行业都在改变，唯一不变的是客户体验与服务的极致化。终端门店的精细化管理首先应该对客户进行定位，不是所有的人都是我们的客户。清楚地知道了我们的顾客是谁，他们有哪些需求，然后我们才能开展相关的营销活动。

（一）我们的顾客是谁

经销商老板做生意，不管是做电商还是经营线下实体店，研究自己的目标顾客是首要问题。我经常在课堂上讲的一句话就是："移动互联网时代，谁有客户资源谁就是最终的赢家。"为了赢得更多的客户资源，360的老板周鸿祎让用电脑的人装上自己的杀毒软件，然后向其中的优质客户提供增值产品，这部分增值产品收费；腾讯的老板马化腾推出无所不能的沟通工具微信，从来也没想过自己该怎么赚钱，先让人们用起来再说，你用

了就变成我的用户了，至于盈利那是以后的事情。360软件颠覆了整个行业，瑞星、金山毒霸等曾经雄霸一方；微信颠覆的不仅仅是网络交友工具，甚至连移动、联通这样的通信运营商也遇到了挑战。

当经销商老板在抱怨生意越来越难做的时候，没有思考一个问题，那就是顾客是谁？如何获得这部分客户？如果你是一个刚刚创业不久的经销商老板，那么研究自己的小众市场即可，满足所有顾客需求是不现实的。随着市场竞争的加剧，移动互联网时代来临，顾客有了更多的选择，而且顾客也知道自己该怎么选择？所以，你要有清楚的定位，我们服务的是哪部分客户，是高端客户还是低端客户，是靠销售数量赚钱还是靠订单金额赚钱。门庭若市不一定是好事，门可罗雀也不一定是坏事，只要能够增强门店和目标客户之间的黏性，让老客户愿意重复来到我们的门店，并且愿意帮我们带人来店，那么生意也不是特别难做的事情。

（二）顾客的消费习惯是什么

技术越发达，人类的本性越凸显，电商的出现满足了一部分人不愿意逛街的需求，上门服务满足了一部分人不愿意出门的需求。了解人性，洞察人性，为顾客提供更加无微不至的服务是我们赢得市场的法宝之一。

案例分享：

周黑鸭这几年异军突起，势不可挡。一只鸭子也能卖这么火，成功的秘诀是什么？如果周黑鸭把自己定位成卤鸭专家，把店开在菜市场，估计就没有今天的成就了。周黑鸭把自己的鸭子定位成休闲食品，在高铁站、核心商圈开店，满足了年轻消费者嘴馋的需求，造出了一个蓝海市场。现在这个鸭子的市场，有周黑鸭、久久鸭、精武鸭、绝味鸭和留夫鸭等众多品牌在竞争。

"幸福的家庭是相似的，不幸的家庭却各有各的不幸。"这是著名作家列夫托尔斯泰的一句经典名言。这句话如果用在经销商老板身上，则刚好相反，"赔钱的门店是相似的，赚钱的门店却各有各的方法"。经销商老板开店亏钱的原因有很多，核心的原因只有一个，那就是忽视了对顾客需求的洞察。

（三）谁离顾客更近，谁更有机会胜出

传统销售时代，我们给顾客舞台，而今天的情况刚好相反，是顾客给我们舞台。如果想买一双运动鞋，原来只能到商场专柜去买，卖运动鞋的门店遇到的竞争对手就是隔壁几家卖鞋的。今天情况不一样了，如果想买鞋，可以去商场也可以在网上买，甚至在家门口都能买到，顾客的选择越来越多。谁在第一时间发现了顾客需求，成功地拦截顾客并刺激顾客购买，谁就赢得了机会。离顾客近一点，我们只要比竞争对手离顾客近一公里，就有赢的机会。

你会不会为了一瓶矿泉水跑到大超市，只是因为大超市的价格比小店便宜1元？我敢打赌，大多数人都会回答"不会"。如果很渴，等跑到大超市渴坏了怎么办？为了1元跑那么远实在不值得。不论是从顾客需求的紧迫程度还是成本计算，很少有人做这么不划算的决策。

三、开店秘诀是一招鲜还是红遍天

（一）店面位置不再重要

开店就一定赚钱吗？不管哪个行业，都已经进入了品牌泛滥的时代，而且随着"互联网＋"时代的到来，顾客小众市场正在形成，大品牌一统天下的格局势必被打破，名不见经传的小品牌可以被经销商老板做成区域市场一线品牌。今天的市场环境，没有强势的厂家品牌，只有强势的经销商品牌。

肯德基开店一直强调"位置"的重要性，位置决定了门店生意的好坏，这条开店准则一直被零售行业捧为圭臬。但是"互联网＋"时代这条法则逐渐丧失魔力，门店位置不再是决定生意好坏的核心因素，能否创造

顾客才是决定门店生死的核心因素。不管你的门店开在哪里，只要你能够有效集客，把顾客吸引到店里来，就从根本上解决了客源问题。

（二）坪效指标不再重要

从顺丰经营线下实体店"嘿客"开始，很多电商品牌都开始发展线下实体店。究其原因，离开线下实体店的体验，电商品牌很难给顾客创造真实的体验，线上店和线下门店相辅相成，线上搜索线下体验将成为未来新的消费趋势。坪效，这个用来评估门店效率的绩效指标正在失效。因为未来的门店不是要创造业绩，而是要给客户创造体验和服务，至于公司的业绩完成则是靠线上和线下多个销售渠道配合达成的。

（三）品类专卖不再重要

专卖店是厂家为了拓展市场、提高品牌知名度，要求经销商老板开店的重要形式。消费者如果只是因为需求才购买，完全没必要来店里，线上购买就能完成，消费者喜欢逛店更多是一种情感需要。"互联网＋"时代，门店是一站式的购物平台，满足顾客各种场景化需求，这就要求门店不能仅仅是产品陈列的场所，更重要的是要做好客户的体验。跨界营销成为当下最热门的话题，服装店里卖咖啡、洗衣店里卖毛巾都是场景化销售的体现。

四、经销商老板开店成功新攻略

"互联网＋"时代，对经销商老板来说是挑战更是机遇。弯道超车，即使店面位置不理想，我们仍然有无限机会提升客户进店率，实现门店业绩增长。

（一）门店布局"1＋N"模式

对于经销商老板来说，拿到了区域市场独家经销商权以后，首先要做的就是完成对区域市场的合理布局。"1＋N"的店面格局不但能够提升品牌的影响力，更能促进销售业绩的顺利达成。经销商老板只有多店经营才能实现和客户的无缝对接，让客户快速地找到我们的产品。"1＋N"模式的1指的是一家大店，客户体验越来越重要，这个1就是指一家体验店，N则是指N个分销小店。大店提供体验，小店形成销售。

（二）差异化销售打造门店特色

在产品越来越同质化的今天，差异化销售成为零售门店打造独特竞争力的法宝。

案例分享：

有一次，我从外地出差回到上海，因为难得一聚，中午便由我做东请大家吃饭。酒足饭饱以后，我的助理小叶提出要请大家吃冰淇淋，我就问她："冰淇淋有什么好吃的？"小叶笑着说："老李，等去了你就知道了。"她直接把我们带到了一家叫作DQ的冰淇淋小店，点单结束，店员制作冰淇淋和递交冰淇淋的过程让我们大跌眼镜。原来他们家的冰淇淋是装在一个纸杯里的，为了证明自己的冰淇淋质量好，在递给我的瞬间，店员把冰淇淋杯底朝上杯口朝下倒了过来，用力地晃了晃，并且一脸得意地笑着递给我说："先生，您的奥利奥暴风雪冰淇淋。"

企业提供给经销商的产品都是一样的，但是在不同的经销商手里，销售情况却有天壤之别，关键在于经销商老板是否用心。在门店打造差异化竞争力上，餐饮行业首先做出了表率。除了以各种菜系划分的川菜、湘菜、东北菜、杭帮菜、粤菜等餐厅外，如今各种主题餐厅也是风起云涌，比如外婆家、江南公社、黑土地等，还有主打怀旧牌的知青餐厅等。

打造门店差异化竞争力，需要经销商老板具有足够的创新意识，不能别人做什么我也做什么，我做得比别人好一点就可以了，要做就要与众不同。传统的面包店都是通过卖面包来赚钱的，顺便卖点盒装的牛奶产品，来自宝岛台湾的85度C颠覆了烘焙行业的游戏规则。他们制作现磨的咖啡和奶茶，产品做到极致、价格低到尖叫，咖啡口感直接叫板星巴克，那么85度C靠什么赚钱？卖面包赚钱。用饮品吸引客户到店，用面包赚钱。

（三）创造独特的消费体验

线上电商对线下门店的冲击已经成为一种必然，经销商老板需要思考的问题就是怎样创造独特的客户消费体验。为客户提供独特消费体验的星巴克咖啡和迪士尼乐园成为各自领域的翘楚，非常值得各行业经销商老板学习。

星巴克为人们提供了生活的第三空间，越来越多的年轻人喜欢去星巴克坐坐，不仅仅是因为咖啡，还因为星巴克为人们创造了不一样的体验。首先，星巴克浓郁的咖啡香味直接刺激着人们的嗅觉，咖啡机研磨咖啡的声音刺激着人们的听觉，舒适的座椅和精致的咖啡杯满足人们触觉上的体验，色彩简单而简约的店内装修风格刺激着人们的视觉，再加上入口的咖啡对人们味觉的刺激，难怪这么多的人喜欢去星巴克，并且将自己在星巴克的精彩瞬间拍成照片在朋友圈分享。

在产品越来越同质化的今天，门店营销就是在卖故事，将消费者带入一种前所未有的生活场景中，从而激发客户的欲望、产生购买需求。

（四）用感动服务留住顾客

任何门店想要让顾客满意，都离不开店员的热情服务，而店员的热情首先来自于自己对于职业的热爱。经销商老板要反复给店员灌输做事业的心态，只要有一个不满意的顾客，就会影响到一大批潜在消费者。一个不满意的顾客会影响25个潜在客户，但是在"互联网＋"时代的今天，一个不满意的顾客会影响成千上万的客户。

海底捞的感动服务让很多人叹服，去海底捞吃饭，人家会给你发个塑料袋装手机，会给扎头发的头绳，店员忙前忙后夹菜添汤，每一位到过海底捞的客户都对海底捞的服务大为赞赏。很多门店都在学习海底捞的感动服务，却怎么也学不会，为什么？首先还是员工的服务意识和心态的问题，要想让员工更好地服务客户，就要让员工满意，只有员工满意了，他们才会更好地服务客户。所以，企业经营管理"员工第一，客户第二"，稻盛和夫先生的这个观点永远也不会过时。

第二节　门店产品深度陈列技巧

陈列就是沉默的推销，终端门店的商品陈列会影响顾客的购买行为。当很多经销商老板把太多的精力花在销售人员的训练上时，却忽视了产品陈列对门店生意的重要性。

案例分享：

屈臣氏的收银台

作为零售门店中的翘楚，屈臣氏创造了很多销售奇迹，屈臣氏发现式的产品陈列技巧值得销售同行学习。最初，屈臣氏在设计收银台的时候，把收银台放到门店出口的位置。由于屈臣氏的门店面积不大，基本上只有一个出入口，结果就造成很多人排队结账，外面的顾客看到店里长长的队伍堵住了进店通道，自然就不进去了。发现这个问题后，屈臣氏就把收银台的位置挪到入口附近，但是新的问题又出现了，顾客逛了一圈要买单的时候，还需要回到最初进店的入口，很不方便。第三代的屈臣氏把收银台放到了门店最中间的位置，既不影响顾客进店，又方便了顾客的购买。

屈臣氏对一个收银台位置的处理都这样花费心思，可见门店要想取得高销量，就不能不研究客户的购买心理与购买行为。那么，顾客走进一家门店的时候，他的行走动线是什么样的呢？

一、顾客在门店行走的习惯

（一）90%的顾客习惯直行

没有人喜欢有障碍物的空间，宽敞舒适的购物环境才能让顾客在你的门店进行更长时间的逗留。顾客走进一家门店的时候，通常比较喜欢直行，因此，正对着门店入口的位置成为店中的黄金位置。很遗憾，我在走访市场的时候，常常会发现很多店面正对入口的位置都会摆一个大堆头，完全挡住顾客对黄金位置产品搜索的视线，也挡住了顾客走进门店的脚步。

（二）大部分顾客都喜欢沿着逆时针方向行走

顾客进店以后，喜欢顺时针方向行走还是逆时针方向行走呢？答案是顾客喜欢逆时针方向行走，因为人们习惯右手拿东西，也就是说右手边的产品比左手边的产品更容易被顾客发现。遵循这一原则，如果是大件产品销售，通常是右手边作为产品展示区域，而左手边作为产品体验区域。然而价值偏高的小件产品，比如珠宝首饰、手表、手机等在做陈列时，要将这个原则反过来应用。左手边的位置比右手边的位置更有价值，因为人们都是用右手体验，却习惯将视线更多地看向左边，左边的专柜更能引起顾客的注意。

（三）顾客不喜欢弯腰或者踮脚拿东西

除非顾客购买的需求特别强烈，否则不愿意在一家店里苦苦寻找需要的东西。顾客来到门店有时候是因为必须要买，有时候则是想要买，而且后者占大多数。如果你的产品陈列在很高的货架上或者很低的地台上，顾客就会为购买你的产品花费更多的体力，没有多少顾客愿意做这样的事情。特别是在"互联网＋"时代，顾客连把产品从超市拎到家都觉得费力气，怎么可能愿意在你的店里苦苦地找自己要（甚至是自己根本就不要）

的产品呢？便利性是顾客购买的一个重要因素。在产品陈列过程中，与顾客的视线相平行的位置，更加能赢得顾客的青睐。台湾诚品书店的书架倾斜了15度，方便读者从书架上拿取图书，就是站在顾客角度思考问题，解决顾客便利性的典范之举。

（四）顾客不喜欢进入黑暗不安全的门店

一家门店在营业期间连灯都不开，就会将顾客拒之门外。顾客走进门店第一时间要获得的感觉就是安全感，如果店内黑漆漆的，顾客哪有安全感？全家Family Mart、快客、可的、7-11、罗森等便利店风起云涌，大面积开店，就是因为这些店不但装修精美，在细节上下足了功夫，而且在营业期间，明亮干净的营业环境吸引了顾客。即使价格相对于大卖场贵一些，仍然能够吸引小区顾客：一是因为便利性；二是门店干净整洁、明亮舒适。

二、产品陈列也要因地制宜

把合适的产品放到合适的位置上，连菜市场的商贩也知道产品摆放的重要性。他们通常会把青椒、西红柿、茄子、黄瓜等颜色鲜艳、新鲜的蔬菜放在摊位的最前面吸引顾客；把青菜、菠菜、茼蒿这样的绿叶菜放在一起，并且撒上一些清水，不但看起来新鲜，而且可以延长青菜的保存期限；把土豆、地瓜、山药这些颜色不好看的菜放到菜摊的最后面。卖菜的商贩没研究过哪种菜的数量卖得最多，但是基于卖菜的经验知道按照菜的颜色分区摆放，可以增加销量。

在做产品陈列以前，我们首先要了解顾客店内行走动线的两个概念：经过率和停留率，如图3-1所示。

经过率：是指有多少进店顾客一定会经过这个区域，经过率高，顾客接触到产品的机会就多，但是不一定会形成购买，因为有一种经过率叫作飘过。

停留率：是指有多少进店顾客一定会在这个区域内停留，可能经过这个区域的进店顾客并不多。但是顾客一旦走进这个区域就愿意在此逗留，顾客在某个区域逗留的时间越长，销售机会就越大。

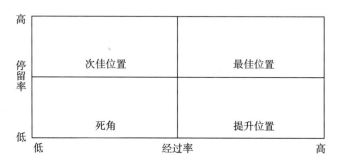

图 3-1　行走动线

（一）门店内的陈列空间

如果你的产品要按照区域进行展示，那么不同的区域对于门店销售贡献是有很大差异的。

（1）最佳位置。经过率和停留率都很高的位置，这样的位置应该留给高利润的标识产品，代表了公司的品牌与形象。

（2）次佳位置。经过率不高但是顾客的停留率很高，只要停留率很高就给了销售人员销售机会，这样的位置应该陈列重点产品。

（3）提升位置。经过率很高但是顾客的停留率不高，这样的位置一般展示的是集客品，毛利率不高但是能够吸引顾客到店，销量很高。

（4）死角位置。对于经过率和停留率都很低的死角位置，不适合任何产品的出样，一般用来做洽谈区域或者顾客休息区。

（二）门店内的墙面陈列

有些产品不是在店内位置陈列，而是沿着墙面进行陈列。这样的门店，同样需要用经过率与停留率两个指标进行陈列前的位置分析，如图 3-2 所示。

墙面1：大多数顾客都是逆时针方向行走，所以墙面1是顾客的必经之路，但是愿意在这里购买的顾客不多，所以墙面1经过率高、停留率不高。1应该出样的产品是集客品，用集客品吸引顾客到店，然后引导顾客

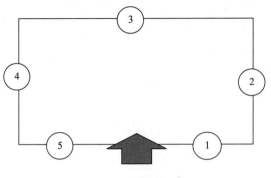

图 3 - 2　墙面陈列

购买高利润的重点产品。

墙面 2：是门店中的好位置，这个位置能够形成购买，经过率和停留率都很高，所以墙面 2 最好展示重点产品。

墙面 3：这个位置正对门店入口方向，顾客站在门口就能够看到 3 的位置，而且顾客走进门店以后喜欢直行，所以 3 的位置为门店内最佳位置。墙面 3 出样的产品应该是标识品，遵循了最好的位置留给最好的产品的原则。

墙面 4：这个位置顾客的经过率和停留率也很高，也是比较好的陈列位置。墙面 4 的位置出样的产品价格应该比墙面 2 出样的产品价格高，当顾客看完墙面 3 的标识品后，顾客的购买期望值就被无形中提升了。

墙面 5：如果顾客在店内逛了一圈后，还没有任何购买意向，此时已经到了离店的阶段，所以墙面 5 的位置是很不理想的陈列位置，这个位置一般陈列促销品或者关联性产品。

三、门店深度陈列六大技巧

顾客来到任何一家门店，第一件事情就是快速浏览，看看这家店内经营的产品有没有自己喜欢的，是否能够让自己有兴趣在店内继续逛下去。一个拿着三万元预算走到宝马店里的顾客，只要一眼就会发现自己根本不是这里的顾客，没有消费能力而快速离开。门店陈列的目的就是要吸引顾客，能够让顾客愿意在店内逗留，面对眼花缭乱的产品，顾客从哪里开始呢？没错，从店员推荐的产品开始，此时的店员推荐并不是要店员开口说话，而是通过产品陈列让顾客觉得这就是主推产品。

（一）陈列中"点"的技巧

"点"陈列就是在众多的产品陈列中制造一个焦点，第一时间抓住顾客的眼球，让顾客觉得某款产品鹤立鸡群。举个例子：在 200 多人的培训课堂上，在不考虑学员发言互动的前提下，哪些学员更能引起讲师的注意？当然是那些比较有特色的学员，比如体重超过 200 斤的学员、光头的学员，还有就是穿大红上衣的学员。总之，做到与众不同就对了。

门店产品"点"陈列的技巧，在具体的应用上首先要借用助销物料。一款很普通的产品，只要用爆炸贴、海报标识出是"热销产品""设计师专款""店长推荐"，就能够引起顾客的注意。也有人每个月会做一个产品销量排行，对于销售第一名产品建一个高高的地台，甚至会给它挂一个金牌，一款普通的产品变得身价高了，书店经常用这样的方法提升图书的销量。颜色、大小、形状、气味等物理特性都能成为制造产品陈列焦点的重要手段。

既然门店中"点"陈列是以留人为目的，那么除了产品能留人以外，一些店内的文化墙、电视机、触摸屏也能够成为陈列焦点。顾客来到门店的文化墙前，会看上面张贴的各种荣誉证书及员工的照片，顾客会用触摸屏进行刷屏浏览，尽管真实的产品就在旁边，可他们还是喜欢看触摸屏里的照片。

（二）陈列中"线"的技巧

你有没有这样的经历？去家乐福或沃尔玛超市购物回到家，打开购物袋一看，自己多买了一块洗衣皂，可问题是这款洗衣皂既没有人向你推销也没有做任何促销，为什么你会多买了一块洗衣皂呢？因为当你走到超市洗衣皂区域的时候，你的脚步会自动放慢 2 秒钟，2 秒钟就有可能做出一个决定，这就是冲动式购买的决策行为。为什么你的脚步会放慢 2 秒钟呢？因为超市里的洗衣皂既不是按照价格陈列，也不是按照品牌陈列，而是按照颜色陈列。下一次你去超市闲逛的时候，认真观察一下，你就会发现我没有说假话。

我们的视线是水平的，当货架上的货品以不同的颜色进行区隔，与我们的水平视线进行垂直相交的时候，我们的注意力就被这个区域的产品吸引了，这种陈列技巧叫作垂直色块。通过垂直色块，可以创造不连续的刺激，让顾客关注那些重点主推的高毛利产品。在创造不连续的刺激时，不仅可以使用垂直色块，还可以采用灯光、助销物料和货架三种方式进行陈列。

（三）陈列中"面"的技巧

在一家专卖店里，通常会对产品进行分区域陈列，相同风格的产品陈列在同一区域内，卖服装的门店会考虑把裤子陈列在一个区域，把上衣陈列在另一个区域，这是按照产品的品类进行陈列。当然，也可以按照产品的风格陈列，商务正装陈列在一个区域，运动休闲装陈列在另一个区域。卖家具的门店会考虑把沙发陈列在一个区域，把衣柜陈列在另一个区域；也可以把中式风格的产品陈列在一个区域，把欧美风格的陈列在另一个区域。

在做陈列中"面"的应用时，通常要考虑门店内冷热区划分，以及顾客在店内的行走动线，同时还要考虑产品的风格与款式的一致性。在这样的陈列空间中，既要有产品的出样，更要有产品的体验空间，再加上一些绿色植物、饰品摆件等，既充分考虑顾客的产品应用场景，又要高于这一场景。

（四）陈列中"多点陈列"技巧

案例分享：

在 7-11 便利店，有一名员工由于疏忽大意，将牛奶的数量订多了，看着卖不出的产品，店员心急如焚。如果卖不出去，这批牛奶只能扔掉。店员果断地对这款牛奶挂出了促销的牌子，仍然无人问津。无奈之下，店员把这款牛奶拿到收银台附近陈列，结果神奇的事情发生了，竟然有很多顾客购买了收银台上的牛奶。

货架上的牛奶无人问津，但是收银台上的牛奶却有很多人购买，这就是多点陈列的价值，因为很多顾客的购买决策都是冲动式的。把产品放到自己所属的品类区域内进行销售，更加适合那些有计划的理性消费者，对于冲动式购买的消费者来说，多点陈列不但方便了顾客的拿取产品，更是激发顾客购买欲望的触发器。

多点陈列并不是想把产品放在哪里就放在哪里，把好卖的产品多放几个货架，多出几个样品这么简单。很多人都听过啤酒和尿布的故事，一家超市研究发现很多到超市来买尿布的都是男顾客，于是就把尿布和啤酒放在一起陈列，方便男顾客在买尿布的时候顺手带两打啤酒回家。关联性是进行多点陈列要思考的一个关键因素，大数据为我们提供了各种产品之间销售关联性的数据支撑，当你打开亚马逊网站购物的时候，亚马逊会根据你的产品浏览记录推荐关联产品。

（五）陈列中"体验"的技巧

来自瑞典的家具零售商宜家家居，在中国市场创造了一个又一个销售神话。宜家家居每天人山人海，即使周一到周五，宜家也是人声鼎沸。宜家靠什么吸引了这么多的客户？四个字"客户体验"。宜家把家具按照真实的空间进行实景摆放，以便达到"最小的空间最大化使用"的效果，很多年轻人跑到宜家拍照片，按照宜家的样板装修房子，当然也就来宜家买喜欢的家具。

宜家家居用出色的体验陈列方式，赢得了年轻消费者的追捧。所谓体验陈列就是让客户亲身体验产品，而不是销售人员喋喋不休的介绍。如果在销售的过程中有些产品卖点没办法被客户体验，那么销售人员就不要介绍这样的卖点，客户也不会有兴趣。没有不可以被演示的产品卖点，只有不动脑筋、不会演示的销售人员。有店员说我们家的家具环保、无甲醛，怎么证明？销售人员拉开抽屉，抽屉里放了一抽屉的水，水里面有一只小金鱼游来游去，你说产品环保不环保？

案例分享：

我的好友邵老师是一家商场的负责人，他没事的时候经常到各个商家门店做市场调研。有一天，他走到一家卖墙布的专卖店，这家店的老板性格比较内向，不善于交流，但是生意在整个商场名列前茅。出于好奇，邵老师就问老板是怎么卖货的？老板没说话，拿起一杯咖啡就往墙布上泼，然后拿抹布轻轻一擦，墙布上一点水渍都没有。老板边擦墙布上的咖啡边说："小邵，我卖墙布不靠嘴说，主要有三招：一泼二画三烧。第一招就是泼咖啡，用抹布轻轻一擦就变得干干净净，不留痕迹好打理。第二招就是用圆珠笔在墙布上写字也不留痕迹。第三招则是用火烧墙布，墙布也烧不着。"老板一一为邵老师展示完毕，邵老师说："看来不管卖什么产品，会说的都卖不过会卖的。"

（六）陈列中"对比"的技巧

如果客户第一次来店，利用体验陈列的方式向客户推销产品，主要目的是给客户建立标准，告诉客户可以不买店里的产品，但是要买这样的产品。客户第二次来店里怎么办？还是采取产品演示的方式销售产品吗？显然这招已经不灵了，好东西是对比出来的，对比演示针对那些懂行的顾客是最有力的销售武器。

产品对比是用来教育顾客、打击竞争对手非常重要的手段，把产品的材质、工艺、重量、大小、厚薄拿来对比，可以给顾客带来直观、震撼的视觉体验。我认识一个卖瓷砖的销售人员，他自己家的瓷砖是抗菌瓷砖，于是他就把一个苹果一刀削为两半，一半倒扣在自己家的瓷砖上面，一半倒扣在别人家的瓷砖上面。过了半个小时，他把两个苹果拿起来给顾客看，放在别人家瓷砖上面的苹果，接触面有很深的碳化颜色，而自己家瓷砖上的苹果没有多少变化。不仅如此，他还把放在自己家瓷砖上面的苹果拿起来吃掉了。

第三节　门店创新服务感动客户

案例分享：

洗车是很多汽车快修快保店必须做的项目之一，不是因为洗车能赚多少钱，而且因为洗车能够增强顾客和店面之间的黏性。当顾客经常到同一家店洗车，一旦遇到大的保养问题自然会想起你。温州的一位经销商老板通过市场考察发现，在洗车这项业务上也能做出大文章，原来的洗车业务洗一辆车才25元，利润微薄，他推出了精洗业务，洗一辆车就要100元。怎样让顾客认可100元的洗车费用呢？首先，为了突显精洗业务与普洗业务的不同，他在店里挂了一块牌子，精洗分32个步骤，明确规定洗车时间是20分钟，时间超过20分钟或者不足20分钟全额免单。其次，在洗车过程中，他要求自己的店员用六种颜色的抹布擦拭不同的部位，不但对车内进行清洁，连后备箱也要清洁。最后，从顾客进店到离店，店员全程引导客户开车，标准化接待用语、标准化接待动作。起初，很多顾客都想体验一下精洗业务有什么不同，顾客络绎不绝。过了一段时间，来店里洗车的好车越来越多，普通车越来越少，收入则翻了几番。

这是温州一位做汽车后市场服务经销商老板的真实案例，也是我在课堂上经常讲的案例。在门店竞争越来越惨烈的今天，很多经销商老板都在用低价参与竞争，以为低价是留住顾客的制胜法宝。如果按照这个思路走下去，只能越玩越痛苦，最后山穷水尽、黔驴技穷。温州这位老板一反常规，在最普通的洗车业务上做了微创新，精洗业务不但没有打价格战，反而通过涨价策略为自己赢得了巨大的利润空间。门店要想卖出高价格，就要有高端服务作为支撑，什么样的服务才是高端服务呢？从这个案例中可以看到，高端服务的第一个特点是服务的精准性，洗车时间精准到 20 分钟，并且敢于给客户做出承诺；高端服务的第二个特点是服务可量化，洗车步骤分解为 32 个步骤，并且通过抹布的颜色区别让客户获得不一样的体验。

一、高端顾客服务的五个特点

（一）服务的有形性

经销商门店提供给顾客的服务要让顾客看得到、感觉得到，否则你默默无闻地为客户做了很多服务工作，客户感受不到也不会感谢你。在跟邓禄普轮胎合作的时候，我们给经销商培训的课程内容很大一部分是关于门店员工接待行为规范，亲自给他们示范从顾客开车来到门店，到把车交给店员，到最后顾客把车开走，整个维修保养过程中，员工与顾客接触的每个关键点的管理。比如看到顾客开车来到店门口的时候，员工要主动站在车前面帮助车主做引导，等车主停车后，要主动帮车主开车门，所有的服务动作都让顾客获得贵宾式的体验。服务的有形性，将每个服务的动作都进行量化管理，精准的服务标准才是高端服务的体现。

（二）服务的可靠性

你承诺的服务是否让客户有信任感，这是非常重要的问题。所谓服务的可靠性，是顾客觉得你的服务是否专业，能否让顾客感觉安全。我经常出差，一般情况下，客户都会派司机来接我，但是有些司机在开车的时候，半夜三更的竟然会走错路，脚下的功夫也让人提心吊胆，更可怕的是司机还咧嘴笑笑跟你说："李老师，我刚开车不久。"家电导购员拿着遥控器却说不清楚每个按键的功能；汽车销售顾问打开车门却说不明白高低配置的区别；房地产置业顾问拿着房型图却不知道建筑结构；服务员端菜上桌却说不出菜是怎么做的，甚至连菜名也说不出……想必很多人都遇到过，店员的不专业表现直接让顾客产生了购买的不信任，卖东西的人都不专业怎么能够要求买东西的人有信心呢？

（三）服务的反应性

在给五星电器培训客户服务的时候，为了让课程内容更贴近学员的工作需要，我曾经向学员收集过他们在工作中遇到的问题。镇江的一位学员讲了一件事：有位顾客因为产品出了问题，打电话给公司客服要求上门处理，并且强烈要求几点几分一定要到。结果，路上堵车晚了十分钟，顾客就让上门的维修师傅大雪天在外面等了近一个小时，客户说："你们说产品没问题我买了，有了问题你们又没办法按照约定的时间及时上门，让你们等也是应该的。"服务的反应性要求员工要第一时间与客户取得联系，了解客户的需求与要求，及时解决问题。

（四）服务的保证性

判断客户服务好坏的一个重要标准就是服务的保证性，敢不敢跟客户做出服务承诺。很多公司跟客户承诺24小时提供服务，结果打电话的时候一直处于占线或者无人接听的状态，顾客抱怨也是难免的事。服务没有小事，如果承诺了就要及时兑现，要么就不做承诺。

（五）服务的关怀性

在为顾客提供服务的过程中，要体现出必要的关怀性。金伯利钻石的店员给我讲过一件事：有一年快过年的时候，外面下起了瓢泼大雨，她看到有一家三口在店外的屋檐下避雨，便邀请这家人到店里避雨。谁知道雨越下越大，短时间走不了，店员看他们的小孩子比较可爱便去逗小孩子开心，就在这时，这对年轻的小夫妻喊店员过去介绍产品，最终在店里买了一万多元的钻戒。这名美钻顾问总结：要不是我及时邀请顾客到店里，估计连后米的销售机会都不会有。

二、门店服务创新的三个阶段

成交就是服务的开始，在谈到顾客服务的时候，大部分时间都在谈论售后服务，从送货、安装到顾客回访等环节，我们都希望自己做得比竞争对手好，能做出差异。当产品同质化越来越严重的时候，服务成为门店建立竞争差异化、打造门店核心竞争力的绝杀武器。在售后服务上，大家使出浑身解数，延长顾客的质保期，提供上门检查、保养服务等。在售后服务这片红海厮杀得遍体鳞伤的时候，很多人开始在售前服务和售后服务双向发力，希望在这两个服务的关键节点上杀出一片蓝海。

（一）售前服务

门店服务不是从顾客走进门店的那一刻才开始的，如果你的服务是等到顾客上门才开始的，再好的服务也很难吸引太多的人进店。不管什么行业的门店，顾客都是门店生存和发展的基础，没有顾客就没有生意，"巧妇难为无米之炊"。进店客户数量和进店客户质量，是门店管理者要重点关注的两大绩效指标。前面谈到了很多门店集客的方法，但是这些方法都是短期行为，甚至有些客户根本就不是你的目标客户，也被拉进店里。

不管是跨界营销还是O2O，我们做的事情都是努力争取客户，让客户在没有走到门店以前就了解和关注我们。一旦有购买需求，第一时间想到我们，售前服务是解决这一问题的良药。换句话说，我们要比顾客更懂顾客，能够比顾客更专业地发现问题，不是满足顾客的需求而是创造顾客的需求。私人门诊走进社区，免费为顾客体检，婴幼儿奶粉联合医院为准妈妈举办公益讲座，这些都是售前服务的具体表现。只是有些企业的表现过于急功近利，推销的意味远远大于真正意义上的服务。

案例分享：

孙总是吉林省吉林市马可波罗瓷砖的代理商，他用了四五年的时间，从年销售额两三百万做到了年销售额四五千万。孙总成功的秘诀是什么？

在和孙总接触的过程中，我发现孙总有两个特点：一是执行力特别强；二是孙总特别有想法，创新能力比较强。业主刚刚拿到新房的钥匙，孙总的业务员就第一时间在小区里找到了业主，然后告诉业主，只要在我们店里买瓷砖，就可以免费为业主设计装修图纸，提供装修队零利润装修。这种免费的服务模式，赢得很多顾客的认同，门店自然不缺顾客。

孙总虽然只是一个经销商老板，却有着超前的互联网思维。他免费给顾客设计图纸、零利润装修无疑是在家装公司创新。从这个角度看，售前服务不但是一种服务的竞争力，甚至可以建立一种新的市场游戏规则，成为新的商业盈利模式。

（二）售中服务

因为自己家里的房子要装修，我周末陪老婆去装饰城选购灯具。老婆开玩笑地说："要不先到你们的店里去看看，我去检验一下你培训的导购员，看看她们怎么说服我。"等她出来的时候我就问她感觉如何。"你们的店真不错，逛了这么多店，你们的导购员见到我就给了我一杯咖啡，那些导购员一直笑呵呵的，也不紧跟着我，在你们店里感觉很舒服。"看看，一杯咖啡、一个微笑就可以让顾客感觉很舒服，所以售中服务不需要做很多大文章，只要站在顾客的角度想问题，让她在整个购买环境中觉得舒服就够了。

说到微笑，并不是所有经过训练的微笑都让人舒服、愉悦。有次乘飞机，机舱迎宾的空姐露出笑脸，说"欢迎登机"，我就觉得特别假。然后问同事感觉如何，他也说很假。为什么会这样？说明这些空姐的笑不真诚，是为了工作而做的表面工夫，她的笑就像她的服装一样，只是传达职业身份的一个道具。有些企业喜欢训练员工如何笑，我在给导购员培训的时候只谈了一点，顾客是来送钱的，如果把她的钱从口袋中掏出来，这个月奖金就会增加，想到钱，你的笑是什么样的，你就怎么笑吧。

标准化、专业化服务是很多门店正在做的事情。标准化服务就是说门店所有人员工作的流程和步骤，走路的姿势、说话的语气都是统一的，这样顾客会觉得每个人的服务都是一样的，没有谁会受到不公平的待遇。专业化服务要求销售人员必须熟悉产品知识、熟悉产品演示技巧，能够把产品性能、物理材料、工艺流程和使用方法跟顾客说得清清楚楚、明明白白。标准化服务和专业化服务够吗？当然不够，这两种服务只能让顾客基本满意，要想让顾客超越这个程度有惊喜，就要提供差异化服务。标准化服务意味着你给每位顾客提供的都是一杯咖啡，而差异化服务则是针对顾客需求来决定提供咖啡还是茶水。

案例分享：

有一位母亲在商场买完东西准备结账的时候，收银台前面排了长长的队伍，而她的小孩正围着糖果促销堆头不肯离去，这位母亲多么希望自己早点买单结束。可到她的时候恰好收银条用光了，收银员要更换收银条，想象一下她的心情。好在这位母亲和收银员打了个招呼，"嘿，你的十字架真漂亮，我也有一个。"正在低头更换收银条的收银员抬起头，笑了一下，"是吗？这个是我妈妈传给我的。""哦，太巧了，我的也是我妈妈传给我的。"收银员已经换好了纸条，边给这位母亲结账边和她开心地聊了起来。这就是差异化服务，这种服务因人、因事、因时变化，唯一不变的就是服务意识，我将这种服务叫贴心服务。

在服务初级阶段，标准化服务和专业化服务是基础，如果销售人员对产品知识、销售流程不熟悉，服务质量就会大打折扣。在服务水平提升到一定程度后，差异化服务（也叫贴心服务）是我们要追求的目标，也就是服务要因人而异，满足不同人对服务的不同期望。在差异化服务阶段，对销售人员的服务意识进行强化训练要比服务内容训练重要得多。

（三）售后服务

顾客买单意味着服务才刚刚开始，那些付款买单的人此时应该得到更多的服务指导。首先要感谢他购买了你的产品，然后再为顾客介绍一下使用中应注意的相关事项，教会顾客如何使用，询问顾客是否还有其他疑问需要解答，直到顾客没有任何问题。

有相当多的客户投诉是关于送货问题的，主要是送货不及时和送货过程中产品有破损两个问题。我在苏宁电器买过一次家电产品，苏宁的售后服务给我留下了深刻的印象。在送货的前一天晚上，苏宁的客服打电话问我第二天家里是否有人收货；第二天早上又发了一条短信，提醒我预计送货到家的具体时间及送货师傅的电话号码；在约定的时间前一个小时，送货的师傅亲自打电话。这样的送货服务，时时刻刻都知道送货车的位置和路线，顾客能不放心、能不开心吗？什么样的上门安装服务才是顾客满意的，海尔空调安装工程师的服务流程值得借鉴，从敲门、换鞋套、安装空调、擦净机身到离开，专业的服务表现和无微不至的服务细节早已传为佳话。

优质的服务品牌不是短期的利益驱使，而是长期的客户关怀，只要懂得客户终生价值的重要性，就会对任何一位从你这里购买产品的顾客进行持续跟踪。电话回访是一个简单有效的服务跟踪方法，定期打电话询问一下产品使用现状，既体现了商家真诚服务的态度，又机会接到顾客转介绍的订单。

三、门店服务创新的四个维度

（一）服务标准

服务要想给顾客创造一种高端体验，就在服务的细节上下足功夫。如果你去高端的服装店买衣服，你会发现一个奇怪的现象，那就是"高端店的店员理货的时间比理人的时间多"。如果你试穿了一件衣服不喜欢，她们通常会说："没关系，您再看看有没有喜欢的。"然后就接过你不要的那件衣服用蒸汽弄得整整齐齐，挂在衣服架上，完成这些工作后再来接待你。而低端服装店刚好相反，看到你不喜欢这件衣服，赶紧拿另一件衣服给你，递到你手上说"你试试看，这件喜欢吗"，生怕你试穿一件不喜欢马上走掉。所谓的高端服务，从店员的一个动作、一个眼神中都能感受得到，随随便便拿一件衣服给顾客试穿，你说这件衣服值钱吗？

案例分享：

我和老婆逛优衣库，等出来的时候，老婆问我："你有没有发现，优衣库的服装店和其他服装店有什么不同。"等我说了几点关于陈列和价格的差异后，老婆说："不止这些，你发现没有，优衣库的收银员会在消费小票的消费金额那里画个圆圈。提醒你在签字的时候重点核对的信息。"我认真回想了一下，发现老婆的这个发现太重要了。同样是收银员，很多服装店都不会做这样的提醒，万一金额刷错了，算谁的责任呢？顾客肯定怪收银员操作不当，而收银员会说收银条是顾客确认过的。

服务已经成为门店产品销售的一部分，未来所有的零售门店都将是服务型门店。当你看到端菜的服务员手指头伸到菜盆里，当你看到卖货的导购员都说不清产品的主要功能时，你做何感想？在服务的标准上，很多门店做得一点都不标准。

（二）服务流程

大学刚毕业的时候，我来到杭州工作。那个时候比较拮据，蛋炒饭便成了家常便饭。我到今天还记得第一次在杭州吃蛋炒饭的情形，因为在杭州点一份蛋炒饭，服务员会送一碗蛋花汤，而这种待遇以前在武汉读书时是从来没有的。后来，由于工作的关系全国各地出差，到广东吃饭，一定是先上汤后上菜，如果到了东北这么做，一定会被顾客骂得狗血淋头。我说这两件事情的目的是想说明，不同的地区顾客对服务的要求是有差异的，要按照顾客的习惯提供服务，否则再好的服务顾客也不买账。

服务流程就是在接待顾客的时候，先做什么后做什么。一个顾客来到店里，正确的服务流程应该是先做迎宾，跟顾客打招呼，欢迎他的到来，然后再根据顾客在店内的表现推荐合适的产品。你千万不要小看服务流程，如果经销商老板想要提高门店销量，抓导购员的服务流程特别重要。在我的另一本书《会帮人的导购才赚钱》里，把顾客进门到离开门店共分解为八个步骤，每个步骤该做什么写得清清楚楚，指导门店导购员提高顾客服务和销售能力。

案例分享：

2016 年 12 月，我在北京开公开课，一个卖家具的老板娘跑过来非要请我吃饭，我问她为什么？她说以前听过我的课，因为我的一句话，门店的业绩翻了一番。哪句话？对于类似家具这样的大件产品销售来说，很多顾客第一次来店里是不买东西的，那么面对顾客今天不买的情况，经销商老板要抓的关键绩效指标就是留下顾客的电话号码。可是很多店员都说自己要不到顾客的电话号码，我觉得主要是两方面的原因：一方面是能力问题；另一方面是态度问题。能力问题交给我解决，态度问题交给老板解决。怎么办？对于顾客第一次进店要不到电话号码的店员罚款 50 元，但是我们也要讲道理，如果月底店员完成任务了，要不到电话号码的罚款双倍返还；如果任务没完成，那么罚款不退。这个小建议，让老板娘店里的生意翻了一倍，看到抓关键动作的重要性了吧。

（三）服务态度

案例分享：

由于整天得站在课堂上讲课，所以我的闲暇时间很少，只能利用晚上坐飞机的时候看书。可是有一回晚上坐飞机，等坐下来发现自己头顶的阅读灯坏了，就叫空姐过来看一下，空姐过来鼓捣半天也没有鼓捣好，她看了我一眼，说："先生，这飞机年头久了，难免有点小问题，估计这个灯坏了，只要飞机不坏就行。"还没等我说什么，我身边的一位乘客不干了，马上站起来抗议道："你怎么说话的？什么叫只要飞机不坏就行啊。"空姐一下子怔住了，无言以对。

这件事情留给我的印象特别深，我也经常把这个故事讲给学员听，让大家帮忙分析一下这位空姐有什么问题？一个好的服务人员首先是服务态度好，然后才是服务技能。这位空姐既没态度又没技能。如果她有主动服务的意识，她可以跟我说："先生，估计您的这个阅读灯坏掉了，您要是看书，介不介意我帮您调到后面的位子？"如果她有高超的服务技能，也可以安慰我："先生，估计这个阅读灯坏掉了，您也辛苦一天了，要不就闭着眼养养神，飞机马上就到了，你也休息一下，不要这么辛苦。"

让顾客满意的服务首先发自内心。心中有爱，自然能够把这种爱的感觉传递给顾客。如果心中无爱，即使学会再多的服务标准和服务技巧，服务也是冷冰冰的。经销商老板要在日常的管理工作中，强化员工的服务意识，首先从自己对员工的关怀做起，让员工感觉到公司对自己的关心和爱护。

（四）服务（等待）时间

每个人都觉得自己是最重要的，应该得到服务人员最大的尊重与最好的服务。去饭店吃饭，服务员不断地帮你倒水、清理盘子；去商场买东西，导购员邀请你坐下来休息，而不是急于推荐产品；去景点旅游，导游会主动地帮你拿行李；这些都是有"眼力见儿"的表现，这些行为完全是服务人员发自内心的现场反应，管理人员是没有办法量化考核的。

案例分享：

每次去饭店吃饭，等菜都是十分恼人的事情。有一次，我跟朋友到一茶一坐吃饭。坐下来点完菜以后，服务员拿了一个小沙漏放在我们的桌子上。她笑呵呵地对我们说："先生，现在沙漏开始计时，您的等待时间是15分钟，超过15分钟我们免费送您一杯饮料。"说完，他把沙漏倒了过来，沙子开始向下流。这是我第一次看到有人用沙漏来计时，充满了好奇心理，觉得一茶一坐做得真好，就算等餐时间再多几分钟也不会觉得枯燥无聊。

缩短顾客的等待时间有两个方法：一是想办法分散顾客的注意力；二

是让顾客觉得自己的等待是有回报的。在分散顾客的注意力上，有些店为顾客提供瓜子、点心、象棋、游戏及擦鞋服务等；在让顾客感觉等待有回报上，承诺超过一定时间顾客就有奖励，让顾客感觉很不错。

第四节　门店促销活动创新玩法

随着市场竞争的加剧，促销已经成为终端门店销售的必要因素，可是很多经销商老板组织促销活动的时候，会遇到各种各样的问题。那么，经销商老板究竟怎样做促销呢？在回答这个问题之前，我们先来做一个小测试，看看你对促销了解多少。

测试开始：

假设你是顾客，商场现在要推出四个促销活动，站在顾客的角度，你觉得哪个活动方案更划算？

（1）全场产品买满一万元，七折优惠。

（2）全场产品买满一万元，立减三千元。

（3）全场产品买满一万元，立减三千元加赠豪华电饭煲一台。

（4）全场产品买满一万元，立减三千元加赠豪华电饭煲一台，再享受幸运大抽奖，有机会去泰国游玩。

你选第几个方案？

在我的培训课堂上，很多经销商老板选择方案四，正确答案应该是方案一，为什么？很少有顾客买东西刚好买到一万元，如果顾客买了一万一千元，打七折，一万元便宜了三千不说，另外一千元也便宜了三百元。你别小看三百元，这可是经销商老板的纯利润，白白送给了顾客而顾客还不一定搭你的人情。买满一万元立减三千元，那一千元就没有享受到任何优惠，你就多付三百元。可是有些顾客比较理性，不会选择方案二，没关系，再给你送赠品、和抽奖机会。其实，赠品也用不了三百元，抽奖能够轮到你的机会非常渺茫，可是活动多了，你就会兴奋，就觉得更划算。

促销就是游戏，经销商老板既设定了游戏规则又参与游戏的过程。游戏设计是个技术活，既要让顾客愿意陪你玩，玩完了还很开心，觉得自己占了大便宜。不懂心理学的人很难做好促销，因为促销就是商家与顾客的博弈。

一、门店促销活动的三个误区

（一）促销活动不是越多越好

曾经有一家商场的老总，把公司策划的一场促销活动方案拿给我看，希望我提点意见。结果我一看，一张宣传单页上密密麻麻做了 22 个大大小小的活动，而且有些活动之间还有重叠，不要说顾客搞不清楚，估计连商场自己人也搞不清楚。商场老总告诉我，活动多看起来优惠力度大，才能吸引顾客。显然，这位老总犯了上面测试题目中的错误，以为只要活动够多，客户就会买账，可是没有想清楚每一个活动究竟是如何打动顾客的，这些活动在实施起来的时候如何进行有效控制。促销活动不是越多越好，要以能够打动顾客为前提，因此活动在精不在多，出奇制胜，做别人没有做过的促销，才是促销高手的段位。

（二）促销活动不能寅吃卯粮

促销活动的目的是提升门店的销量，如果促销活动只是一剂兴奋剂，短期内对销售起直线的拉升作用，长期来看是伤身伤心之法，这样的促销活动不做也罢。很多门店在促销活动期间赚得盆满钵满，促销停止的时候，两三个月颗粒无收，甚至半年内也无法恢复元气。促销活动的销量主要来自对竞争对手订单的争夺，而不是自己的潜在客户提前购买，所以在促销活动的设计上，需要门店策划人员多费些心思。

（三）促销活动不能只为销量

你问经销商老板为什么频繁做促销，我敢打赌大多数经销商老板给你的回答肯定是为了销量。如果仅仅把促销活动定位成拉动销量的手段，显然低估了促销的价值。促销活动不单单为了销量，促销还能快速提升品牌在区域市场的影响力，一些企业邀请明星大腕签售，显然是希望借助这种形式让公司提升品牌影响力。促销活动还能锻炼销售队伍，一场促销活动能否取得预期的效果，跟促销相关，更跟团队的执行力有直接关系。三分策划七分执行，同样的促销活动方案由不同的团队执行，促销效果大相径庭。

二、门店促销创新的八个思路

在促销同质化越来越严重的今天，如何才能将促销活动做出新意、做出差异化，我认为不能简单地把促销活动与销量增加画等号。销量增加只是促销的结果，要实现这个结果我们要想办法从促销活动的过程入手，任何不要过程直接强求结果的做法都是舍本求末、得不偿失。结合多年来的促销活动策划经验，我提出了门店促销活动创新的八个思路。

（一）让更多的顾客知道活动

一场好的促销活动，除了点子新、能打动顾客外，促销活动信息的传播是一个很重要的影响因素。酒香也怕巷子深，既然已经砸钱做了促销，就要拿起喇叭大声地宣传，让更多的人知道活动，让更多的人传播活动。传统的促销宣传形式包括电视媒体、报纸广告、电台广播、DM 投递等，在新媒体力量的影响下，网络宣传、微博营销、微信营销纷纷成为新的宣传主体。零售门店要想让自己的声音被更多人听到，光有大嗓门显然不够，整合线上线下资源、锁定目标客户精准传播，是实现促销成功的前提条件。临沂某家具品牌经销商王总曾经组织过一次团购活动，170 单的销售业绩堪称家具产品团购的成功典范。王总总结：好的活动就是应该让更多的人知道，在活动前不但加大了传统媒体宣传的投放力度，还开展了微博营销活动，只要粉丝关注本次活动并且成功转发@一百位同城粉丝，他就会给转发人寄送一份价值20元的礼品。事实证明，团购活动的成功和他采取了新的宣传形式有直接关系。

（二）让更多的顾客走进门店

人流量是门店销售成功的前提保证，没有人流就没有销售机会。如何吸引顾客进店，成为促销活动策划的又一个重要思考维度。来就送，来就抽，这类活动是聚集人气、吸引客户的方法之一。美中不足的是这种活动吸引的通常都不是目标顾客，真正想买的顾客不一定要参加活动，反倒是一些贪图便宜的人会蜂拥而至，不过门店促销要的就是人气，免费能做到这一点。和促销活动不同的是，要想吸引顾客，另一个做法就是加强人员拦截，对于派发DM单页的临促人员给予足够的培训和激励。使他们不但有能力而且有意愿吸引顾客进店，不再是一天多少钱的临促费，而是一个顾客进店给多少钱的奖励。

（三）让进店的顾客人人都买

撒网捕鱼和单杆钓鱼的最大不同就在于，撒网捕鱼一网下去不管大鱼小鱼总会有所斩获。将来就送、来就抽这样的免费活动升级为买就送、买就抽，当你推出的活动具有一定的吸引力时，可以刺激那些并不想买的顾客下单；买就抽是我比较喜欢的让顾客人人都买的活动，因为这样的活动具有一定的随机性，更能刺激顾客试试运气的心理。撒网捕鱼的另一个特点是先把鱼群赶到一个区域，然后不断地缩小这个区域直到收网，闭店团购是实践撒网捕鱼的最佳促销做法之一，在热烈的销售氛围中能有几人不冲动？

（四）让进店的顾客现在就买

促销活动遇到的另一个挑战是，进店顾客持怀疑观望的态度，没人愿意第一个下单。面对这种情况怎么办？加快顾客下单速度让顾客现在就买没你想得那么难，"限时抢购""每天购买前 20 名加赠礼品""劲爆特价限量"三个活动都可以加速顾客购买。

（五）让进店的顾客买得更多

顾客原本计划只购买一件产品，能不能想办法让顾客买得更多呢？对很多行业来说，这一点并不难。比如很多业主家里装修的时候，墙面做防水可能只做到 1 米，而这 1 米的高度对于防水产品来说显然不够，能不能想办法刺激业主做到 2 米呢？答案是肯定的。店员会告诉顾客买 1 米的防水只享受 9 折优惠，增加的一米可以享受 5 折优惠，但是我绝对不会接受买 2 米防水 7 折优惠，只有这样才能刺激顾客增加 1 米的消费。这种促销方法在服装行业非常普遍，唯一的缺点是要防止店员在操作的过程中鼓励顾客拼单的行为。如果在促销细则中要求第二件产品和第一件相同，业主拼单的可能性就会得到有效控制。

（六）让进店的顾客买得更贵

想提高销售额，一个思路是让顾客买得更多，另一个思路则是让顾客买得更贵。要想鼓励低端消费人群购买高端产品，看起来不太容易，如果对高端产品进行特价促销，无疑会让高端产品贬值。在坚守高端产品价格的基础上，我们能够选择的促销活动就是产品升级，高端产品原价 800 元，顾客现在打算购买 400 元的产品，那么只要顾客愿意加 200 元，就可以买到 800 元的产品。在 400 元的基础上增加 200 元，看起来增加很多金额，而且高端产品也没有做特价促销，实际上高端产品只卖了 600 元。这种促销形式要控制，也就是每个顾客购买的高端产品有数量限制，顾客体验高端产品，而不是对高端产品进行特价促销。

（七）让不买的顾客留得更久

有一些顾客根本就不是你的目标顾客，随便做什么活动，要么觉得价格贵不想买，要么根本没有看上你的产品。既然把顾客吸引进店了，我们就要想办法让顾客在店内多逗留一段时间，所谓不赚钱也要赚人气。店内安排一些游戏活动，或者发放一些食品，是增加顾客逗留时间的方法。很多门店都喜欢做抽奖活动，可是怎么抽奖也大有学问。传统的刮刮卡抽奖只能让抽奖的顾客一个人开心，独乐乐不如众乐乐，新的抽奖形式扔掉抽奖箱，改用大转盘。虽然成本增加了，但是大转盘让一些不买的顾客围观，对玩转盘的人提供各种意见，现场就热闹起来了，围观的人越多，大家在店内逗留的时间就越久。

（八）让买过的顾客带人来买

针对老顾客的促销我们都做了什么？提到老顾客的转介绍，这可是大话题，老客户档案关系管理、会员营销、感情营销、数据库营销，各种各样的客户关系管理都会被提上日程。房地产行业在报纸上打出了很大的广告：只要老客户介绍新客户，成功签约，新客户享受 9.8 折优惠，老客户免交一年物业费。老客户带新客户来店消费，如果你还是送一个礼品，显然过于单薄。能否用促销的形式促进老客户转介绍，是值得促销人员思考的问题。

三、门店经典促销黄金三法

促销活动设计的八个思路从促销设计上环环相扣，保证了促销目标的顺利达成，可是促销活动是否真正具有吸引力，促销形式同样不容小觑。我在促销策划的岗位上沉浸多年，觉得不管什么促销形式，从本质上说就是三种形式，特价、抽奖和买赠。万变不离其宗，再新奇的促销创意，往根上说都是这三种形式的变体或者升级。

（一）特价促销

特价是最锋刃的促销利剑，顾客在低价面前很少有人能够保持理性的购买决策，难怪天猫"双十一"越来越疯狂，短短几年时间，销售记录屡屡被刷新。2016 年更是突破 1207 亿元大关，众多网购的先生、小姐一边大喊着要剁手，另一边却频频出手。"便宜啊""不仅仅是五折"，在这样的诱惑面前，消费者的购买心理已经从买便宜变为炫能力。我不在乎到底便宜了多少，在乎的是我比你更能占到便宜。当你明白了特价促销的含义后，回头再看特价促销的杀伤力也就不足为奇了。回到门店的特价促销，特价促销最重要的目的是吸引顾客进店，顾客会通过特价促销的产品来判断店内的其他产品比对手门店的价格低。所以，特价促销就是一个价格符号，让顾客觉得你的所有产品都比对手的价格低，具有超高的性价比。

特价促销玩到今天，已经有一些新的特价促销形式出现了，主要有以下形式：

打折：天猫"双十一"全场对折。

满减：买满一万元立减三千元。

返现：买满一定金额返还现金。

返券：买满一定金额可以得到全场其他产品的代金券。

定金升级：顾客预交一定的金额，在实际购买时定金升级。

拍卖：以超低价格进行竞拍，最高出价者得到商品。

（二）买赠促销

案例分享：

山东鸿泰家居是我服务过的客户，在跟企业负责人沟通时，他们很自豪地告诉我自己的商场在烟台当时市场已经站稳了脚步，很多顾客都喜欢到商场买东西。问其原因，很简单，因为是烟台当地的老商场，我们更懂顾客。做过一次促销活动，别人送苹果手机、送苹果电脑，我们家送猪头，结果商场人山人海，别人家商场门可罗雀。原来在烟台当地有一个传统的风俗习惯，每年农历种花生季节前后，当地人保留着吃猪头的习惯，于是商场策划了这样一个活动，赚得盆满钵满。

关于买赠促销，我觉得有三类赠品需要谨慎选择：

一类是食品类的赠品，因为牵扯到食品安全和保质期的问题。

二类是家电产品，因为家电产品与商品一样享受国家"三包"，一旦出现产品质量问题，商家需要对赠品承担售后服务的责任。

三类是礼券类赠品，超市购物券、加油站充值卡、健身券等，原因是一旦消费者拿着这些券去消费，万一跟服务企业发生纠纷，他们会认为券有问题。

促销赠品的选择首先是安全，然后才是走心，一味地追求出奇制胜，希望送一个别人送所未送、顾客闻所未闻的赠品不一定是好事。

赠品促销如今有了一些新奇的升级玩法，其中堪称经典的买赠促销当属康师傅的再来一瓶。只要你买一瓶康师傅的饮料，打开瓶盖，如果瓶盖上印有"再来一瓶"的字样，顾客就有机会免费得到相同的饮料一瓶。这一促销活动最大的亮点就是把买赠促销与抽奖活动结合在了一起，既让消费者实实在在获益，又增加了活动的娱乐性。

（三）抽奖促销

抽奖促销最大的难点就是活动的不可控性，假设今天是"十一"黄金周的第一天，如果抽了一天的奖都没有顾客中奖，顾客会不会质疑活动的真实性。但是到了晚上八九点钟的时候，如果有一名顾客中奖了，但是整个商场就两三个人，这个大奖被抽到还有什么意义呢？所以，抽奖促销就是一片泡腾片，把它扔到水杯里的时候，水杯里的水马上有了沸腾的现象，抽奖活动就是要让所有的消费者兴奋。

抽奖促销不但要加强对活动执行过程的控制，而且促销形式也非常重要。前几年做抽奖促销，大家都喜欢用幸运刮刮卡，当顾客购买达到一定金额的时候，就可以得到一张刮刮卡进行抽奖。但是怎样让促销活动变成大家都想参与的活动呢？圣象地板做了一个经典促销活动——"砸金蛋"，门店里挂着上百个金蛋，当顾客购买达到一定金额的时候，就有资格参与砸蛋活动。这时候店里所有顾客都会驻足观看，看看砸蛋的顾客是否有这份运气，一旦有人中奖，整个门店就会爆发出热烈的掌声和喝彩声。增加促销活动的娱乐性，不但让顾客感到自己占了便宜，而且让顾客玩得高兴，成为当下促销新的关注点。

四、门店促销宣传物料的创新设计

（一）过目不忘的 DM 单页

过于简单的和同质化的 DM 单页，很容易被顾客扔进垃圾桶。一张真正吸睛的 DM 单页有哪些要素要考虑呢？

首先，门店在做 DM 单页的时候一定要做成三折页，不要直接告诉顾客我们做什么，而是写上"打开就有惊喜"，激发客户的好奇心。

其次，如果把 DM 单页做成三折页，内容更清晰了，从原来的两个版面变成了六个版面，"麻雀虽小，五脏俱全"。如果把 DM 单页分成几个模块来看，信息量就会加大，DM 单页的价值放大了。

最后，三折页应该包括一些关键信息：活动主题、活动内容、客户服务、产品介绍、商家介绍、企业介绍，同时还包括一些指示信息：活动的时间、地点、乘车路线等。

（二）抓人眼球的 POP 海报

"月月有主题，天天有活动"是门店销售的常态，那么门店怎么可能设计出这么多促销活动内容呢？只要门店每天能够挂一张海报就代表有活动，海报怎么写？以下九大内容供参考：

（1）吸引客户进店类的海报。这类海报可以写"进店就可以免费领礼品一份""进店就有机会免费参加抽奖活动"，免费永远是吸引人最有力的武器。

（2）新品推荐类的海报。因为消费者不经常逛门店，所以你说哪款产品是新品它就是新品，如果你实在不愿意打新品的概念，也可以写"店长推荐""设计师推荐"等。

（3）带价格类海报。并非特价才能吸引顾客，只要你能够把一款产品的标价用海报的形式张贴在店门口，也可以引起客户的注意。

（4）买赠活动类海报。这类海报内容不用过多的叙述，重点是赠品一定要推陈出新、出奇制胜。

（5）抽奖活动类海报。要增加抽奖活动的娱乐性，如果是以幸运大转盘的形式进行，大转盘一定要摆在店门口。

（6）售罄类海报。实在没内容写了，写一张这样的海报："对不起，您来晚了，我们××产品已经卖光了。"这样的海报反而会激起客户的好奇心，问"那款产品真的没有了吗？产品长什么样"，我们就是希望通过这样的海报让客户进店。

（7）服务类海报。空调销售旺季的时候，我们推出了这样的海报："空调即买即送即安装"，服务也能成为促销活动的筹码。

（8）产品功能类海报。这样的海报内容针对的是门店的主推产品，介绍产品特色和带给客户的利益。

（9）处理品海报。这样的海报针对的是门店的清仓产品，用特价的方式吸引客户进店。

第五节　门店小单转大单九阳真经

门店销售业绩提升的方法要么积极主动地出去找客户，要么牢牢抓住每一位进店客户促进成交，同时想办法提高每个订单的金额。那么，门店都有哪些可以将小单转化为大单的技巧和方法呢？

一、重新设计销售清单（减法销售法）

小单转大单的第一个思路就是让每一位顾客的订单金额变大，顾客原来计划买 2 万元的产品，我让他买到 4 万元。从 2 万元到 4 万元，第一个方法就是增加销售数量，顾客计划买 5 个产品，我可以让他一站式购买到 10 个；第二个方法则是让顾客购买高端产品，顾客原来计划买的是 2 万元一件的产品，我们用一些营销手段，顾客最终买了 4 万元的高端产品。关于第二个方法，我们稍后再谈，现在重点要谈的是第一个方法，如何增加订单产品的销售数量？很多销售教科书上都写着关联销售，也就是说当顾客买完想要的产品以后，再做关联推荐。这样的方法对于一些顶尖的销售高手是有效的，但是却有两个挑战：一是很多销售新手不具备小单转大单的能力；二是这样的推荐出于顾客购买预算的原因，难度很大。

"铁打的营盘流水的兵"，对于经销商老板来说，不但要练兵更要打营盘，这里的营盘主要是指门店销售工具的开发。

案例分享：

我在给一家灯具店做项目辅导的时候，发现很多顾客来店里买灯的时候，都是由销售人员带领着，选完客厅的大灯选餐厅的灯，然后依次是主卧、次卧、书房、阳台的灯。当销售人员带领顾客把所有的主灯选完以后，再跟顾客推荐筒灯、射灯、壁灯、落地台灯、灯带等产品。为什么一定要这样选灯？我们不可以按照房间选灯吗？等我们把客厅里所有的灯都选完以后再带领顾客选择餐厅里的灯，然后依次是主卧、次卧、书房、阳台的灯会不会更好一些。顾客并不了解自己的真正需求，也缺少购买经验，需要销售人员的引导和帮助。于是我们把销售订单做了一个小小的改变，结果不但门店的销售业绩增长了，而且销售人员卖起货来也越来越轻松。

我们原来使用的销售清单是一张空白的表单，表单的最上面一栏包括产品、型号、单价、数量和总价几项内容，而产品类下面的表单内容则是空格的。销售人员在做销售的过程中会询问顾客要不要这个产品、要不要那个产品，在销售的过程中就会给顾客造成心理压力。因为表单里的产品不断增加，可是顾客看到的不是产品增加而是价格增加。预算一共花 3 万元买冰箱、洗衣机、空调三大件产品，结果增加了微波炉、电饭煲、电水壶、豆浆机等若干小件产品，这些加起来多少钱呢？所以，加法销售法只能让销售越来越难。现在我们提供给大家的减法销售表，表单内容和原来的表单并没有特别大的差别，唯一区别就是在表单的最左边，我们把所有的产品列出来，这时候销售人员在询问顾客的时候，不是问对方某个产品要不要，而是直接询问他想要哪个型号的产品。只要顾客说不考虑了，销售人员就会把顾客不买的产品划掉，最后一张写着十几件产品的销售清单被销售人员划掉了七八件产品，此时，客户是什么心情呢？客户此时看到的不是价格的减少，而是产品的减少。写满产品的销售清单无形中给客户一种心理暗示，大部分客户在购买的时候会买全套产品，即使你知道根本没几个顾客会购买全套产品。

关于这一点，汽车4S店已经使用了。店员进行新车销售的时候会向顾客推荐保险，而他们的销售清单上会把险种提前写出来，防盗险、划痕险、玻璃险、第三方意外险等。只是很多店员在应用这张表单的时候，为了省事不是划掉顾客不顾买的险种，而是对顾客购买的险种进行勾选，结果将减法销售表做成了加法销售表，再好的销售工具没有执行力也会大打折扣。

二、开展高端产品促销活动

在门店销售的过程中，要想办法让顾客买更贵的产品，针对高端产品开展促销活动。某酒店集团推出了这样的会员积分服务，当你在他的经济连锁酒店积分到一定额度的时候，他送给你的是自己旗下五星级酒店的体验房一间，从而通过客户免费体验提高客户入住五星级酒店的机会。

在门店的促销活动设计中，我们就可以考虑设计针对高端产品的促销活动，放弃低端产品的促销。低端产品本来利润空间就小，如果再让利，会赔本赚吆喝，所以很多特价活动的真正目的并不是让客户购买特价产品，而是通过这个噱头吸引客户进店，然后进行销售的转单，引导客户购买更高端的产品或者增加产品销售的数量。加价体验是用得最多的高端产品促销活动方案，这样做的好处是既能够提升客户的购买单值，又保证了高端产品的品质感，高端产品是不降价的，一旦降价就很难再恢复原来的价格。

三、提升店员大单销售能力

为什么有些销售人员能卖大单，而有些销售人员却卖不了大单呢？这得从两个层面分析，决定销售人员能不能卖大单的首要因素是销售人员的心态问题，然后才是销售人员的能力问题。

销售心态问题又分为两个层面：第一种心态是不敢卖，自己都觉得产品太贵了，面对高端客户的时候没有自信不敢推荐；第二种心态是不愿意卖，觉得做大单太辛苦，只要能成交就行，生怕推荐高端产品把客户吓跑了。

案例分享：

四川某县城金伯利钻石的一名经销商跟我交流了他的经验，店员敢不敢卖大单首先是心态问题，不敢向高端客户做销售，怎么办？他带着店员经常去五星级饭店吃自助餐、去高尔夫球场打球，通过这些活动，让店员意识到高端客户也是普通人，也有七情六欲儿女情长，从而激发店员的自信，面对高端客户的时候有沟通的话题。

解决店员不愿意卖大单的问题，还是要靠考核激励。经销商老板可以设置销售大单奖、高端产品主推奖惩机制，重赏之下必有勇夫，只有经销商老板高度关注大单的销售，店员才会积极主动地实现大单销售。

关于大单销售能力的问题，主要还是靠平时的训练。经销商老板可以组织门店大单销售的高手跟其他店员分享成功经验，总结大单销售的方法，在日常的销售情境演练过程中，加大对大单销售情境的模拟。要把所有的店员都训练成大单销售高手比较困难，在训练的过程中挖掘出具有大单销售潜力的种子选手，加以重点培养，然后让这些顶尖高手拿大单，自然事半功倍。

案例分享：

辽宁葫芦岛国森家具的导购员王×就是大单销售的典型代表。有一天，她接待了葫芦岛一名非常知名的女企业家李总，在电话跟单的过程中多次被李总拒绝，但是王×知难而上、坚持到底。李总周末有一个记者招待会，她答应王×招待会结束可以有10分钟时间交流。放下李总的电话，王×很兴奋：一定要把李总拿下，不为提成为荣誉而战。在认真地研究了李总的个人爱好、生活习惯以后，王×以学生的装束出现在记者招待会的现场。她坐在第一排，等到记者招待会上李总发言的时候，就举手说："李总，您讲得太好了，能再讲一遍吗？我记下来。"这样举了几次手，等记者招待会结束，李总主动走过来跟王×进行了交流，最后在王×店里订了几十万的实木家具。

从王×的故事中，我们能看到大单销售的店员首先都有积极进取、迎难而上的激情与斗志，在多次遭到李总的拒绝后依然坚持给她打电话，而听到李总答应跟自己见面的消息后，不是为了提成而是为了荣誉而战。所以，大单销售的导购员都有很强烈的好胜心。其次，王×为什么会以学生的装束出现在李总面前呢？因为她认真地研究了李总的个人爱好、人生经历，知道李总读书时的种种艰辛，以这样的形象出现更容易赢得李总的好感，大单销售人员必须花足够的时间研究客户、了解客户，在接触客户前做足功课。最后，王×在李总的记者招待会上多次举手，说李总的发言对自己非常重要，让李总感觉很舒服，每个人都有被别人尊重和认可的心理需求，高端客户也有这样的需求，王×的举动赢得了李总的好感。

四、鼓励客户一站式购买

由于品牌宣传的原因，消费者对很多品牌都有偏爱，而对该品牌的其他产品不太感兴趣。比如一提起海尔，你首先会想到海尔冰箱；一提起海信，你首先会想到海信电视。众所周知，海尔也做电视，海信也做冰箱。

当客户来到海尔专卖店的时候，他可能只是为冰箱而来；客户来到一家海信专卖店，他可能只是为电视机而来。此时就要考验店员的大单销售能力了，在满足客户的必买产品后，引导客户购买店内的其他品类产品，从而实现小单转大单。

对于客户来说，一站式买齐不但可以省去来回奔波的体力成本，而且可以省去不少货币成本。客户唯一担心的就是你的其他产品能否达到别人家的标准，你的产品是不是一定需要的，这样又回到了店员的个人销售能力了。除了店员的销售能力外，门店也可以设计一些优惠活动，比如套餐优惠，买三件送一件或者买三件送一个电饭煲等活动。

案例分享：

家里装修刚刚结束的时候，我去家电卖场买电视机，逛了一天，比较了很多品牌，已经很累了。晚上七点左右走进国美电器的一家专卖店，店员看我们进店了，没有带我们看产品而是先让我们坐下来。她说："这个点来店里肯定比较了很多家店，对产品也比较了解了，不用我过多介绍，是不是在价格上面还有顾虑？"跟这名店员交流一段时间后，她开始向我们推荐了卧室里一款32寸液晶电视，我们的计划只是在客厅里装一台电视就可以了，经过她的一番引导，又加以低价优惠，"只要您在我店里订客厅电视，卧室的电视算我送您的，一分钱不赚，以公司的进货价格卖给你。"最后，在这名店员的引导下，我们既买了客厅电视又买了卧室电视。

鼓励客户一站式购买既是提升客单值的方法，又是有效的逼单技巧。当客户对产品价格存在异议的时候，产品组合策略让我们有了更多的谈判空间。

五、用赠品取代特价活动

特价促销是门店促销活动中最有杀伤力的促销形式，对于顾客来说，低价永远具有诱惑力，而且特价产品是价格判断的信号，顾客不会认为你的店里只有这款产品价格便宜，而会认为你的店里所有的产品价格都比对手低。但是经销商老板需要注意，特价促销是一把双刃剑，既可以杀敌也可以自残，这把剑要是用不好很可能给自己带来灾难性的后果。

在做门店促销活动的时候，要尽量避免采取价格直降形式做促销，而是买赠或者抽奖促销。买赠促销的好处是赠品价格本身就包括一部分利润，任何一款产品作为促销礼品进行采购，由于采购数量大都可以拿到一个比较低的进货价格。送给客户的时候，赠品的价格却是按照市场价格标价的。当然，买赠还可以玩出很多花样，肯德基喜欢送小熊，而且一送就是一套，每次来肯德基消费的时候得到一个，直到集齐一套。所以，赠品不但要出奇制胜，还要送出故事和情感。

六、只进不出或者零钱整取

很多经销商老板的办公桌上都会摆一只貔貅，希望自己能发财。因为貔貅是只进不出的瑞兽，寓意招财进宝。在销售的过程中，门店也要有貔貅精神，就是客户的钱收进来容易找出去难，不要轻易给客户找零。当账单的金额是 9.5 元的时候，聪明的店员不会再找给客户 0.5 元，而是建议客户拿一颗棒棒糖，既省去了找零的麻烦，又扩大了单值。我去机场一家快餐店吃饭，结果他们家的价格是 14 元，付钱的时候店员就说："先生，收您 15 元找您 1 元，要不您拿一包纸巾或者拿一块口香糖吧，反正找您 1 元零钱您拿着也不方便，而且不管纸巾还是口香糖，您都需要的。"

补足订单零头，是让顾客把订单的金额凑成整数，也有门店不是把订单金额凑成整数，而是把顾客的零钱凑成整数，鼓励顾客再次到店消费。

案例分享：

去百果园水果店买水果的时候，店员在收银的时候，不是马上把零钱找给我，而是建议我办一张会员卡，把零钱存到会员卡里。操作很简单，不需要任何手续，只要顾客同意并把手机号报给店员即可，手机号就是会员卡号，然后本次消费的找零直接存到会员卡里。积少成多，每次的找零都往卡里存，存到一定金额的时候就可以消费了。这样既能帮客户存钱又省去了客户的麻烦，关键是增强了门店与客户之间的黏性。

七、从卖产品向卖方案转变

在产品越来越同质化的今天，很多经销商老板希望想出一些好点子，将自己的产品做出差异化，从而不必在价格厮杀的红海市场里苦苦挣扎。怎样才能将产品做出差异化呢？网上有一个经典的段子：同样一棵白菜，有人把白菜洗干净，在外面包塑料的包装就可以卖贵一点；有人把白菜切碎了再搭配点猪肉，葱、姜、蒜等调料就可以卖得更贵一点；有人把白菜拿回家去腌制成了酸菜可以卖出双倍的价格。没有同质化的产品，只有同质化的销售思维，只要经销商老板愿意进行创新，所有的产品都能够提供附加值。

案例分享：
德高防水三门峡经销商沈总曾经跟我交流过她的销售方法，她说："如果只按桶来卖防水，势必会陷入价格战无法自拔，所以我想出了包工包料的销售方法。顾客来店里看防水，我就跟顾客说防水做一遍效果不好，而且防水需要专业的师傅施工，只要在我的店里买防水，我们包工包料按照平方米收钱，只收产品的钱不收施工的钱，很多客户在我的引导下接受了这样的销售方案。"

从卖产品向卖方案的转变，既能让顾客省心又能让顾客放心，同时还避免了陷入价格战的红海。这就像西药和中药的销售，西药的销售特点就是卖产品，简单、直接、方便，当然是价格战红海；中药就不一样了，几味药放到一起小火慢煎，过程虽然漫长、操作相对复杂，但是越来越多的人选择中药。固然是中药能够固本培元，还一个原因就是感觉。卖方案可以让客户感觉我们很专业，顾客也愿意为此付出更高的价格。

八、给高端产品更好的陈列

在销售管理中，我们经常说："你考核什么销售人员就卖什么，想要卖高端产品就要加大销售人员高端产品销售的考核。"同样的，在门店销售的时候，你主推什么顾客就会关注什么。想卖大单，就需要在门店陈列上下功夫。在这里有必要重申一下，大单的来源有两个：一是高端产品大单；二是多产品销售大单。

高端产品大单在陈列上需要给予最突出的展示位置，汽车4S店里的黄金展区通常都是留给门店里最高端车型的。不但在展示位置上差异化对待，在助销物料的使用上，也需要对高端产品给予特殊包装。去饭店吃饭的时候，面对名目众多的菜名，竟然有种无从下手的感觉，还好菜单上有些菜写着店长推荐，这些菜的旁边还配有图片，当然店长推荐的菜一般价格都不菲。

九、把顾客变成我们的店员

服装专卖店经常会做的促销活动是"买一件衣服9折，买两件衣服7折"，如果只想买一件衣服，能不能拿到7折的优惠呢？答案是能，店员经常会询问顾客："您需要发票吗？如果不需要，我帮您和这位客户一起拼单吧？"店员帮客户拼单，我不知道这是店内的销售策略还是店员的违规操作，但从结果上讲，虽然每个客户的购买金额缩水了，但是门店的整体销售金额却得到了提升，因为很多客户可能会因为9折的价格而放弃购买。

团购活动不管是对线下门店还是线上网店都不是新鲜事儿，为了造势，很多品牌甚至打出了万众团购的噱头。由于团购活动频繁，很多顾客已经对团购活动失去了兴趣与信任。要想让团购活动发挥作用，唯一的方法就是适应这个时代，鼓励顾客进行小微团购。也就是说，顾客要求价格折扣的时候，我们不要轻易松口，可以要求再找一个顾客过来，两名顾客就可以享受团购的优惠价格，将每一名潜在的顾客都变成一名积极主动的销售人员，也是小单转大单的方法之一。

第六节　用感官体验刺激客户购买

案例分享：

周末，我和家人一起到商场购物，结果商场一楼的大厅里围了一群人，原来商场策划了一场"放飞梦想"的主题活动。现场放飞几百只蝴蝶，当几百只色彩斑斓的蝴蝶从工作人员手中拿着的纸盒中飞出来的时候，现场沸腾了，尤其是孩子们跳起来去抓那些蝴蝶。不管大人还是孩子，脸上都洋溢着无限快乐。

不管是购物中心还是弹丸小店，只要通过线下门店的形式销售，就必然遇到线上的冲击。不管是从价格上还是服务的便利性上，线下门店都不具备优势，唯一能够跟线上门店 PK 的是客户体验。体验营销就是要把客户带到场景中，见所未见、闻所未闻，从而在感官、情感和行动上为客户创造全新的体验。

体验营销感官收买包括视觉、听觉、嗅觉、味觉和触觉五个方面的感官刺激，要想把顾客变成粉丝，单一的手段难以奏效，五种感官全面刺激才能让顾客印象深刻。在五种感官的刺激里，视觉刺激无疑是非常关键和重要的手段，因为大多数人都相信"耳听为虚，眼见为实"，开展体验营销的门店要在视觉上做足文章。

一、视觉刺激，眼见未必为实

（一）让主题色彩创造体验

我们用眼睛看见这个世界的方式，自古以来就遵循"从远到近，从大到小"，要想让你的门店吸引客户，首先就要将门店的外包装做得醒目，顾客离得很远就能发现你，醒目的颜色是制造这种效果的重要手段。现在，想想麦当劳的门店外面包装成什么样？你可能不记得一些细节，但是一定记得麦当劳的颜色——黄色。想想屈臣氏的门店外面包装成什么样？你可能忘记了一些细节，但是仍然能够想起屈臣氏的颜色——绿色。色彩是视觉营销要考虑的首个要素，为了和竞争对手制造出差异，有些品牌采用了大胆而刺激的颜色。比如国美电器的外包装从原来的蓝色变成现在的黑色，而黑色似乎更彰显专业。

在顾客体验上做足文章，一马当先的是餐饮店，各种特色餐饮日新月异地追求各种创新，想尽一切办法满足顾客越来越挑剔的胃口。除了菜要做得有特色，就餐环境也成为餐饮店的一个重要竞争砝码。在外婆家吃饭，你会发现，他们布置了大量的绿色植物，当然很多都是塑料制成品，就算如此，仍然让你仿佛坐在外婆家的院子里吃饭，外婆家的院子不就是院墙上爬满了丝瓜藤、南瓜藤，一扇古旧的破柴门和一些粗制的碗筷吗？

色彩是实体门店开展视觉营销的基础，每一家门店都应该有一种主色调。卖水果的突显森林的颜色，卖海产品的突显大海的颜色，卖面包的突显麦田的颜色。所以，百果园的店里挂满了绿色植被，85 度 C 的店里到处都是黄色调灯光。

（二）让陈列细节满足想象

因为我经常做培训，所以住过一些酒店，住过星级酒店也住过经济连锁酒店，最大的感受就是星级酒店的细节做得特别好。比如漱口杯上面有一个纸盖子，避免灰尘落到里面；马桶盖上面贴有已经消毒的标签。自从我在网上看到一篇文章后，就产生了质疑，这一切都是真的吗？玻璃杯真的用心清洗过吗，马桶真的消过毒吗？所以，现在我出差都会带着毛巾、洗漱用品，甚至还会带一个漱口杯。尽管如此，每次看到五星级酒店这些贴心的细节摆设，仍然愿意相信他们真的那样做了。

眼见未必为实，商家经常会利用视觉营销的技巧满足顾客的各种想象。为了加快某款产品的销售，他们为这款产品制作一个颁奖台，然后把这款产品摆在第一名的颁奖台上，告诉顾客"这是我们的销售冠军产品"，结果滞销的产品开始热销了。门店里悬挂着一个小黑板，上面清楚地写着每一款产品每天的出货情况，顾客走进门店看到黑板上的内容就会觉得他们家的生意不错，可以放心地在这家店里购买，又有谁愿意去考证这些数据的真实性呢？

（三）让销售人员更受欢迎

不管线上购买多么省心省力，都没有办法替代线下购买人与人之间沟通交流的愉悦感。我们为什么要购买？除了刚性的产品需求外，还有一种情感和精神上的需求。有人喜欢接受销售人员的服务，注意这里用的是服务而不是销售，没有人喜欢被别人推销，但是每个人都希望自己在决策困难的时候有人能够提供帮助，特别是对于自己不经常购买，也不是特别了解的产品更是如此，比如买房、买车、看病、旅游等。那么，什么样的销售人员更受欢迎呢？当然是表现专业又谦逊的销售人员。

当我们对自己的需求并不是特别了解的时候，就需要专家的帮助了，可是不可能每个人都有好运气碰到真正的专家。为了让顾客在购买的时候放心，零售门店开始对销售人员进行职业化训练，看起来像专家，从外在着装到言谈举止全副武装，全面培训。你会发现一些规律：卖汽车的很多都是男店员，卖衣服的则是女店员居多，这样的差异正好迎合了顾客的心理需求。因为相对来说男人更喜欢汽车，所以男店员可能更懂车，而女店员更喜欢打扮自己，所以她们卖衣服更专业一些。但是，这只是假象，没有事实证明这种差距的存在，这仅仅是人们的心理感受而已。

销售人员的性别差异在视觉上给顾客留下了不同的专业形象，而销售人员的年龄同样也有这样的心理暗示。如果买家具，你是喜欢年纪大一点的店员还是年轻一点的，那么买手机呢？买家具，很多人会选择年纪大一点的店员，觉得她们可能更懂得家庭生活，也更懂得家具的使用和保养；买手机，我们则会选择年轻一点的店员，觉得她们更懂得时尚潮流，更会玩手机。

如果销售人员在性别和年龄上刚好跟产品的销售形象相反，就需要引起注意了。我在培训课堂上经常说："不要为自己的销售减分，不要给自己找麻烦。"所以，要想卖得好，视觉形象就要符合顾客的心理期待，自身的硬件不达标可以在软件上下功夫，就是我们说的职业形象，从服装、发型、配饰上做出改变。

二、听觉刺激，耳听未必为虚

跟朋友在名典咖啡吃晚饭，我望着立在黑暗角落里的钢琴，心中感叹，如果有音乐，氛围该有多好。我们的很多记忆跟声音有关：几场春雨过后，我在田间听到了布谷鸟的叫声，"播谷，播谷"就是整个春天的声音；在某个繁星点点的夜里，在院子里听到水池里的蛙声响成一片，那是夏天的声音；童年的秋天在破旧的老屋里开着窗子睡觉，总是听到蛐蛐的叫声，蛐蛐的叫声代表着整个秋天的到来；鞭炮声总是让我嗅到了新年的味道，这些鞭炮声让我对冬天不但没有厌烦反而有几分喜欢。在广州出差的时候，我发现很多出租车司机特别喜欢听 20 世纪 90 年代的老歌。聊到这个话题的时候，很多司机都要感慨一番，总是觉得时光飞逝，特别怀念20 年前的青春年少、激情无限，一首歌能回想到当年的自己。这就是声音的力量，一旦某种声音跟人的记忆、情感建立联系，听觉刺激就能直达人的内心深处。

关于声音在商业推广中的运用，我们第一个想到的就是卖场音乐。麦当劳的音乐是欢快活泼的，星巴克的音乐是舒缓柔和的。音乐的运用除了要考虑品牌形象定位、销售现场人流控制外，还要考虑促销时间的选择。新年的时候，超市里播放着新年的歌曲，欢快韵律充满了"年味"。究竟零售商店该放哪些音乐？一位卖女士内衣的经销商曾经告诉我，他的门店反复播放的一首音乐是萨克斯的《回家》，他说："我可不是催促女士不买东西赶快回家，卖内衣放《回家》可以让女性花更多的钱。"先想清楚自己的产品能够与哪些生活情景建立联系，然后再选择在这些情景中哪些音乐更能够打动顾客。

作为卖场促销的另一个宣传手段，卖场广播也是重要的听觉刺激工具。播音员用富有煽动力的声音催促顾客购买，限时抢购和单品特卖成为吸引顾客的噱头。音乐和广播是卖场产生听觉刺激的工具，这两个工具起正向刺激的作用，但是在强化正向刺激的同时，我们还要控制卖场内的负面声音。

案例分享：

有一位卖瓷砖的导购给我讲了一个故事：有一对夫妻来店里买瓷砖，凭经验判断他们并不是有钱人，如何引导顾客"从价格消费向价值消费转变"，这位导购颇费周折。所有的瓷砖选定后，导购把这对夫妻带到休息区，这意味着进入了销售的最后一个环节，成交价格的计算阶段。可是，最后这对夫妻没有购买。在总结这次销售经历时，导购说："我在按计算器的时候，计算器发出的嘀嘀声刺激了这对夫妻的敏感神经。计算器每'嘀'一下，他们的脸色就沉一次，随着嘀的次数增加，他们的脸色越来越难看，购买的信心也随之减少，以至最后的价格不论多少他们都变得没法接受，觉得价格太贵了。"

你能想到计算器的"嘀嘀"声竟然会影响到销售吗？没有办法，这就是终端零售的生意，一切细节都关乎业绩。

三、嗅觉刺激，香水真的有毒

嗅觉是所有感官中最能够产生直接反应的，因为它能够与人的最基本需求——生理需求建立联系。在马斯洛的五层次需求论里，生理需求是人的基本需求，因为生理需求是人的生命得以维持的基础，所以特别重要，而嗅觉通常跟吃喝相关。

案例分享：

有人做过实验，在 A、B 两个房间各放一个木桶，木桶里装满了清水，唯一不同的是 A 木桶的清水中滴了几滴洗洁精。然后两组人分别走进两个房间待一段时间，接下来测试组让 A、B 两组人分别写下当天的活动计划。差异出现了，A 房间的人 33% 写了跟清洁有关的活动，而 B 房间的人只有 11%。

实验的结果让心理学家很兴奋，嗅觉在人们的五种感官里最敏锐，它总是会先反应后思考。正是基于这个重大而颠覆的发现，从几年前开始，人们纷纷将嗅觉营销引入门店中：家乐福、沃尔玛等大型连锁超市加大了烘焙区域的面积，因为烤面包的香味会让人有温暖的感觉，从而延长逗留时间；百货商场把化妆品区域设在商场的一楼黄金位置，这样顾客在店外就会被香味吸引不由自主地走到店里；五星级酒店的大厅和过道里也弥漫着香水的味道，起初还以为是住客留下的，最终发现原来是酒店的营销策略，香水味道可以给客户留下美好的记忆。

并非所有的门店都能够应用嗅觉营销，关于嗅觉营销的反面教材比比皆是。早上走进一家门店，有时候能够闻到浓浓的拖把味，门店地砖不拖还好，一拖难闻的拖把味反而会把顾客赶走。等到下午再去门店的时候，门店里又有一股浓浓的盒饭味，顾客还以为走进了一家饭店。最让人难以忍受的是有些店员的身上也有一股难闻的汗味，还有些店员说话的时候，嘴里也有一股难闻的味道。看来，关于门店嗅觉营销，经销商老板真要认真检查一下了。

让更多的顾客进入嗅觉刺激的体验卖场，让"香水味道"激发顾客买得更多。

四、味觉刺激，先征服你的胃

在竞争激励的房地产市场，为了吸引顾客购买，开发商想尽促销手段，请明星代言、乐队演出、免费旅游等。但是这一家不同，他们请了几名在五星级酒店做面包的师傅现场烘焙面包，然后免费发给顾客品尝，五星级大厨的手艺让小朋友吃上瘾了，缠着妈妈说要天天来这里吃面包。

案例分享：

高端厨电领导品牌方太电器在终端门店推出了一个主题活动，叫作闻香活动。邀请那些买过方太电器产品的老顾客带着小孩来店里，品尝用烤箱、蒸箱做出来的点心零食，既能够增加顾客对于方太品牌的好感，又能够增加门店的人气。对顾客来说，这是一个很不错的亲子活动。我比较佩服的是方太人的创意，明明是味觉刺激收买顾客的胃，却打出了嗅觉刺激的噱头——"闻香"。这样的活动主题不但将品牌的内涵升华了，而且让消费者联想到嗅觉感受，在五种感官里，嗅觉是先反应后思考的。

刚毕业的时候，去宝岛配眼镜，感觉东西怎么那么贵，一副眼镜够自己一个月的工资了。然后，宝岛的员工倒了一杯大麦茶给我，让我慢慢看、慢慢选，今天想来，之所以自己会狠下心买了宝岛的眼镜，那杯大麦茶的功劳不小。这就是味觉的刺激，如果说嗅觉的刺激是需要联系的，是需要与潜意识建立关联的，而味觉刺激更直接。当然，"吃人家嘴短，拿人家手软"，心理学上互惠原理在营销上的应用在这里不是讨论的重点，不得不承认喝了人家的、吃了人家的，不买人家的，心里总是有点愧疚感。

五、触觉刺激，摸过之后放心

有些人是属于感觉型，对于外在的东西只相信自己感觉到的。在服装店，我们会发现有一类人，他们总是喜欢触摸每件衣服的面料，即使他没看上这件衣服。只有把东西拿在手里，才能判断这件东西到底值不值得购买，所以在做产品陈列的时候，一定要注意为顾客提供一个可以触摸的样品，让他们相信这是真材实料的东西，不是夸大其词的。

案例分享：

有一家生产电视机遥控器的企业，随着技术的发展，遥控器的性能越来越好、越来越轻薄，而这样的遥控器并没有得到消费者的认可。人们觉得自己花了那么多的钱买的东西看起来并不值钱。企业在经历业绩下滑以后，对消费者进行了调研，发现这个真相之后，只能在遥控器里加了一块铁块。顾客拿起遥控器的时候，感觉遥控器沉甸甸的，自己花的钱也就感觉值了。

体验营销触觉刺激，不管你做的是什么类型的产品，都要想尽办法让顾客自己亲身体验，经过产品体验以后，顾客才会有更直观的感觉。服装店鼓励顾客试穿；汽车店鼓励顾客试驾；就连手机门店也一改以前的柜台销售方式，改为真机演示，苹果、小米、华为的手机体验店既给客户提供了应用系统的体验，又给客户提供真机触觉体验，从而让客户喜欢上产品。

不但在门店销售过程中，我们要积极使用触觉营销，就算是销售人员与顾客沟通中也需要使用触觉营销。要想快速拉近人与人之间的距离，光靠嘴巴说显然不够。心理学家研究发现，哪怕与顾客只是发生很细微的肢体接触，也能够起到事半功倍的作用。顾客走进门店以后，店员要及时为顾客提供各种服务，比如帮助顾客掸去身上的灰尘，跟顾客握手，都是简单且实效的做法。

第四章

Chapter 4

经销商市场推广策略

第一节　顾客购买决策过程分析

只要从事与零售相关工作的人，没有人不知道三率的：进店率、成交率和回头率。在三率里面，首先是客户的进店率，如果没有足够的进店率，连销售的机会都没有。但是我们现在遇到的问题就是进店人数的大幅度减少，很多经销商老板都抱怨生意越来越难做，进店的客户寥寥无几。

为什么进店客户这么少？在回答这个问题以前，我们先来了解一下客户的购买决策模型。

一、顾客购买决策七个步骤

对于很多人来说，日常购买的产品都可以分为两种：一种是必须购买的产品；另一种是可买可不买的产品。必须购买的产品称为刚性需求，比如结婚要不要拍一套婚纱照，新房装修要不要买瓷砖，拍婚纱照和购买瓷砖此时都是刚需。如果你有一台电脑用了两三年了，正在考虑换一台新电脑，但是不紧急，这就是可买可不买的产品。对于不是特别急迫的购买需求，很多时候需要借助外力（销售人员或者促销活动）对客户进行刺激，并且刺激强度达到一定程度时，客户才会考虑进行购买。

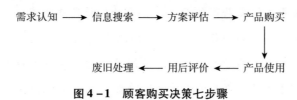

图 4 - 1　顾客购买决策七步骤

（一）需求认知

说到客户为什么要购买，这是很难回答的问题。如果是刚需，客户不得不买，此时买的就是产品的使用功能。如果只是果腹之需，你就会买 3 元左右的大米，这就是刚需；如果你偶尔买了几十元一斤的五常大米，那么此时的需求就从生理需求变成了情感需求，你想要尝鲜儿。由于经常买大米，我们对大米的好坏就有判断标准，知道如何买到性价比最高的大米，但是很少会买几十元一斤的昂贵大米。此时我们完全不知道自己怎么去买这样的大米，鉴定的标准是什么？那么我们的需求就是模糊的，只知道自己想买贵的大米，到底买多少钱的、去哪买、怎么买等一无所知。

（二）信息搜索

当顾客的购买需求比较模糊的时候，会不会直接到门店购买产品呢？或许以前会，因为那时候产品的供应并不充分。你想买钻戒，虽然不知道自己该怎么买钻戒，但是整个城市就一家卖钻戒的店，直接过去问就可以了。但是今天不一样，很多卖钻戒的店，有卖黄金的也有卖铂金的，你到底想买哪一款呢？如果你像过去一样直接到门店去问，麻烦可就大了，因为卖钻石的店有好几十家，每家店面面积都比原来的大好几倍，没十天半个月休想把所有的钻石店逛完。更可怕的是，随着生活节奏的加快，大家都比较忙，没那么多时间逛钻石店。怎么办？客户在没有走到你的门店以前，一般都会先进行信息搜索，了解你的品牌和产品。

案例分享：

某电工品牌在电工行业并不是数一数二的大品牌，西门子、西蒙、松下等国际一线大牌将开关市场尽收囊中，民营企业要想在这个竞争惨烈的市场中分一杯羹谈何容易？然而，该公司营销总监告诉我："山东的一个县城客户一年就能做到 500 多万元。"按照当时的销售规模，一个湖北省全省的销售额才两千多万元，所以这位经销商老板生意做得大，在公司说话也有分量。这位经销商老板成功的秘诀就是在县城积极主动地进行市场推广活动，打广告、做促销、建团队，把一个三四线品牌做成了当地市场的第一品牌。

没有强势的厂家品牌，只有强势的经销商品牌。如果经销商不给力，再牛的厂家品牌也只能是空中楼阁。只要经销商老板具备品牌操作的意识和市场运作的方法，即使是一个小品牌也能做得风生水起。

（三）方案评估

顾客在完成信息搜索以后，就会走进感兴趣的品牌门店。这里有两个问题：一是经销商老板会不会做互联网营销，让客户在网上能够搜索到你的品牌产品并产生兴趣；二是你的门店数量够不够多，是否方便客户找到你的店。所谓的 O2O 就是客户线上搜索、线下体验，最终线上线下都可以实现购买。"互联网＋"时代是精准营销的时代，在客户没有走到你的门店以前，经销商老板就要想办法让产品信息出现在客户的信息搜索地图中。

（四）产品购买

只有当顾客来到店里时，我们才会有销售的机会。对于那些坐在门店等生意，依然抱着传统坐商思维的老板来说，必然是人越来越少、生意越来越难做，因为大家都在积极主动地开展集客技巧，门店的生意不是等来的，而是自己跑出来的。影响客户购买的因素很多，比如品牌知名度、产品质量、店员的销售技能及售后服务等，这些内容在第三章讲过，在此不再叙述。

（五）产品使用

在产品使用过程中，顾客还会对产品的使用情况进行信息分享。顾客喜欢把自己在星巴克喝咖啡的照片分享到朋友圈，也喜欢把去各地旅游的照片和感受分享到朋友圈。在互联网时代，人人都在刷存在感，人人都渴望被关注和认可。如果经销商能够了解到人性的需求，那么营销活动不仅要前移还要后置。对于购买过产品的老客户依然要开展深度营销活动，把每一个买过产品的客户都变成免费的营销推广人员。经销商门店口碑的建立绝非一日之功，需要经销商老板抱着诚实守信的经营原则，将客户体验与服务做到极致，只有对你的产品和服务非常满意的客户才愿意帮你做转介绍。

案例分享：

阿姆斯壮是美国的一家地板公司，该公司的地板销售一直很好。随着销售订单的增加，公司客户服务部门接到的投诉电话越来越多。买过产品的客户打电话说地板保养非常吃力，自己根本不知道怎么保养地板。这个时候想找公司的售后服务电话却怎么也找不到，因为当初装完地板就把保养卡随手扔掉了。阿姆斯壮地板为了解决客户在产品使用过程中的麻烦，在每块地板上都打上了公司的售后服务电话，方便客户找到公司的电话号码。

（六）用后评价

一个不满意的客户会把自己的不满意告诉25个潜在客户，这是传统门店销售时代的法则。在"互联网＋"时代，一个不满意的客户会影响多少客户？答案是无限大。因为只要客户把自己的不满发布到网上，就会对所有网络搜索的潜在客户造成影响。我们有过这样的体验，如果在淘宝店买东西，除了关注产品、价格外，是不是也会关注网店下面用户的评论。对于经销商老板来说，任何一次不佳服务都可能导致客户在网上给出差评，导致全公司的销售受影响。

（七）废旧处理

在人们的刚性需求得到满足以后，我们的销售机会只能来自产品的升级换代。如果我们不对消费者进行引导，有些产品客户一辈子也不会想到重新购买，比如你想过家里的菜刀要用到什么时候换吗？你想过家里的瓷碗要用到什么时候换吗？只有主动走到客户家里，告诉客户产品该换了，他才可能产生更换的冲动。即便如此，很多客户还是不会换，不是不想换，也不是没条件换，而是原来的大件产品搬动起来特别麻烦，客户不愿意折腾。你去老小区看看，很多小区里都有一些用久了的沙发、茶几，家电行业开展的"以旧换新"活动帮了客户的大忙，客户倒是不在乎你能折现多少，关键是你帮我把旧家电搬走了。

案例分享：

上海有一家卖瓷砖的门店，经销商老板发现新装修楼盘顾客购买瓷砖的比例在下降，而且瓷砖行业这两年的竞争十分惨烈，大家都在疯狂地打价格战，很多门店是赔本赚吆喝。这位经销商老板想出了一个针对老客户营销的点子——"24小时洗手间轻松换装"。在大多数顾客的传统观念里，瓷砖产品一旦安装了就不愿意更换，主要是因为麻烦。24小时换装活动，商家利用顾客外出度假的一天一夜时间，不但帮顾客把洗手间里的旧瓷砖敲掉，而且帮顾客把新瓷砖贴好，省去了各种麻烦。这位经销商老板在整个行业陷入红海市场的时候独辟蹊径，开辟了一个全新的蓝海市场。

二、顾客信息搜索五个途径

案例分享：

我们曾经为上海某院校开发过《门店运营管理实务》的实训课程，在市场调研过程中，我们走访了服装、汽车、餐饮等多家门店。上海太平洋咖啡人民广场店的区域销售经理告诉我们："不要说传统的服装店，汽车4S店、婚纱影楼也要想办法走出去找客源，就连咖啡店都走出去找客户了，他们跟电影院合作，凭电影票根到店消费就可以享受一定的现金折扣。与来福士广场的服装店开展联合促销活动，派专人到地铁站出口派发DM单页。"

像太平洋咖啡一样走出去找顾客的绝不是个案，80%以上的门店都已经开始主动营销，使出各种手段找客户了。今天的门店生意已经从店内延伸到店外，只有找到客户才有销售机会。

（一）会员营销

为什么要重视会员营销，因为会员是已经购买过产品的客户，而且是达到一定消费金额才享有会员资格。那么鼓励老客户重复消费就特别重要，这也符合著名的销售法则：开发一名新客户的成本是维护一名老客户成本的五倍。

那么会员营销到底怎样才能使会员价值最大化呢？我认为有四个思路：

1. 让老客户再次来买

让老客户再次来买，主要指老客户重复购买或者产品升级换代。在这里强调一下：升级和换代是两件事。金伯利钻石针对老客户推出了钻石升级活动，也就是说你购买的钻石产品可以来金伯利升级，小钻换大钻。而换代则是指产品的以旧换新，让客户再次购买公司的新产品以替换以前的老产品，这里又有两层意思：一是指产品的以旧换新；二是指产品没旧也可以换新。方太厨房电器的店员上门为客户做免费的吸油烟机清洗活动，在清洗产品的过程中就可以引导客户更换公司更加高端的新产品。

2. 让老客户关联购买

互联网思维之一用户思维，也就是说我们对客户的管理要从以前的顾客思维转型到用户思维。顾客思维关注的是顾客的产品购买行为，而用户思维则要求我们更加关注顾客的产品使用行为，要跟客户更好地沟通互动，增强与客户之间的黏性，从而实现客户终身价值管理。让老客户关联购买，在维护老客户关系的过程中，公司一旦有新品上市或者多元化产品推出，首先邀请老客户进行产品体验，并且给予老客户一定的优惠活动，这样既能快速打开销售的局面又能赢得老客户的口碑。

3. 让老客户带人来买

对于主动进攻的销售人员来说，永远也不会放弃一名已成交客户可以给公司创造价值的机会，向老客户要求转介绍是很多销售人员必做的工作之一。可是老客户为什么会给你转介绍呢？金伯利钻石的一位经销商老板告诉我，他们实行的是会员双倍积分制度，老客户带新客户来店里购买，新客户消费老客户获得双倍积分。星巴克咖啡、小米手机等品牌从线上到线下全渠道跟老客户进行互动，老客户在情感上有了归属感和认同感，自然就会帮你带人来买。

4. 让老客户口碑传播

或许老客户由于某些原因没办法帮你带人来买，销售人员也不能放弃老客户的跟踪与维护工作，有时候一个电话、一条短信都能赢得老客户的好感。世界推销之神乔吉拉德先生的做法是，凡是在自己手里买过汽车的客户，他都会在每年情人节的时候寄一张明信片。反观有些公司的做法，着实让人反感。我爱人在某保险公司买了一份车险，结果这家公司除了过年、过节发短信外，从来不会主动打电话联系。而在续保日期即将到来的前一个月，公司的销售人员开始主动打电话联系她，这家保险公司的目的很明显。让老客户给我们做口碑传播，除了产品质量过硬外，销售人员更需要将服务做到极致。

（二）异业联盟

异业联盟是这两年跨界营销的一种推广形式，不同品类的商家共同投入资源进行联合推广、组织促销活动，这样不但可以节省市场推广费用，更重要的是商家共享客户信息。异业联盟最典型的例子莫过于航空公司的会员卡了，航空公司的会员卡通常和银行的信用卡联合推出，这样客户在乘坐航班时里程可以积分，日常信用卡消费积分也可以再赠送里程积分。我手里就有一张东方航空和交通银行信用卡的联名卡，两家公司共享了我的信息，我也能得到更多的好处。

（三）事件营销

对于门店集客来说，好的促销创意比促销力度更重要。金伯利钻石开展了征集笑脸的活动，要求新婚夫妇分享他们的幸福时刻，上传到公司的网站上由网友打分，得分靠前的选手有机会得到一份免费礼品。事件营销越来越受到商家的关注，为了更能打动消费者，很多门店纷纷打起了公益牌，"你消费我捐赠"这样的活动屡见不鲜。

宜家曾经做过一场病毒营销活动，发布了一条悬念广告——"今夜，你在哪里过夜"。然后征集志愿者来卖场体验，在宜家过一个不一样的夜晚。在活动当晚，宜家安排了美甲师、按摩师等服务人员，为前来体验的志愿者提供免费服务，宜家则用高清摄像机记录下这一切，把人们在当晚的表现放到了视频网站上。这么富有噱头的标题自然吸引了大量年轻人的点击，而宜家也靠着这个创意用较低成本赢得了人们的关注。

要想通过事件营销赢得客流量，就需要研究目标客户的行为特点和生活方式，在"90后"登上舞台的今天，用他们的语言和思想沟通特别重要。当然，沟通方式需要做出彻底的改变，电视广告对他们已经没有吸引力了。

（四）终端拦截

终端拦截最有效的方法就是临促人员拦截，对于同质化门店扎堆的市场来说，每到节假日甚至周末家家都会派出临促人员进行现场拦截。要想拦截有效果，经销商老板就需要在临促人员的管理与训练上下功夫。让自己的临促人员穿上玩偶的服装到市场中拦截客户，你的临促人员就会特别惹眼。其次，还要对临促人员进行产品知识培训，在客户向临促人员询问一些问题时，临促人员能够与客户进行简单的交流。最后，在对临促人员的考核上，要改变传统的日薪制，改为底薪＋提成的方式，临促人员每带领一名客户进店，给予一定金额的奖励。

（五）微信营销

微信营销时代已经来临，自媒体正在爆发出空前的力量，在没有微信、微博以前，店员更多地运用电话营销和短信营销。这两种营销手段和微信营销相比，显然难望其项背。

案例分享：

山东临沂某门店组织团购活动时，先在微博上发了一条信息，凡是愿意转发此信息并@100位同城粉丝的好友，都有机会享受公司赠送的精美礼品一份。结果，很多粉丝帮他@自己的粉丝，@到最后发现自己的微博里没有100个同城粉丝也就放弃了。至此，裂变发生了，他们的粉丝继续@粉丝，然后放弃。如此下去，微博传播的巨量效果产生了，而实际送出的礼品却没有几个。

微信营销的势头愈演愈烈，在给鸿润羽绒被培训的时候，沈阳的经销商周总半夜把我从床上叫起来，跟我大谈微信营销，让我受益匪浅。周总自己真的利用微信平台做了团购生意。前几天，为了买一本关于微信营销的书，我体验了一次微信团购，真的很恐怖，一晚上的时间，商家就卖出了500多本，这是什么样的速度。所以，如果每名店员都利用微信平台，找到目标客户精准营销，我觉得人来不来店里无所谓，只要他对产品有兴趣、想买，店员都知道接下来该做什么。

第二节　小区推广怎么做

对于以家居建材、家电等为代表的家庭耐用消费品来说，新装修楼盘的业主是其核心的客户资源，新装修楼盘成为兵家必争之地。对于奶粉、牛奶、粮油等日用消费品来说，老小区是其核心的客户资源，针对老小区的市场推广活动是重要 KPI 考核指标之一。虽然大家都知道小区推广的重要性，但是在成效上却大相径庭。由于小区推广比较烦琐，短期内无法见到成效，很多经销商老板抱怨小区推广没有效果，甚至常常半途而废。

一、小区推广，你做楼盘分析了吗

一场战斗能否取得最终的胜利，固然跟部队实力和武器装备有关，但是核心因素却是将军制定的作战策略，而正确的作战策略取决于我方对于战场形势的精准判断和对于阵地特点的完全把控。同样，小区推广要想取得成功，首先要做的就是对于楼盘信息的精准分析，一个地级市有三四十个楼盘，店员一窝蜂地跑到小区扫楼，结果肯定事倍功半。

案例分享：

有一年冬天，我们组织经销商老板到浙江宁海开会。紧张的会议结束后，晚上当地的经销商租了一辆大巴车，把大家带到小区参观。因为我们家是做照明产品的，晚上看小区的亮灯情况就能知道自己产品的覆盖率。到了小区，所有参观学习的经销商都傻眼了，因为宁海当地的经销商张总把新楼盘的覆盖率做到60%以上，张总对每个小区是否购买了自己的产品了如指掌、如数家珍。经销商纷纷表示佩服，此时，张总脸上洋溢着淡淡的苦笑，他说："我是被逼的，因为宁海的楼盘少，一年就两个新开楼盘，逼着我把所有的精力放在这两个楼盘上，结果功夫不负有心人，苦心推广才有今天的一点成绩。"

经销商不可能都像张总那么幸运，一年当地就两个楼盘，瞄准目标直接开抢就行了。在一个有三四十个楼盘的地级市场，经销商老板如何才能精准拿到那些装修率集中、业主有购买力的楼盘呢？总结多年来小区推广工作的经验，我写了一首打油诗，叫作《精准锁定楼盘三步曲》——"一听，二看，三打听"。

精准锁定楼盘三步曲

一听

电锯砸墙震天响

二看

小区阳台和灯光

地上垃圾堆满筐

电表水表比较忙

猫眼也需看端详

装修许可贴上墙

三打听

门口保安帮大忙

五金小店信息强

最后你再问同行

一听：

电锯砸墙震天响：先绕着小区走一圈，四处都是砸墙、电锯的声音，说明这个小区在集中装修。如果四周静悄悄的，这个小区装修率就比较低、推广价值不大。

二看：

小区阳台和灯光：如果阳台已封，外墙有空调外机挂出了，说明这户已经装完了，你再去就是骚扰人家。晚上看看小区房子里的灯光，是装饰类的灯多还是白炽灯、节能灯多，如果主要是白炽灯、节能灯，说明他们家可能正在装修，可以去看看。

地上垃圾堆满筐：装修必然会有装修垃圾，看看小区有没有装修垃圾的堆放处，如果小区里黄沙、水泥、板材废料多，说明这个小区在集中装修。

电表水表比较忙：刚才都是在户外看，现在走进一栋楼里去看看，先从地下室或者一楼看起，电表水表飞转说明在集中装修，如果电表水表没动说明人家还没开工，电表水表基本比较平稳的，说明人家住进来了。

猫眼也需看端详：很多业主入住以后会换门，不换门会换猫眼，有些开发商的防盗门上根本就没装猫眼，所以从猫眼也能看出门道来。

装修许可贴上墙：我在山东威海扫楼时就遇到过一个小区，装修许可证必须贴在门外面，这样一栋楼只要从上到下走一遍，就知道这单元有多少户在装修了。

三打听：

门口保安帮大忙：保安的信息比物业经理的信息准确，谁家装到什么阶段、近期他们家送瓷砖了还是装灯了，他最清楚，所以跟保安搞好关系，可以收集到大量的有用信息。

五金小店信息强：小区里的卖防水、玻璃胶的五金小店进驻时间较早，他们对每家每户的装修情况了如指掌。只要你去店里买包烟跟老板闲聊几句，小区装修情况就能摸得八九不离十。

最后你再问同行：小区扫楼不只你一个品牌在做，很多品类、品牌都在做。同一个小区里扫楼的业务员比业主还多，问问前期推广比较早的人（比如卖太阳能的），他们手上握着大把的业主信息。

二、小区推广精准营销八种方法

提起小区推广，在大多数经销商老板的观念里就是小区扫楼。针对楼盘的装修状况，我们总结了八种实战小区推广方法。针对不同类型的小区有不同的打法，对于集中装修的小区采取的是阵地战模式，而对于不集中装修的小区采取的是游击战模式，如图4-2所示。

（一）小区推广阵地战

阵地战就是要在小区建立根据地，打一场持久战，实行深度营销推广策略。对于装修率比较集中的小区来说，既要求快攻快打又要求深入持久，所以只有建立了根据地才能与小区业主建立持久的关系，才能将经销商小区推广人员逼上梁山断了后路。"狭路相逢勇者胜"，有了根据地，小区推广人员就只能舍生取义，不达目的绝不罢休。

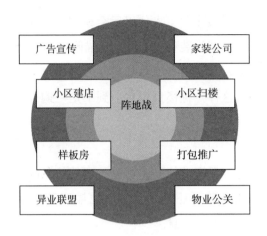

图 4 - 2　小区推广方法

1. 小区扫楼

小区扫楼是小区推广阵地战的核心形式，也是当下经销商老板小区推广的最重要手段。小区扫楼能否取得成功与扫楼人员的能力息息相关。小区是一个金矿，见到什么人都要积极主动地沟通，从而获得有效的业主消息。

第一类人：见到小区业主怎么说

在小区推广的过程中见到业主，这可是求之不得的好事，因为我们就是要找业主，直接找到本人比通过其他人找到他好多了。上门推广，遇到业主的时候要少谈一点你的产品和促销活动，要看业主家里装修到了什么阶段，针对业主装修阶段要采购的家居建材产品给出合适的建议。小区推广要做客情关系，谁要是认为小区推广靠得是低价和活动拿单，那可就把小区推广的价值做低了。小区推广人员都是全面的家装顾问，不能卖瓷砖的只会跟顾客讲瓷砖，卖壁纸的只会跟顾客讲壁纸。敲开顾客的门，我们要做得是取得顾客的信任，让他对我们有好感、有信任。

第二类人：见到小区管理者怎么说

小区推广的管理人员分为两类：一类是物业公司的人；另一类就是门口的保安了。想要成功地进入小区，保安这关必须得过，好多人都认为保安这关是最难过的，有的时候给保安递根烟闲聊两句，他可能就让你进去了。可是有一类保安就是按原则办事不让进，怎么办？只要你坚持打感情牌还是有机会的。至于物业经理，很多小区都需要推广费用，只要大家条件谈妥，进入小区一点都不难。

第三类人：见到装修工人怎么说

好不容易砸开了业主家的门，结果开门的是位装修师傅，对方可没有好脸色给你看，因为你打扰人家工作了。如果碰到装修师傅正好和你们家的产品有关联，他可能还会跟你聊两句，他帮你向业主说好话，希望你给他点好处。如果碰到的装修师傅跟你家产品一点关系都没有，怎么办？没事，装修工人通常都需要得到别人的尊重，适当地赞美几句、闲聊一会儿，兴趣来了他会向你透漏很多信息。

第四类人：见到家装公司怎么说

在小区推广的过程中，遇到了家装公司，如果是已经合作的家装公司事情就好办了，大家沟通一下感情、叙叙旧。如果是没有合作过的家装公司，你要注意收集家装公司的信息：这家公司在这个小区一共签约了多少业主；这家公司现在手上合作的是哪些品牌；这家公司的老板、项目经理和设计师都是哪些人；这家公司的合作政策是什么样的。总之，你对家装公司的信息了解得越多越好，因为你可以为将来建立合作关系打下基础。

第五类人：见到销售同行怎么说

小区推广没有一个闲人，你在扫楼，很多家居建材产品销售人员都在扫楼，大家在小区里遇见了，有盟军也有敌人。找到盟军一起吃饭，共享一下客户资源，分享一下扫楼心得，一把心酸泪两三句安慰话，大有一种"我不是一个人在战斗"的感觉。要是遇见了敌人，你就要做点功课了，清楚地了解对手的推广策略、促销政策、产品卖点和已经取得的战绩，迅速采取措施将敌人清理出去。

2. 小区建店

案例分享：

2007 年的时候，我们在安徽的马鞍山钢城花园曾经开过一个小区店。由于在新楼盘集中装修期间，没有业主入住，因此街边店的费用通常较低。我们租了一个 30 平方米的小店，然后派了两个销售人员，对这个小区进行定点、持续地扫楼推广，结果几个月下来，这个小店的生意异常火爆。倒不是这个小店卖了多少货，而是通过小店为业主提供免费装修服务、小件产品购买等服务，赢得了业主的口碑，从而将自己的品牌和产品植入客户的大脑，引导客户在选购产品时首选我们的产品。

小区店面积不用太大，主要目的也不是为了销售产品，而是对业主进行产品品牌的宣传与推广。小区店是商家进行品牌宣传的窗口，是扎进小区的一颗钉子，是维护商家与业主之间的桥梁和纽带。小区店通过为业主提供免费的装修配件（如钉子、螺丝等小件产品）、租借装修工具（锤子、扳手等）和打印文件（装修合同、装修图纸）等服务，赢得了客户的信任与好感，客户在购买相关产品时第一时间会想到你的品牌。业主装修期间要的是雪中送炭，而大多数经销商老板做的是锦上添花，社区店恰恰就是雪中送炭的最好例证。

第一种小区店：街边店

针对装修率比较集中的小区，租借沿街店铺，通过简单的产品出样进行品牌的宣传与推广活动，是小区建店的第一种形式。街边店的费用不高，由于没有业主入住，沿街店铺的租售情况不是特别理想，通常可以用比较低的价格就能租到好位置的店。

第二种小区店：业主店

有些业主买房就是投资客，他们的房子不装修了，等两年期待倒手卖个好价钱。既然这样房子空着也是空着，我们就找到房东租借一楼的房子进行产品展示，两室一厅，一个房间做仓库，一个房间做办公室，把客厅做成了展厅，而且把整个房子的门和玻璃窗都打上公司的广告。不但小店变成了大店，而且视觉感突出，离业主的距离更近了。

第三种小区店：物业店

只要能够征得物业办公室的一个墙面，把自己的产品摆在物业办公室销售，就叫物业店。物业店比前两种小区店的形式店都好，因为这样的店面会给业主形成心理暗示，万一我购买的产品出了问题可以找物业，物业店反倒成了小区开店的首选。难点就在于如何说服物业让我们把产品摆进办公室，除了合理的利益分配外，客情关系和优质服务必不可少。

第四种小区店：流动店

有些小区的管理特别严格，不但小区推广人员无法进入小区，甚至连一张广告单页都递不进去。当然在装修期间，街边店铺也不对外出租。针对这样管理规范的高端小区该如何进行推广呢？美的空调弄了一辆全顺车，车身上打上"美的空调客户体验车"的字样，开到了小区门口，然后店员站在小区门口进行拦截，把进出小区的每个人都拉到自己的车上，效果显著。我把这种推广形式总结为小区建店的第四种形式流动店。

案例分享：

马可波罗安徽区域销售经理蒋经理，在听了我的课程以后，强势要求自己的经销商老板在小区开店，否则就要对经销商老板进行处罚。其中，一名经销商老板向蒋经理诉苦，自己的区域怎么都开不了小区店。蒋经理走访了他的市场后，独创了"集装箱进小区"的开店模式，他让客户买了一个集装箱，给物业缴纳一笔推广费用，把集装箱放在了小区的空地上，然后派业务员、设计师和安装师傅对这个小区进行扫楼，并且在现场为有意向的客户设计方案、粘贴瓷砖。他们还在小区里打了一个口号："买瓷砖何必东奔西跑，马可波罗瓷砖一站式搞定。"只要客户到旗舰店进行一次产品体验，剩下的全部环节都在小区里解决。

集装箱进小区，是安徽区域蒋经理全行业首创，所以小区推广永远有方法，只要你愿意在小区精耕细作，就一定有所斩获。

3. 样板房

样板房是当下很多经销商老板比较喜欢的小区推广形式，但是样板房的推广效果，相比小区店还要大打折扣。因为样板房除了简单的产品展示和体验功能外，没办法给业主提供服务，没办法与业主互动。

第一种样板房：开发商样板房

开发商样板房是指售楼人员在售楼过程中带领潜在客户参观的样板房，如果经销商能够提前接触到开发商，免费为开发商提供产品出样，产品就能在第一时间接触到目标客户。这种样板房的难点就在于一些基础的建材产品品牌没办法被客户直接看到，家居建材产品不像家电产品，品牌写在产品上，哪怕你家用的是马可波罗的瓷砖，如果售楼人员不主动提及，客户也很难辨别。如果可以，不但要把自己的产品放在样板间展示，最好能把产品放到售楼中心，同时再摆放一些宣传资料，从而提高产品的曝光度。

第二种样板房：家装公司样板房

家装公司也在做小区推广，针对一些目标楼盘会设立自己的样板房。如果经销商与家装公司有比较深的合作关系，那么在家装公司的样板房摆放产品，将是一个双赢的结果。家装公司样板房也有一定的风险，那就是很可能给别人做了嫁衣，即便客户看上了你的产品，家装公司的销售人员也会引导客户从他的手上购买，不会把客户转介绍给经销商，这样势必会削弱经销商的利润。

第三种样板房：业主样板房

业主样板房是经销商老板在进行小区推广的过程中，通过向业主进行样板房征集，然后邀约没有购买的业主到样板房业主家中进行参观的一种形式。这种样板房的好处是能够进行更大程度的品牌推广，不足之处是由于样板房的推广形式过于单一，而且单一品牌运作，经销商没有更好的活动策划思路，样板房对小区业主的吸引力不够。

第四种样板房：联盟样板房

品牌联盟是经销商跨界经营、资源整合的一种联盟组织，尤其在家居建材行业运作得最为成熟，瓷砖、卫浴、地板、橱柜、木门、家具、窗帘、壁纸、灯具等品牌共同投入资源进行市场推广。联盟样板房是以整个联盟的所有品类共同参与，在小区里进行运作的样板房形式，这种形式相当于把一个品类集合店前移到了小区，效果相对前三种样板房形式要好。

4. 打包推广

案例分享：

我曾经在山东的额滕州找到一个楼盘，基于这个楼盘的装修率比较集中，业主的购买力也比较高。经过跟经销商老板和小区物业多次沟通后，我们改变了传统的小区扫楼模式，而是对这个小区进行垄断式的打包推广。也就是说，这个小区只有我们一家品牌可以进行推广活动，其他任何品类都不能再进驻。虽然单一品牌买断式的推广费用相对较高，但是推广的结果也非常可观。

针对具有推广价值的小区进行买断式推广，我把这种推广形式总结为打包推广。在山东滕州的这个小区，所有的广告资源都采取软植入形式，从小区大门入口的道闸栏杆广告到主干道的道旗广告，甚至连停车位和楼层贴都有我们的广告，再加上人员扫楼和主题活动，将自己的品牌牢牢地植入业主的大脑中。一般来说，小区物业也比较喜欢这种推广形式，因为所有的广告资源都是按照物业的要求软性植入的，不会造成业主的反感和投诉。对于商家来说，因为是独家进入小区，可以在这个小区里进行深耕细作，轻轻松松拿下60%以上的装修业主。

小区打包推广最大的难点是对楼盘的精准分析，以及制定有效的推广策略。它可以把小区扫楼、小区建店、广告植入等推广形式全部整合在一起，直到拿下装修业主。当然，在做这样的推广策略时，投入产出比也是经销商老板比较关注的一个问题。

（二）小区推广游击战

所谓小区推广游击战，就是对于一些装修不集中、业主购买能力不高的小区进行游击战争，这样的小区不适合派出众多的销售人员进行小区扫楼。由于业主的装修比较分散，即使扫楼了也是浪费人力资源，在3～5年这个小区是很难装修完的。那么小区游击战到底该怎么打呢？我们也总结了四种推广形式：

1. 广告宣传

广告宣传对于一个不具备推广价值的小区来说，是游击战的第一种打法。广告宣传的形式主要是在小区里投入一些广告位资源。在这一点上，有想法的经销商老板依然会花小钱做大事，不建议大家都去抢小区的电梯广告、主干道广告资源，因为这些广告位的价码高得离谱。

案例分享：

物业装修许可证是业主在装修期间到物业领取的一份资料，物业要求业主把这份许可证贴在门的外面，主要是方便物业的管理。我曾经辅导经销商老板在这份装修许可证上做过文章，跟物业沟通以后，在装修许可证上面打了一句话"××品牌24小时紧急救援电话：××××××××"。然后小区推广人员就会挨家挨户敲开业主的门，告诉业主万一装修期间工人受伤了可以拨打24小时救援电话，公司会派车免费把装修工人送到医院。其实，没有几个装修工人在装修期间会受伤，这样的广告植入最大的好处是可以树立自己的品牌公益形象，赢得了业主的好感，关键是还不需要太高的费用。

除了装修许可证以外，小区里还有很多类似的低成本广告资源，比如楼层指示牌、业主家里装修用的垃圾袋。还有一位经销商老板告诉我，他们会给业主送一个装修期间的简易塑料马桶，方便装修师傅使用，这样的马桶价格只有二十几元，但是特别受业主的欢迎。

除了在小区里进行硬广告或者软广告的投放外，电话营销、短信营销和微信营销也是小区广告投放的重要手段。经销商老板要想拿到在装修业主的信息不难，难的是拿到信息以后怎样跟业主沟通才能取得信任与好感。我们以短信跟进为例子，如果总是给业主发一些温馨问候或者亲情关怀的信息，业主没多少兴趣，我们得想想业主此时对什么类型的短信感兴趣。当然是和装修有关的短信，揭秘行业内幕、宣传装修知识、风水知识，免费礼品等。

2. 异业联盟

对于一个管理规范的异业联盟组织来说，如果只是瞄准目标小区进行精准营销，肯定是浪费人力、物力的。由于每名经销商老板都会派出人员参加联盟活动，因为联盟的推广团队少则十几人多则几十人，面对这样一支队伍，怎么用成为考验联盟能力的重要指标。不能让联盟的人闲下来，不但要让这些员工动起来，而且必须让这些员工在高压状态下工作，只有这样才能激发员工潜能，取得预期的效果。

瞄准目标楼盘进行精耕细作是单一品牌经销商要思考的事，掌握所在地区所有在装修的业主信息，并且第一时间把联盟的宣传资料递到业主的手上，则是联盟组织要思考的事情。全网营销是联盟在做小区推广时的基本策略，只有把网铺开了才能收集到足够的客户资源，在活动落地时取得预期效果。

3. 家装公司

不管小区的装修是否集中，具有一定经济实力的业主都会选择家装公司进行装修。对于装修不集中的小区，经销商老板没必要费时费力地组织推广工作，借助家装公司的力量就能完成这些小区的开发渗透。与家装公司建立良好的合作关系，不管是全包业务模式还是半包业务模式，我们总能够找到与家装公司合作的机会。对于全包业务模式，只要与家装公司签订合作协议，把家装公司当成一个销售渠道进行管理就可以了。对于半包业务模式，经销商老板需要加大对家装公司设计师的掌控，只有设计师主推，我们才能在业主那里赢得话语权。

4. 物业公关

小区推广游击战的第四种形式是与小区物业建立良好的合作关系，赢得物业对我们品牌的信任和认可，如果再进一步也可以赢得物业对我们的推荐作用。鉴于每个物业公司的运营模式和管理水平的差异化，在物业公关上需要给予不同的公关政策。有些物业通过与一些商户的合作，需要向商户收取一定的广告宣传费用，这些费用是物业公司重要的收入来源。所以对这样的小区来说，推广是比较简单的。用钱能搞定的事情在市场营销活动中根本就不是事儿，当然用钱能够搞定的事儿效果也没那么理想。也有的物业公司是你用钱搞不定的，比如万科这样的物业管理公司，人家不欢迎各种扫楼、发广告的行为，担心这样的行为会骚扰业主引起投诉。很多人以为这样的小区就是无法攻克的堡垒，无论如何都是没办法进驻的，通常情况下这样的小区反而应该成为重点推广小区，因为管理严格的小区业主的消费层次、生活档次越高，越具有重要的推广价值。

那么该怎么推开这扇门呢？我们可以找物业公司，在物业组织业主交流活动时，进行软广告植入从而赢得物业与业主的双认可，比如物业组织业主联谊会的时候，我们免费提供抽奖礼品。如果物业没有这样的活动，我们也可以帮助物业策划这样的活动，植树节的时候可以策划一个亲子植树活动，我们既是赞助商又是组织方。跟业主宣传的时候组织方就变成了物业，物业不出钱不出力在业主心目中赢得了好口碑，你说物业公司欢迎吗？

三、包干到户激活小区推广团队

我们已经分享了小区推广的八种形式，再好的销售模式如果没有一支作风过硬、业务突出的销售团队去执行，只能是水中月、镜中花。很多经销商老板都跟我抱怨，最难的就是缺人。小区推广没人怎么办？

（一）小区推广团队的组建

经销商组建小区推广团队，最直接的方法就是让店内的店员先动起来。每名店员都主动去小区开发客户，将在店内等生意变为主动找生意，这样的操作方式不但能有效打开小区推广的局面，而且对店员的业务能力提升也是一个机会。在店里等着客户上门做销售，压力当然没有那么大，去了小区你会发现见到业主都很难，见到业主以后在没有产品可以体验的情况下，跟客户说什么、怎么说都是一种挑战。将门店导购员转变成小区推广业务员，不但有利于导购员的个人成长，而且也有利于考核管理，从在小区里见到客户第一面开始直到最终成交，店员可以一站式跟踪到底。

如果经销商老板既没组建专业的小区推广团队，也没有将店员赶到一线去跑小区，怎么办？我们也可以借助兼职人员做小区推广，小区里有很多家居建材行业的业务员，比如你碰到卖瓷砖的业务员，而你们家是卖橱柜的，那么你就可以让卖瓷砖的业务员帮你顺带推荐橱柜。当然要给销售提成，也要做关于橱柜产品知识的培训。

（二）小区推广团队的考核

小区推广团队迟迟不出业绩怎么办？小区推广团队工作没激情怎么办？小区推广人员为什么迟迟不出业绩呢？因为员工工作方法有问题，小区推广人员早上九十点钟才到小区，这时业主上班了，辛辛苦苦扫一天楼，你遇到的都是装修师傅，你说有效果吗？到了下午五六点钟，小区推广人员下班了，而这时业主回来了，很多业主在装修期间都要在下班的时候看看自己的房子，看看装修进度和装修质量。小区推广人员总是跟业主擦肩而过，要想解决这个问题，送给小区推广人员一句话，那就是"小区推广，只争朝夕"，一早一晚的时间是小区推广的关键时间节点，抓不住这两个关键时间点，任你把腿跑断了也不见得有什么效果。但是很多小区推广人员都是打工的心态，怎样才能让他只争朝夕呢？

案例分享：

在给某壁纸品牌经销商培训时，一位经销商老板跟我分享了他的小区团队考核方法，就是小区包干到户。针对他所在区域的楼盘情况，谁承包的小区谁就负责这个小区的业主开发工作。在承包目标之内，每开发一户业主正常拿销售提点，超额完成任务，超额部分不分提成直接分利润。这个政策一出，销售人员的热情被激发了，驻扎在小区里地毯式扫楼，不放过任何一位在装修的业主，小区推广的效果很明显。

要想激发员工的销售状态，第一步就是解决怎么分钱的问题。"有钱能使鬼推磨"，说起来庸俗，做起来立竿见影。当这位经销商老板把小区包干到户，并且对导购员实现"利润分红"的激励政策时，店员的热情被激发出来了。没有人在给老板打工，每个人都是自雇佣者，都是在给自己打工。小区推广利润分红机制，店员已经不再是员工，而是自己的老板，成为经销商老板的分销商、合作伙伴，当然会全力以赴。

（三）小区推广的激励

对于小区推广人员来说，短期的激励方式主要有销售提成和销售竞争等方式，很多经销商老板都会激发员工的销售热情。这种热情短期来看是有效的，但是长期来看并不理想。

案例分享：

我在负责小区推广工作的时候，经常会召集20人左右的新人到一个市场进行集中作业。15～20天，参加集训的销售人员要求把当地所有的小区都开发出来，不放过每一位业主的信息。在集中作业期间，我会将销售人员分成小组进行比赛，不但如此还会对每个人的工作结果进行指标考核。每天晚上都要召开三四个小时的总结会，总结会上大家分享经验，互相交流心得，这样参训人员就不会觉得自己是一个人在战斗了。

小区推广人员很难保持长期的销售热情，究其原因，是经销商老板对销售人员更多的是外因激励，而不是内因激励。对于小区推广人员来说，只有发现小区销售工作的乐趣，才会愿意积极主动地完成这项工作。小区推广人员一直都非常主动，因为我们不但建立了团队与个人的竞争机制，更重要的是通过总结会、交流会等分享交流的会议，让销售人员能力得到了提升。今天被客户拒绝了，明天他就会用同事教的方法再试试，这样的话不但增强了销售人员的信心，更增加了销售人员的乐趣。

第三节　跨界营销有新招

案例分享：

在给某企业培训的时候，客户安排我入住龙江镇的喆啡酒店，虽然入住酒店的时候已经到了深夜 12 点多了，但是这家酒店独特的装修风格仍然给我留下了深刻的印象。喆啡酒店将酒店与咖啡店的特色融为一体，走进这家酒店的时候，仿佛置身于咖啡厅。酒店的大厅以咖啡厅的风格进行装修，酒店前台摆放着咖啡机、咖啡壶，酒店大厅有一个固定的咖啡饮用区，从酒店的装修色调到灯光的运用，甚至酒店里装饰用的花草都是咖啡厅的感觉。等到了房间，我发现房间里的装修也是欧式复古风格，充满了咖啡厅格调，有特色的阅读灯、皮质的躺椅，床头还摆了一本小说。

随着市场竞争的日趋惨烈，没有特色的门店必然被消费者抛弃。在竞争最白热化的酒店行业，高端酒店如维景、喜来登等正在快马加鞭遍地开店，经济连锁酒店如家、汉庭、7 天等大打价格战，在这片红海市场中分一杯羹谈何容易？喆啡咖啡将咖啡店模式与住宿酒店模式相结合，创造了一种全新的客户体验，不能不说这是传统酒店行业转型的一次全新尝试，是跨界营销的典型案例。

一、跨界营销的四种创新思维

在传统工业营销时代，我们制造产品满足客户的需求；在"互联网＋"营销时代，我们制造产品创造客户的需求。以前的营销方式是我们制造了客户需求的产品，客户也知道自己想要什么样的产品，营销解决的就是信息不对称的问题，让客户发现我们的产品并购买我们的产品；今天的营销方式是我们制造了客户没有需求（至少是没有意识到有需求）的产品，然后想办法让客户遇见我们的产品，体验我们的产品并且喜欢我们的产品。跨界营销时代已经来临，单一的营销模式正在倒塌。

（一）跨界营销之产品跨界

没有做不到，只有想不到。只要我们敢于创新，就可以推出创新型的产品，从而引领客户的需求。营销的基础首先是产品，没有产品的营销无异于无源之水、无本之木。产品跨界是指产品经理在设计产品的时候，首先要打破常规，不要单一地将产品定义为解决客户某一问题的功能性产品，而是将产品的功能最大化，既能够满足客户对产品功能上的需求，又能够满足客户对产品情感上的需求。

集成吊顶是产品跨界营销的经典产品，一站式搞定了厨卫间天花板装修，将扣板、换气、取暖和照明模块进行了系统整合。既满足客户对产品安装便利性的要求，又满足了客户对于产品外观的要求。2005 年前后，正当某浴霸产品在国内卖得风生水起的时候，浙江王店出现了一款叫作集成吊顶的产品，几年之后，集成吊顶产品大行天下，把浴霸产品挤到了悬崖的边缘。

（二）跨界营销之价格跨界

如果说产品跨界营销是基于客户需求开发出创新性产品，那么价格跨界则是引导客户尝试购买的必要举措。传统经济学理论认为，产品的定价取决于产品的成本和客户的需求，如果你的产品价格过高，则没有客户愿意尝试购买，最终你的产品无人问津。免费是移动互联网时代价格策略的新玩法，360 杀毒软件的老板周鸿祎认为，通过免费能够快速赢得客户资源，然后再向那些高忠诚度客户进行增值产品或者附加产品的销售。

案例分享：

汽车快修快保店一般都会做洗车服务，而且很多快修快保店做洗车服务通常都是不赚钱的。"为什么不赚钱还做这样的服务呢？"店主就会告诉你："一般的车主一周就要洗一次车，而汽车保养项目没三五个月是没人会做的，至于修车，车不坏谁修啊？所以，做洗车服务不是要赚钱，而是要增强客户黏性。只有洗车的时候经常来你的店，等车子要做保养或者维修的时候才会第一时间想到你，才会到你的店里。洗车虽然不赚钱，但是通过快修快保项目就赚钱了。"

在制定价格策略的时候，通过免费的模式吸引客户进入自己的营销范围，然后再向他们销售高利润产品，是价格跨界的典型做法。价格跨界就需要企业具有长远的战略眼光，不要以为每款产品都能够盈利，要通过合理的产品组合和定价策略，赢得客户并且留住客户。

（三）跨界营销之渠道跨界

移动互联网最大的特点就是"渠道碎片化和内容个性化"。我简单地解释一下这个观点，所谓渠道碎片化，是说客户可选择购买的渠道越来越多，随时随地都能方便地买到自己想要的产品。咱们以一瓶啤酒为例子，很多营销人员都听说过"啤酒+尿布"的故事，也就是说我们大多数时候都是在超市买啤酒，可是现在不一样了，可以在家门口的便利店买到啤酒，可以在加油站买到啤酒，可以在网上买到啤酒。渠道碎片化，让客户的购买行为变得更加方便。所谓内容个性化，是指与客户的沟通上要能了解客户的特点，使用个性化的语言与他们沟通，才能引起客户的兴趣与关注。可口可乐最新设计的易拉罐，瓶身上印满了彰显个性的语言，不失为一种全新的营销手段。在内容个性化上，要求企业能够针对客户，一对一地满足客户的各种需求。

移动互联网时代客户对产品购买的便利性需要更高，不管企业采取线上销售还是线下销售，怎样满足客户的这个需求点才是赢得客户欢心的关键。离客户更近一点，比客户更加理解客户，不管是跨界营销还是大数据营销，我们正在做这样的努力。不再以客户对产品的需求和行业特点来设计销售渠道，而是基于客户的购买习惯，整合渠道资源，缩短从产品到客户传递的链条，提高企业与客户沟通的效率和频率。很多酒店都开始销售床上用品了，只要你在酒店住宿觉得酒店的床单、被套、枕头舒服，觉得酒店的毛巾、浴巾干净，你愿意就可以买走。只有在专卖店或者零售点才能购买产品的时代终结了，能做客户体验就有可能形成客户购买。

在渠道整合的最前端，终端门店开启了跨界营销的快车道。不同的产品供应商，针对同样的目标客户进行资源整合，让客户有更多的机会接触到自己，集合店正在接过专卖店的接力棒。在服装店里买到其他品牌的眼镜，在家具店里买到其他品牌的灯具，这些都会成为零售门店的常态销售模式。

（四）跨界营销之促销跨界

既然渠道都能实现跨界，那么，促销跨界就是顺理成章的事情。当门店的客流量越来越少的时候，商家想尽办法主动出击寻找客户资源，他们忽然发现，如果能够追踪到一名客户的生活习惯和消费地图，就可以去寻找客户消费地图上的那些商家联合促销。一名高端客户的日常消费行为有哪些？去汽车4S店做保养、去美容店做SAP、去高档餐厅吃饭、去健身会所健身、去百货商场购物……只要整合客户行走地图上的商家资源，就能够联合促销，快速找到客户并且降低推广的费用。

家居建材品牌联盟是目前泛家居行业促销推广的最重要形式之一，响当当的中国好家居联盟，吸引了马可波罗瓷砖、TATA木门等家装行业领军品牌，大家一起投入资源寻找客户，组织促销落地活动。这样的促销形式降低了单一品牌的推广费用，同时能够实现客户资源共享和前后端联动带单。

二、异业联盟发展的四个阶段

跨界营销最典型的做法就是异业联盟，在研究了客户装修需求以后，瓷砖、地板、橱柜、灯具等家装品牌进行联合推广；在了解了客户结婚需求以后，婚纱影楼、酒店、婚庆公司、床品等公司以结婚主题为销售契机进行联合推广，这些行为都属于异业联盟销售模式。

异业联盟活动满足了顾客一站式购买的需求，同时又能够享受更多的优惠；对于经销商来说则整合了前后端的资源，降低了主动营销、寻找客户的成本，而且联盟成员之间的营销、管理水平有高有低，大家可以互相学习，提升自己的整体经营管理水平。

品牌联盟发展的四个阶段如图4-3所示。

图 4 - 3　品牌联盟发展的四个阶段

（一）联合促销

异业联盟最初的雏形来自联合促销。十几年前我们就已经开始做这样的促销联动活动了，购买苏泊尔的炒锅送金龙鱼的色拉油，同样买金龙鱼的色拉油送苏泊尔的炒锅，此时的联合促销只是简单的以促销为导向，而没有将集客的功能发挥出来，所以参加活动的双方并没有更加深入的合作关系。

（二）异业联盟

异业联盟是当下最火爆的一种集客形式，有一些异业联盟发展到了不再是由经销商自己管理的阶段，聘请专业的第三方进行整体的运营管理，异业联盟已经有了各品类经销商投资股份公司的意思了。异业联盟不但实现了前后端客户资源的联动，而且对经销商内部的管理提升也有很大促动。

（三）同业联盟

基于经销商利益的考虑，很多经销商老板都愿意积极参与，甚至主动举起异业联盟的大旗呐喊，号召大家抱团取暖。而同业联盟就比较难了，在很多经销商老板的观念里，"同行是冤家"，怎么可能联盟呢？这不但需要眼光和格局，更需要魄力。

案例分享：

浙盟灯饰就是浙江省部分灯饰经销商老板自发组织的一种同业联盟组织，在这个组织里有会长和理事等职位，全盘负责浙盟灯饰的运营管理。成立了这个同业联盟组织以后，大家可以组团前往灯具生产基地中山古镇进行集中采购，从而拿到更加优惠的价格；也可以在平时组织一些培训活动，提升经销商的营销水平。同时，由协会出面，协调商户之间的关系，避免大家打价格战恶性竞争。

（四）厂商联盟

经销商老板开店到底是选择街边店还是选择专业市场？丰胜花园木是我服务过的一个客户，该公司主要生产高端户外花园木，针对的客户是别墅装修的业主，因此公司要求经销商把店开在红星·美凯龙、居然之家等专业卖场。原因就是专业市场更能吸引高端客户，有机会走进丰胜的店里，在专业市场，丰胜的经销商可以和卖瓷砖、卖地板的建材经销商形成互动，精准锁定目标客户。还有一个非常重要的原因，那就是专业市场经常推出大型促销活动，丰胜的经销商只要善于借力，跟商场建立良好的客情关系，赢得对方的主推和支持，那么产品销售也就轻松多了。

三、异业联盟组织发展的未来

（一）从活动联盟到管理联盟

既然是联盟就不仅仅是活动联盟，应该是运营管理一体化的联盟组织。大家有共同的目标和文化，让每个成员都得到长久的发展。在组织大活动以前，联盟组织都会从外面聘请培训老师，调动销售人员的销售激情，提升销售人员的拿单技能。TATA 木门商学院的内部讲师有时候也会客串这样的角色，结果联盟的人发现 TATA 木门的内部讲师比外面的培训老师讲得更实战更接地气，于是经销商、厂家都欢迎 TATA 的内训师来自己的团队做分享。例子不胜枚举，从活动联盟走向管理联盟会让那些管理相对滞后的经销商老板学习得更多、成长得更快。

（二）用大数据思维管理联盟

每一次联盟活动都应该做一个系统而全面的数据分析，从而制定出更有针对性的活动形式。互联网家装在2015年年初显端倪，但是目前的互联网家装还是靠低价和标准化占领市场。一旦互联网家装公司培养了顾客的互联网家装习惯，便利性就成为赢得顾客的一个关键因素。能否提供更低价、更优质、更方便的服务，是站在用户的角度对于互联网家装公司的要求，这样的要求也可以复制到联盟组织身上。如果顾客购买的是马可波罗瓷砖，那么有多少顾客会买TATA木门；如果顾客购买的是诺贝尔瓷砖，那么有多少顾客会买TATA木门。TATA木门的经销商只要善于收集这样的信息并且分析这些信息，就能够得出结论，跟马可波罗瓷砖联盟更受益，还是跟诺贝尔瓷砖联盟更受益。选择联盟组织不再是简单地靠感觉，应该基于大数据的分析选择适合自己的联盟。

（三）从小联盟走向大联盟

当越来越多的联盟遭遇着前所未有的困境时，无锡的20+1联盟却风生水起。所谓20+1联盟，就是20个家装品牌（10个品类）+1个家装公司。也就是说，在这个联盟里，有两个瓷砖品牌——特地瓷砖和LD瓷砖，销售人员在向顾客推销时，顾客就多了一次选择机会。传统的单一品牌联盟，顾客只能选择特地瓷砖，现在不是了，店员告诉顾客："您不喜欢特地瓷砖，还可以选择LD瓷砖，总有一家瓷砖是您喜欢的，所以我们的这张联盟卡比其他联盟的联盟卡更有价值。"在20+1联盟里面，销售人员的压力更大，前期同品类的两个品牌是合作关系，大家一起向顾客卖卡，后期则是竞争关系，联盟卡卖出去以后仅仅成功了一半，还得想办法让顾客买产品。我一直在思考，按照无锡20+1联盟的玩法，未来会不会出现30+1，甚至40+1联盟呢？如果这样做，联盟组织就名存实亡了，红星·美凯龙、居然之家这样的家居建材大卖场才是真正的大联盟，才是最后的赢家。当下,"红星·美凯龙们"还不够努力,没有整合这样的资源,才会导致商户在联盟活动上玩得不亦乐乎吧。

(四) 从联盟组织到联盟公司

如果说联盟组织是松散的,那么联盟公司是不是会更稳定一些。所谓联盟公司,就是大家一起出资组建公司,聘请专业的管理团队和营销团队进行统一运作,达成共同的目标,利润分摊。按照这种形式运作,联盟组织必然会脱离现在的家居建材大卖场,自己组建终端店面。"互联网+"时代,单一品类的专卖店模式正在遭遇挑战,有很多的问题亟待解决,如何实现 O2O 模式打通线下线上渠道、如何更好地为顾客提供服务和体验、如何满足顾客一站式家装购买,这些问题既是给联盟的挑战又是给联盟的机会。

第四节 老客户营销很重要

老客户营销是很多企业比较关注的话题,因为维护一个老客户的成本要远远低于开发一个新客户的成本,创造老客户的忠诚度将老客户的价值最大化,是新经济时代企业与零售商共同追求的目标。那么,怎样判断一个老客户是否忠诚呢?日本管理大师大前研一先生在《专业销售》一书中给出了终极提问,那就是询问老客户"您是否愿意向您的朋友推荐我们的产品"?要想让老客户愿意向身边的朋友推荐我们的产品,首先要做的就是让老客户满意,给老客户创造惊喜。

案例分享:

奇思妙想让老客户转介绍

欧普照明导购员王×在老客户的维护上下足了功夫,通过老客户带单实现了业绩的大幅增长。她是怎么让老客户感动,愿意帮她做转介绍的呢？我们来听听她讲的一个故事：在给客户魏哥安装灯具的第一天晚上，我就在想怎么能给魏哥创造一个永生难忘的惊喜体验呢？到了第二天，我和安装师傅准备了66个气球，到了顾客所在单元楼楼下的时候，打电话邀约客户下楼，跟客户一起把66个气球噼里啪啦地踩爆，寓意祝福客户六六大顺。魏哥装修买了那么多的建材产品，只有王×一个店员这样做了，让魏哥大受感动，后来陆陆续续给她介绍了很多客户。

只有满意的老客户才愿意帮我们做转介绍，如果连老客户都不满意，怎么会帮我们转介绍呢？所以，要想达到老客户转介绍的目的，光请老客户帮忙是不够的，首先要想办法创造让老客户感动的购买体验与服务。其次，将老客户营销纳入战略营销的体系中，有系统有策略地开展针对老客户的营销活动，而不是简单地打电话、发短信维护客情就可以了。

一、老客户营销的四个思路

针对老客户的营销到底该做什么样的顶层设计？我认为不论是对于企业来说还是对于经销商老板来说，首先，认识到老客户对我们生意的重要性，从主观意识上给予老客户足够的尊重和重视。其次，我们要研究老客户的行为和习惯，从而真正与老客户之间建立牢固的朋友关系。最后，我们得考虑老客户对于企业来说都有哪些价值，对老客户进行分类管理，哪些是铁杆粉丝级的老客户，哪些是VIP持续购买型的老客户，哪些是尝新猎奇很容易被对手撬走的老客户。

（一）让老客户再次来买

让老客户再次来买，是说老客户产品的升级换代，在这里需要注意的是升级和换代是两件事情。金伯利钻石针对老客户推出了钻石克拉升级活动，也就是购买的钻石可以每年来金伯利的店里进行升级活动，小钻换大钻。而换代则是指产品的以旧换新，让客户再次购买公司的新产品以替换以前的老产品。这里又有两层意思：一是指产品的以旧换新；二是指产品没旧也可以换新。方太厨房电器的店员上门为客户做免费的吸油烟机清洗活动，在清洗产品的过程中就可以引导客户更换公司更高端的新产品。新客户的需求属于刚性需求，而老客户的需求则属于弹性需求，在销售人员的积极引导下可以实现更高端产品的购买。

（二）让老客户关联购买

互联网九大思维之一用户思维，是说我们对客户的管理要从以前的顾客思维转型到用户思维，顾客思维我们关注的是顾客的产品购买行为，而用户思维则要求我们更加关注顾客的产品使用行为，要跟客户更好地沟通互动，增强与客户之间的黏性，从而实现客户终身价值。"互联网＋"时代，企业比客户更了解客户的需求，比如你去卓越亚马逊的网站上买一次纸尿片，下一次用相同的账号和密码登录的时候，卓越亚马逊网站就会向你推荐奶瓶、奶嘴、玩具、婴儿床等儿童用品。之所以说电商平台很可怕，就在于他们比客户更懂客户，知道在合适的时间向客户推荐合适的产品。

（三）让老客户带人来买

对于任何主动进攻的销售人员来说，永远也不会放弃一名已成交客户可能给公司创造价值的机会，向老客户要求转介绍是很多销售人员必做的工作之一。可是老客户为什么会给你转介绍呢？金伯利钻石的一位经销商老板告诉我，他们家实行的是会员双倍积分活动，老客户带新客户来店里购买，新客户的消费金额、老客户获得双倍积分。当"85后""90后"消费群体成为主力购买人群的时候，单纯的奖励政策无法获得老客户的好感，唯有粉丝营销、社群营销才能精准锁定目标人群，实现老带新的作用。在这一点上，星巴克咖啡、小米手机堪称行业典范，从线上到线下全渠道跟自己的老客户进行互动，老客户在情感上有了归属感和认同感，自然会帮你带人来买。

（四）让老客户口碑传播

或许老客户由于某些原因没有办法帮你带客户来买，销售人员也不能放弃对老客户的跟踪工作，有时候一个电话、一条短信都能赢得老客户的好感。让老客户为我们做口碑传播，除了产品质量过硬外，销售人员更需要将服务做到极致，口碑才是最好的广告。

二、会员制是老客户营销利器

针对老客户营销的活动很多，会员营销是老客户营销活动中最有效、最重要的方式。给予客户会员资格，不但能够让老客户享受到会员的各种优惠政策，更重要的是给予了客户一种身份的象征，能够让客户获得被尊重的感受。根据马斯洛的五层次需求理论，从最低层次的生理需求到更高级别的自尊需求，每个人都渴望得到别人的认可与肯定，给予客户会员资格，让那些没有会员的资格根本进入不了我们的圈子，无形中人为地设置了游戏规则，让已成为会员的老客户获得一定的优越感。

如果能够把会员营销运作好，经销商老板根本就不需要开发新客户，光老客户和老客户的带单转介绍就足够忙了。会员营销不但可以增加老客户的消费频次、增强老客户与商家之间的黏性，甚至会员卡本身也可以收费从而保留你的会员资格。山姆会员店的一张会员卡年费就是 155 元，苏州的一家山姆店开业一年生意异常火爆，现在会员费涨到了 260 多元一年，照样门庭若市。

（一）会员营销的三种模式

我们可以把开展会员营销的企业分为以下几种：

第一种，会员卡可以花钱购买或者首次消费达到一定金额免费办理，这种会员是不用充值就可以享受到各种优惠活动的，现在很多经济连锁型酒店都是这种做法。

第二种，会员卡是要充值的，只有把钱充进卡里才能享受到各种优惠活动，现在很多理发店都是这种做法。

第三种，会员卡是免费办理的，只要你填写了相关的资料就可以免费办理会员卡，有些企业甚至连资料都不用填写就可以办会员卡，很多餐饮店喜欢这样发展会员。不管会员卡是花钱的还是不花钱的，客户都能享受到一定的好处，唯一不同的是如果充值卡，企业就可以占用客户的资金，深度套牢客户。

（二）会员营销不该犯的三个错误

案例分享：

因为去××理发的不愉快经历，就随手发了条微博，结果引来无数网友的回复，大家纷纷对××理发的推销行为表示强烈的愤慨和不满。最后，大家都是无奈的叹息，感慨不知道现在还有哪家理发店可以认真地给我们理发。大部分理发店的运作模式都是鼓励客人办卡，通过办卡充值的方式占有顾客的资金，去这样的理发店理发的时候，如果没卡可惨了，在理发、洗头的整个过程中，你会不断地遭遇到店员的卖卡推销行为，直到你彻底崩溃为止。

在开展会员营销的活动中，企业的哪些行为是不可取的，不但不能增强会员黏性，而且直接造成了会员的不满呢？

第一，会员营销不是绑架营销。

会员是客户的一种身份象征，有些人加入会员不仅仅是因为想占便宜，更是一种对企业的热爱。比如有人就是喜欢小米手机，结果就成了小米的粉丝，发不发会员卡不重要，重要的是他们觉得成为若干粉丝中的一员很幸福。因为会员是一群兴趣、爱好相同的人，至少在某件产品或者某项服务上大家有共同爱好，有可以交流的话题，所以企业的会员营销首先要思考目标客户是谁，他们加入你的圈子想得到什么。

充值卡是套牢客户的最重要手段，一旦客户往卡里充值，而且金额很大，客户即使抱怨也没有办法，毕竟不能让自己的钱白白打水漂。这就是绑架营销的做法，通过一次性的说服将客户深度套牢，当然套住的是客户的钱，失去的却是客户的心。"得民心者得天下"，奉劝那些绑架营销的企业可以住手了，否则你离客户越来越远。

第二，会员营销不是只营不销。

首先，我们需要了解一个误区，销售额不但跟客户数量有关，还跟客户消费金额有关，只有产生消费的会员才叫客户，没有消费行为的会员只能叫潜在客户。会员营销不是办张卡就不管了，不是说到电脑上查下有多少粉丝，关键要有效激活会员，让他们为你带来持续的生意。

在这一点上，卖户外用品的商家做得比较好，他们会组织会员开展各种活动，比如去登山或者打球等，通过这种交流活动既让会员之间互相认识和了解，又增进了会员和商家之间的感情，会员来店再次消费也不是什么难事。很多企业都会在合适的时机邀请会员前来参加会员专享活动，这样的做法无疑增加了再次消费和多次消费的机会。会员营销不是只营不销，盲目地开发太多的会员还不如将现有的会员价值做到最大化。

第三，会员营销不是廉价营销。

如果说会员是一种身份象征，那么见人就发卡鼓励别人成为会员，显然不合适。高端客户不愿意和低端客户进入同一个圈子。如果你觉得会员数量越多越好，见人就发卡就麻烦了，不但增加了自己的工作量，更重要的是高端客户会离开你。

廉价营销不仅体现在会员的开发上，还体现在会员活动的组织上。我发现很多企业的会员营销就两个字——便宜，平时企业和会员基本处于失联状态，一旦赶上大活动，发短信告诉会员"赶快来捡便宜喽"。如果加入你的圈子的会员都是捡便宜的主儿，你的利润空间必然会降低。在日常的会员活动中多跟会员交流，让会员对你的企业有一定的感情基础很重要。

三、老客户创新营销的七个方法

老客户不但能够给我们再次带来销售的机会，更重要的是老客户的口碑传播可以给我们带来新客户。特别是"互联网＋"时代，把老客户变成粉丝，一旦你的营销活动变成了粉丝活动，只需要一个爆款或一次事件营销就可以引爆销售的增长。因为粉丝购买的不再是你的产品，而是你传递给客户的信念和价值观。

把老客户变成粉丝，首先要想办法增强我们和客户之间的黏性，让老客户关注我们并且能够再次走进门店。如果老客户能够帮我们做转介绍，那么你的老客户营销就是比较成功的。我在培训课堂上问很多经销商老板："老客户营销都有哪些做法？"大多数人的回答是老客户带新客户给礼品或者返现，这样简单的商业行为对于忠诚的老客户来说是一种伤害，更加没办法创造好的口碑。

那么老客户营销到底该怎么做呢？我分享几个比较好的方法。

（一）会员卡

针对已购买过的客户建立会员卡，不管产品是否具有多次消费的特点，都可以开通会员卡。因为会员卡不仅是客户购买优惠的凭证，更是客户身份的象征。同时，利用会员卡增强与客户之间的黏性。我见过的功能比较强大的会员卡，就是汉庭酒店的会员卡，它们家的会员卡不但可以当门卡，还可以在汉庭酒店内部买东西当购物卡，一卡多用，增强了客户黏性。

（二）老客户社群营销

怎样才能把客户变成粉丝呢？在这一点上，卖汽车的和户外旅游用品的店做得比较好，成立车友会和驴友会，鼓励在自己店内购买产品的客户在产品使用的过程中，大家一起交流，打造专业级的社交圈子。很多人进入这个圈子不单单是因为喜欢产品，也是想认识更多的朋友，微信上都在做各种社群营销，这种线下的组织就是很好的社群形式。

（三）老客户专场活动

营销的最高境界不是向客户卖产品，而是向客户卖一种价值观和生活理念。当众多经销商老板忙于所谓的线下促销活动的时候，我们针对老客户做一些专场活动，传递生活的态度和快乐理念的时候，通常能够赢得老客户的好感。方太厨房电器的经销商组织了"闻香"的亲子活动，还有组织国学大讲堂这样的活动，都赢得了老客户的好感。

（四）老客户促销活动

针对老客户有没有积分奖励，让客户享受到更多的优惠呢？圣元奶粉的经销商做了"买六送一"的活动，在这个活动中，他们有一个要求，那就是要把你以前用过的空奶粉罐拿回来。简单的一个小要求，看起来是增加了老客户享受优惠的难度，其实是更好地增强了老客户对于公司品牌的认知，要想享受优惠，每次用过的空罐就不能扔了。

（五）老客户"征文比赛"

寻找老客户，绝不只是商家玩出的噱头这么简单。在《影响力》这本书里，作者就提到了这个观点，公开自己的承诺，当你跟别人说认可××品牌的时候，只要大声说出来就不会轻易改变自己的承诺。让老客户把对我们的品牌认可写出来时，就会进一步加深老客户的品牌忠诚度。征文比赛不限于征文，邀约老客户晒照片、晒评论等都属于此类行为。

（六）跟老客户保持联络

给老客户发短信是很多商家必做的工作之一，特别是在过年、过节的时候都会发短信给顾客，祝福客户年节快乐。可是客户过年过节的时候不但收到了你的短信，还收到了卖汽车、卖保险、卖健身卡等各行各业的短信，此时我们的短信对客户来说不是祝福短信而是骚扰短信，什么时候发短信客户会更有感受呢？把客户在店内购买产品的那一天定义为"客户购物纪念日"，这一天发短信客户会更有感受。简单地说，给客户发短信得有差异化。

（七）请老客户吃一顿年夜饭

方太电器淄博的一位经销商就是这么做的，过年了，邀约在自己店里买过产品的客户来吃年夜饭，场面非常壮观的，一场年夜饭下来少说也有三五十桌，慢慢地积累下来，以后很可能吃一百桌的年夜饭，到那个时候估计连电视台都要来报道了。

第五章

Chapter 5

经销商打造超级销售团队

第一节　经销商老板如何选人

很多经销商老板经常说人越来越难招了，但是南京有一位经销商老板却说自己从来没有为找人发愁，因为优秀的员工并不是通过招聘招来的，而是自己用心发现挖来的。很多经销商老板都是小店经营，门店也就五六个人，所以平时只要用心就能发现一些销售种子选手，找机会把这些人挖到自己的店里来，做生意自然就会轻松不少。

案例分享：

到饭店吃饭的时候，服务员端上来一盘炒土豆丝，经销商老板问服务员："你们的土豆丝要22元，抢钱啊？"第一个服务员笑着说："先生，这是老板定的价格，我也没办法，您就慢慢享用吧。"经销商老板摇摇头，心想：这个不行，真不是干销售的料，说话别人听着不舒服。第二个服务员笑着说："先生，我也觉得挺贵的，这土豆丝一般人可真吃不起，也就是像您这样的大老板才有机会品尝。先生，土豆丝和土豆丝可不一样，您看我们家的土豆丝大小、粗细、长短的均匀程度，切菜师傅没个十年八年的刀工能切得这么完美吗？家常菜最考验大厨的手艺，看着是盘普通的土豆丝，想要炒成这样可不容易。如果火候不到就炒不熟，很容易坏肚子；要是炒过了，土豆丝就软了、口感不好。现在吃饭大家都讲究色香味俱全，您看这土豆丝黄灿灿的，上面有红彤彤的辣椒、绿莹莹的葱花，多赏心悦目啊！土豆好不好吃，除了要求厨师的手艺好，对于食材的要求也比较高，咱们家的土豆全都是从云南空运过来的，那边昼夜温差大、日照时间长，土豆特别好吃。先生，您说咱家这土豆丝还贵吗？"这老板一听当时就乐了，"不贵，不贵，小姑娘你在这里当服务员一个月拿多少钱，要不到我店里干销售吧？"说着他把自己的名片留给了服务员，后面的事不用说你也知道了，他的店里多了一位销售高手。

顶尖的销售高手不是招聘招来的，而是经销商老板在生活中处处留心挖来的。经销商老板并非都是伯乐，即使千里马出现在面前可能都发现不了。

一、慧眼识英雄

面对众多的销售人员，经销商老板怎么才能看出谁是顶尖的销售高手呢？很多人天生就有做销售的天分，只是因为没有机会从事这个职业，就像一块美玉藏在了顽石之中，而经销商老板正是慧眼识珠，抱走顽石打磨出美玉的能工巧匠。

第一，他们对人、对事都表现出了极大的热情，做事积极主动。我认识一位销售，她跟我说有一位美女来店里看木门，她和这位美女一时兴起相谈甚欢，美女告诉她家里婆婆说的算，婆婆定什么样的产品她就定什么样的。结果等这位顾客的婆婆来店里了，销售人员就在婆婆面前夸奖她的儿媳妇，说她的儿媳妇说了婆婆的很多好话，等美女来了她又在美女面前夸奖婆婆，说婆婆说了儿媳妇的很多好话。两边她都在给别人递好话，结果婆媳关系因为买门而变得更加和谐了，最后自然在他们家下了单。销售人员不但要积极热情，而且不在顾客面前抱怨，永远保持阳光心态、传递正能量，这是做好销售的第一要素。

第二，要善于察言观色，知道见什么人说什么话。有人说销售就是要能说会道，这四个字说起来简单做起来很难，难就难在能说不等于多说，要句句说到别人的心里去、说到点子上。找销售高手的时候，需要经销商老板用心观察，看看这个人是否有观察别人、了解别人的能力，这个比能说会道更重要。有一次，我和一位朋友到南京中山陵玩，无意间逛到了一家小的旅游礼品店，逛了一圈发现没有想买的东西，转身正准备离开的时候，被店里的一位销售人员叫住了。她喊住了我的朋友："先生，请您留步，如果我猜得不错，您应该是湖南人吧？"朋友一惊："你怎么知道的？""先生，您要是想知道，就在我店里多待会，看看有没有你喜欢的东西。"朋友的好奇心一下子被激发了出来，就在店里买了两件小东西，最后店员告诉他："先生，我无意中看到了您裤兜里露出的烟盒，您抽的是白沙烟，一般湖南人更喜欢抽白沙烟。"这就是销售人员的观察力，如果你的店员有这样的观察力，他对顾客的把握一定更加准确。

第三，顶尖的销售高手要有自己的特色。顶尖的销售高手跟普通的销售人员是有区别的，他们通常不太喜欢说话，但是说的每一句话都能够抓住别人的注意力。顶尖的销售高手不喜欢咄咄逼人和喋喋不休，他们的身上充满了自信，即使内心对订单充满了渴望，但是脸上却表现得特别平静。相比在顾客面前口若悬河地表达自己的观点，他们更喜欢静下来研究顾客。我遇到一位大姐，在培训课堂上竟然能够说出一个月以来我每天的行程，在哪里给什么人培训，我惊讶之余不由得问她为什么对我的信息了如指掌，大姐说："李老师，知道您要来给我们做培训，我专门做了功课，提前上网了解您的情况。"如果别人特别了解你，有没有一种受尊重的感觉，是不是马上会对这名销售人员有好感？能够让你马上对他有好感的销售人员，一定是好销售，不管他是怎么做到的这一点。

第四，喜欢挑战。如果内心没有渴望，只是把销售工作当成一份职业，这样的人是做不好销售的，就像很多经销商老板抱怨一些老员工没激情、没干劲，一副死气沉沉的样子。这样的人已经失去了对工作的热情，工作只是他们谋生的手段，工作本身没办法给他们带来快乐。因为销售是与人打交道的工作，好的销售人员一个重要特征就是愿意跟人打交道，喜欢琢磨人、能够搞定人，订单拿到手的那一刻有一份自豪感和成就感。

经销商老板招人各有各的道，每个人的标准都不一样，不过有一句话叫："物以类聚，人以群分。"在这里要提醒各位老板可千万别按照这个标准去招人，因为如果按照这个标准去招人，最终你的团队全是和你相似的人，你的缺点得不到改进，你的优点也没办法更好地发挥。一个好的团队应该是海纳百川的，只要在价值观上保持一致，团队应该鼓励有个性、有差异化的人加入，这样才能让团队更加有活力。

二、广发英雄帖

虽然信息技术高度发达，但是在招人和求职这件事情上却永远存在着信息的不对称。一边是企业高喊着招不到人，一边是求职的人拿着简历说找不到工作。经销商老板大可不必如此烦恼，因为一个门店也就几个人、十几个人而已，稍加留意，想要招到人还是不难的，难就难在很多老板的心态不对，不肯放低身价、降低标准，须知靠钱是招不来能人的，能人不是招来的，都是经销商老板自己培养出来的。

案例分享：

劳动力市场里招来的大学生

2004 年，我在绍兴区域负责小家电产品的销售。苏宁电器柯桥店马上就要开业了，苏宁小家电部的业务主管给我下了死命令，不管用什么手段，反正开业的时候，我们的专柜必须要有促销员。当时，我在柯桥没有任何人脉资源，招聘海报贴出去了，几个熟人的电话也打了，人才市场跑了几回，甚至亲自跑到当地的超市挖过人，转眼间半个月过去了，没有一个人前来应聘。怎么办？病急乱投医，我来到了当地的劳动力市场希望能碰碰运气，结果还真找到一位小伙子，一问才知道，这小伙子竟然是大学生，大四实习，来绍兴柯桥的亲戚家借住，希望在这段时间找个兼职锻炼一下。我们一拍即合，他成了我们的导购员，由于这个小伙子比较机灵，不但销售做得好，苏宁店的主管、经理都喜欢，大学一毕业就被苏宁要到分部去做采购助理，轻轻松松赢了一份理想的工作。我后来跟苏宁的沟通因为他的存在也轻松很多。

从劳动力市场也能招到大学生，这在很多人看来是不可思议的事情，但是我真的招到了，这完全是运气，主要是我的执着和坚持。在招人这件事情上，急也急不来，经销商老板既要未雨绸缪早做准备，又要积极主动地发现和寻找，把网撒的越大，机会自然也越多。

（一）主动狩猎

既然顶尖的销售高手很难通过招聘渠道招到，那么经销商老板就要主动出击四处狩猎，积极发掘优秀的人才。在跟很多经销商老板谈到团队问题的时候，大都是一声感叹，感叹自己的核心队伍都是经过各种机缘走到了一起，不管经历多少风风雨雨，这些人在团队中留了下来，跟着经销商老板一起创业和发展，一干就是十几年，甚至几十年。主动狩猎去挖掘人才的时候，经常有很多传奇的故事，有刘备"三顾茅庐"的执着，也有"伯牙与子期"的机缘。就像我们提到的那位老板一样，优秀的销售人员需要经销商老板处处留意、时时留心。

（二）网络招聘

招聘销售人员的第二个途径是网络招聘，而网络招聘的形式非常多，可以通过专业的招聘网站委托招聘，也可以在赶集网这样的平台发布信息。当然，还可以发动微信、微博等自媒体资源，只要你的岗位薪资有竞争力、招聘广告有吸引力，甚至在传播的时候有一定的创新，发动网友、粉丝帮你转发信息，你的招聘信息很快就能被扩散，求职者也就纷至沓来。

（三）人才市场

人才市场是比较传统的人才招聘途径，但是依然受很多经销商老板的热捧。他们喜欢坐在人才市场里面，看着那些求职的人投递简历时那份渴求的眼神，以及为了得到一份工作而做出的精彩个人推销。人才市场招聘遇到的最大挑战就是在万千简历中筛选出有潜力的求职者，从而提升面试的效率。我在企业负责销售人员的招聘工作时，每次到人才市场都要失望一回，因为很多求职者并没有认真地看岗位要求，他们四处发简历，既浪费了自己的时间和精力，也给我的工作造成了很多麻烦。如果只是招聘普通的员工，人才市场或者人力资源市场可以解决，如果想招骨干员工，这个渠道不太理想。

（四）朋友介绍

相信每位经销商老板都不会否认人脉的重要性，可是只有真正利用起来的人脉才叫人脉，如果你真的缺人就应该发动身边的人帮你，朋友之间是不怕麻烦的，而且朋友就是用来麻烦的。我曾经给湖州的一家橱柜企业做过培训，结果课程结束不久，公司的屠总就找我让我给他介绍一位营销总监，说来也巧，我有一天在出差的路上忽然想起自己很久没有联系过的一位朋友，就打电话顺便问了一句他是否有换工作的计划，听完我的介绍，朋友乐了，"你怎么知道我刚刚从原来的公司离职，正在找工作呢？"有些老板总是抱怨招不到优秀的管理人员，我觉得在招人这件事上，关键还得看自己抱着什么样的心态。当你积极主动去寻找的时候，说不定机会就来了。

（五）员工推荐

国际大公司通常的招聘惯例是员工内部推荐，如果不是大范围的缺人，不到山穷水尽的地步没有几家公司会跑到人才市场招人。员工内部的推荐好处是推荐的人通常会对被推荐的人给予一定的信任背书，没有十足的把握没人敢把一个能力差的人推荐给公司，所以通过员工推荐既能降低招聘的成本，又能保证招聘的质量，是一个值得推荐的招聘途径。

（六）校园招聘

随着大学生就业压力的增加，很多学生更加理性地面对就业，有些人选择从基层店员做起。我们曾经跟用友新道为上海商贸旅游学校联合开发过两个精品课程，这两个课程培养的就是中专院校的学生，而课程的内容是关于门店销售与管理方面的，学生培养的方向就是一线的门店店长和主管人员。在跟这个学校的学生接触时，我发现这些中职院校的学生更加务实，而且他们在学校接受的教育更注重实操、实战。如果经销商老板愿意到这些中职院校去物色人才，倒是可以找到马上能够上岗的销售管理人员。

（七）张贴海报

在走访市场的过程中，我发现大部分经销商老板还是喜欢在自己的门店橱窗上张贴海报招兵买马。每次看到这样的招聘海报的时候，我就想笑，这无疑在告诉求职者我们家缺人了，快来吧，而人们的联想也自然会产生，到底是什么原因缺人呢？是工资待遇低、工作强度太大，还是管理不够人性化。在店外直接张贴招聘海报，看起来是成本最低的招聘方法，但是无论从招聘的效果来看，还是从对品牌伤害的程度来看，都有些得不偿失。

招聘无定式，招人有原则，经销商老板一定要坚持"适用"原则，鞋大了脚不舒服，脚大了鞋穿不进去。

三、伯乐相千里马

案例分享：

说说当初我到欧普照明面试的场景：接到了人力资源部门的面试通知

以后，我做了一些准备工作，因为我当时特别渴望得到这份工作。面试那天走进会议室的时候，我傻眼了。为什么？因为所有的准备都用不上，他们根本不是一个一个的面谈，而是约了一群求职者集中面试，面试官抛出一个问题，然后所有的求职者依次发表自己的见解。有时候面试官会随机抽1~2个人问一些意想不到的问题。这种面试方法是我从来没想到的，所幸我得到了这份工作。后来，人力资源部门的人告诉我，集中面试会给参加面试的人造成压力和紧张感，公司就是要看看求职者在压力状态下的反应。

光看简历很难知道谁才是我们真正要找的人，简历水分太多、包装过多，不利于发现真正的人才。一对一的面谈，常规的面试也没法测试出求职者的真正水平，因为很多人会做大量的准备工作。正确、科学的面试方法，可以帮助伯乐找到想要的千里马。

（一）科学面试要问对三个问题

在面试的过程中，很多老板经常会问求职者一堆的问题，过往的人生经历、生活阅历，大到国家大事小到饮食起居，凡此种种并无章法。我问经销商老板为什么要问这些问题时，回答是他也不知道该问什么，多问点、多了解一点总归不是坏事。问无效的问题、问无关的问题，甚至问错误的问题，结果自然是没有结果，更可怕的是结果南辕北辙。结合多年的销售人员面试经验，我认为在面试中有三个重要问题是一点要问的。

（1）你最失败的一次销售经历是什么？

（2）你如何评价以前的工作环境？

（3）你未来的职业梦想是什么？

问求职者"最失败的一次销售经历"，既是在测试他的销售能力、心理素质，也是在测试他的道德素养。每位销售人员都喜欢夸大自己的成功经验，告诉面试官自己怎样搞定大单，以此来证明自己优秀。但是当我们问失败的销售经历时，在他没有任何准备的情况下看看他的反应，看他在说这件事情的时候，更多是从外部找原因还是从自身找原因，而且能看到他对于失败的销售经历是总结反思的多还是抱怨的多。对于成功经验不浮夸，对于失败经验不抱怨，这才是一名优秀的销售人员需要具备的基本素养。

问"你如何评价以前的工作环境"时，是在了解销售人员的团队融合能力。优秀的销售人员很多，但是个性突出无法跟其他人配合的人也不少，为了顾全大局，经销商老板还是要找那些能够融入团队的人加盟。在给诺贝尔瓷砖培训的时候，宜昌区域的一名导购员找到我，跟我诉说了自己的苦衷。原来她以前在银行做大堂经理，后来到诺贝尔瓷砖店里做导购，结果自己刚来不到三个月就业绩突出开了几个单子，导致老导购集体排斥她，说她能接到单子根本不是因为能力强而是长得漂亮，她在这家店感觉特别孤独。对此，我只能建议她想办法融入这个团队，否则即使赚点小钱也不开心。因此，团队融入能力是经销商招人时不得不看的标准。

问"你未来的职业梦想是什么"时，是在了解销售人员的职业规划，从而结合销售人员的个人需求与能力，设置合适的岗位，并及时做好人员的储备和替换工作。

（二）情境面试测试求职者的真实状态

情境面试是通过创造情境来测试面试者的品行，从而找到自己真正想要的那个人。我们都听过这个故事：一家公司在面试的时候，面试官故意在地上扔了一个纸团，结果众多的面试者没有弯腰捡起这个纸团，后来一个求职者把纸团捡起来了，自然赢得了这个工作机会。公司要找的员工是能够以公司为家，随时随地注意细节的人。"物以类聚，人以群分"这句话比较适合经销商招人，招到优秀的人很重要，招到适合自己的人更重要。我们可以设置各种情境来测试求职者的各种品行，你最看中什么就测试什么。

案例分享：

某医药公司要招一个办公室助理，办公室的几个同事一起讨论了招聘标准、职责和要求后，有人提议用情境面试的方式试试，看看招聘的效果怎么样。于是，他们做了详细的策划。

面试安排在9：00，办公室的同事基本上都在8：50分左右到。根据设计，办公室的四个人，一个人整理近期报纸、一个人在打扫个人卫生、王女士在看近期文件、一个人待在隔壁的办公室。9：00的时候，打电话给王女士，说老总要求尽快把报告整理出来，9：10必须给总经理。

首先是赴约时间：三个面试者，通知的时间都是9：00面试，到达时间分别是8：55、9：02、9：10，且记着A君、B君、C君。

A君到达后，大家都忙着，进来后说自己是应聘的后，办公室小王让他坐在沙发上等，就忙着整理报纸了。告诉他可以自己去倒杯水、看会报纸。A君说谢谢后，就规规矩矩的待在那里。

B君来了，进来后首先抱歉迟到了，并解释走错楼梯了，小王一边整理报纸，同时解释因为有急事，需要他等，面试9：20开始。同样，告诉他可以自己倒杯水、看会报纸。B君说谢谢后，倒了两杯水，一杯给了A君，另一杯留给了自己。看到小王把报纸弄得乱糟糟的，他说："反正现在也是等，我帮你一块整理吧。"小王说不必了，B君说："你负责日期，我帮你按版面进行整理，这样会快一些。"然后就做了。

A君有些不自在，就拿了报夹上的报纸翻起来。

C君9：10到达，C君是某一关系户介绍过来的，进来后，冲着办公室里面的人点点头，自己就找位置坐下来，带了一瓶矿泉水。沙发边上有些杂志，乱糟糟的，他胡乱地翻了一下，抽出其中一本，跷着脚，看起来。

9：12分左右，隔壁打电话的小李，过来招呼打扫卫生的小张，要把办公室的一张桌子搬出去。

A君站起来，看到桌子必须从沙发边搬出去，知道碍事，把报纸放在边上；B君又一副我是男的，我可以帮忙的架势；C君仍然翘着腿。

要知道，这是第二轮面试。

最后，你猜，他们选择了谁？

三个人都选了，A君是因为公司需要一个库房管理；B君被办公室录用了；C 君被领导安排在销售部门。

你知道三个人后来的发展吗？一年后，这几个人不出他们所料，收获了不同的命运：A 君规规矩矩，B 君得到了晋升，C 君离职了。

（三）一张报纸测试求职者的应变能力

对于经销商老板来说，最难招的就是销售人员，而大家对销售人员普遍的看法就是语言表达能力强，所谓"见人说人话，见鬼说鬼话"。其实我们细细地推敲一下就会发现，这句话的重心根本就不是说销售人员的口才，而是销售人员的脑子要活，要有一定的洞察力和随机应变能力。首先，能够判断出哪些是目标顾客。其次，懂得变通，知道沟通方式。这样就要求销售人员涉及面宽广，知道怎样和不同类型的人打交道，还要具备同理心，知道顾客当时的状态，最后才是语言表达。

为了测试销售人员的应变能力，我们利用一张报纸，请求职者读给不同的人听。

报纸内容：

单独两孩政策"落地"

2014 年，我国"单独二孩"政策将陆续在各省份"落地"。黑龙江、上海等地正在组织开展摸底调查，北京、云南等地已启动立法程序。随着政策落地，人口数量必然增加，一系列措施亟待跟进，唯其如此，迎接"两孩"的父母心里才会更踏实。

针对这条新闻，请求职者读给不同的人：

（1）读给那些符合条件准备生二胎的人听。

（2）读给那些不符合条件但是特别想生二胎的人听。

（3）读给那些根本一胎都不想生的人听。

同样的消息，读给不同的人听的时候，其实是充满了不同的感情的，有欣慰的、有鼓励的，也有痛苦的。当我们读给那些符合条件想生二胎的人听时，应该是兴奋和喜悦的；当我们读给那些不符合条件但是特别想生二胎的人听时，应该是安慰和鼓励的；当我们读给那些一胎都不想生的人听时，应该是无关情感，只是客观陈述而已。如果销售人员没法针对不同的人表达出不同的情感，那么他做销售时是很难有好的业绩的，也不是经销商老板要找的那个人。

第二节　经销商老板如何育人

当我们在抱怨"人难招、人难管、人难留"的时候，我们不由得要问肯德基缺人吗？为什么肯德基的活比咱们的累，工资比咱们的低，人家还不缺人呢？说到底，肯德基的优秀员工不是招聘招来的而是自己培养出来的。经销商老板说缺人是缺销售高手，过分地夸大了销售人员对生意的贡献。铁打的营盘流水的兵，经销商老板只注重练兵忽视了打营盘，结果必然会落入销售高手一走、生意一落千丈的困境。

现在，我们来了解一下门店的生意到底是怎样达成的？促成顾客购买的因素有很多，包括品牌、产品、价格、服务、体验、沟通等，销售人员只是影响顾客购买的因素之一。我们现在都强调销售人员的重要性，忽略了其他因素的提升，可是人的弹性是最大的，优秀的销售人员一走，生意马上就做不了了。一个好的门店运营管理系统应该是弱化人对订单的影响，强化其他可控因素对订单的影响。我说的弱化不是要降低销售能力，而是说在影响顾客购买的因素里，让导购的因素降低，其他可控因素占比加大。店里有一位90分的销售高手完成了80%的销售业绩，不如店里有两个80分的销售人员帮你完成80%的销售业绩。这就是说一个优秀的门店销售团队里是不突出个人英雄主义的，没有完美的个人，只有完美的团队。

怎样才能打造一支能力突出、作风过硬、水平均衡的销售铁军呢？首先让我们来看一下传统店员培训方法的弊端。

一、传统培训方法四宗罪

（一）死记硬背制造"复读机"

很多公司对导购员的培训都是背书式的，产品知识要背，甚至连销售话术也要背。结果导购员在跟顾客介绍产品的时候，除了品牌差异外，其他说辞基本都是一样的。江苏连云港一位卖瓷砖的老板娘曾经很委屈地跟我说了一个故事：有一天，店里来了顾客，我就问他："先生，您是哪个小区的啊？"结果顾客很恼火地跟我说："你有毛病啊，你管我哪个小区的，你好好卖你的货。"这位老板娘很委屈的跟我说："李老师，你说我哪里做错了呢？"我真想说错就错在你没有自己的特色，进门就按照标准销售流程问小区、问装风格、问装修进度，同质化的产品、同质化的门店，再加上一个同质化的导购员，也难怪顾客心情不好了。死记硬背式的培训方法只适合服务型门店和刚刚入门的导购员，对于大件产品销售来说是行不通的，销售首先是要推销自己，当导购员把自己的特色都泯灭了，销售只能变得更加困难。

（二）"师傅带徒弟"埋下祸根

很多门店目前都是"师傅带徒弟"传、帮、带式的培训方法，经销商老板觉得这样的方法是最省力的，通过老手经验的复制让新手快速上岗。但是这种方法的弊端就是师傅带徒弟的时候，他传递的可不仅仅是技能问题，还会把自己的情感、文化、价值观一并传给徒弟。好点的师傅带人，有一天师傅离职，徒弟跟着一起走了。品行差一点的师傅还会留一手，不会把自己全部本事都传给徒弟，"教会了徒弟，饿死了师傅"，师傅总是提防徒弟。能力差一点的师傅也很麻烦，能力差包括两种情况：第一种情况是自己的销售能力本身就比较差，这种经销商老板能掌控，不让他带人就行了；第二种情况就比较难办了，本身销售业绩很突出但是不会带人，这种属于"育人"能力差，不知道怎么教别人的。

（三）情境演练只是纸上谈兵

我在 2007 年的时候将情境演练的方法引入公司的导购员培训中，当初的效果非常明显。因为改变了传统培训老师讲、学员听的局面，大家都很喜欢这种情境演练形式，甚至有些门店在平时的培训中也会采取这种方法。情境演练的最大特点就是不需要老师，只要两名店员，一名扮演顾客，一名扮演导购员，还原真实的销售情境就可以了。在经过三四年的情境演练培训以后，我发现还是有问题，因为顾客来买产品的时候，很少是一个人来的，有时候是夫妻同行、有时候是朋友同行，一对一的情境演练只是纸上谈兵。要想真正解决门店销售中的困境，必须还原真实情境，设计销售情境，进行多人对多人的情境演练。

（四）集中授课只是蜻蜓点水

在某家港式餐厅吃饭，买单的时候已是下午两点多了，偌大的餐厅里没有几位客人了，在收银台的位置我看到她们的领班正在做员工培训。领班慷慨激昂地讲员工感恩心态和执行力，那些员工都低着头做笔记，可我发现有两个男服务员貌似低头在做笔记，可嘴角却挂着不以为然的笑。孔子讲因材施教，但是现在的培训大多数都是吃大锅饭，先定一个主题然后做培训，真正能说到学员心坎里、对学员有帮助的内容并不多。一位入职三五年的老员工，你给她讲销售技巧，她可能比你还要专业；一位刚刚入职的新员工，你给她讲团队精神，她连能否融入这个团队都不知道呢。集中授课的结果只能是蜻蜓点水，不但造成了讲师资源的浪费，而且造成了员工时间和精力的浪费。

二、三大战役成就销售尖兵

既然传统的培训方法存在诸多弊端，那么经销商老板到底怎样培训员工呢？

（1）经销商老板要转变观念，将培训工作当成团队管理的核心工作来抓，让员工觉得在你这里能学到真本事。

（2）经销商老板要逐步建立一套科学规范的培训管理体系，有自己的内部培训讲师和课程内容，并将培训结果纳入考核体系中。

（3）经销商老板要把更多的时间和精力花在培训上，细化培训管理工作，规避上述弊端。

（4）经销商老板一定要多参加学习，不断提升自己的专业能力和管理水平。火车跑得快全靠车头带，经销商老板自己都不爱学习，就不要指望自己的员工爱学习。

要让团队真正形成销售战斗力，练兵方式一定要改变。我们都知道中国解放战争的三大战役（辽沈战役、淮海战役、平津战役），这三大战役具有历史性意义。经销商老板组织培训也要打好"三大战役"，针对不同入职年限的员工安排不同的培训内容与培训形式。

（一）销售培训三大战役之"入职训练"

很多公司对新入职员工都会进行为期一周左右的培训，培训内容涉及企业文化、产品知识、员工规范和职业道德等内容，我们承认这些内容的重要性，但是对于销售人员来说，仅仅有这些培训内容显然不够。

1. 新员工胆量训练

销售人员能否卖货首先不是能力的问题，而是态度的问题。也就是说，他敢不敢卖货才是排在第一位的。所以，摧毁销售人员的自尊让他建立自信重塑自我，是新员工入职培训的重要内容。对于刚刚入职的销售人员，我们一定要让他有一次受挫的体验，锻炼销售人员在面对客户拒绝时坚持和从容的心态。我会把刚刚入职的店员直接派到小区去扫楼，这对于新人来说挑战不小，新人在店里都开不了单到了小区更是雪上加霜。在遭遇了顾客的多次拒绝以后，新人不但练就了"百炼成钢绕指柔"的心态，而且也会加快专业知识的掌握程度。因为他们发现，在战场上如果自己的专业知识不够硬，会在最短的时间里被别人干掉，为了活命无论如何也得练好专业知识。

案例分享：

多年以前，公司仓库的所有人员一夜之间集体辞职了，怎么办？在没有找到新的仓库人员以前，我临时抽调公司的销售人员，两人一组到公司仓库搬货。最开始销售同事怨气特别大，大家都骂我，可是骂了一周以后，都乐呵呵地找我说搬了一周的货搬值了。因为以前大家对产品不熟悉，在仓库搬了一周的货天天跟产品打交道，公司的每个产品名称、尺寸、大小都摸得门清，大家都笑言：公司产品知识培训一年，不如仓库辛苦搬货三天。

2. 新员工口才训练

销售人员既要有理性的思维，更要有感性的表达，口才训练是提升感性表达能力的重要途径。有一次，我给马可波罗瓷砖全国优秀店长培训，课间休息的时候，一位来自湖南的女孩跟我说，为了给大家助兴想表演一个节目，节目的内容是毛泽东诗词背诵，表演规则是毛泽东诗词大家任点，她倒着背，看着她滚瓜烂熟的表演，大家都瞠目结舌。一个20岁还不到的小女孩怎么会喜欢毛泽东诗词？她告诉我："李老师，马可波罗主要卖仿古砖，买仿古砖的人年龄都偏大，顾客喜欢什么我们就喜欢什么，因此老板要求我们背毛泽东诗词。刚开始的时候我们都挺反感的，可是背着背着都喜欢背毛泽东诗词了。"提高销售人员的口头表达力，背古诗词是个好办法。

3. 新员工专业训练

接下来我们来谈谈销售人员产品知识培训的问题，有人说："这有什么好谈的，产品知识死记硬背呗。"我在家电卖场工作的时候，西门子的导购员每周都要回公司参加考试，产品知识低于85分，不管业绩多好，都要自动离职。产品知识培训仅停留在死记硬背上远远不够，你有十个产品卖点，都没有顾客的0.5个买点重要。干巴巴的产品介绍根本没办法吸引顾客，更别提打动顾客了。要想让导购员的产品介绍吸引人、有张力，我们应该做到产品知识培训由浅入深最后再出浅的三个阶段：导购员把产品卖点背得滚瓜烂熟为第一个阶段，只能算作浅入；第二个阶段入深，让导购员结合这个产品写文章编故事，让她和自己的产品谈恋爱；第三个阶段出浅，则是导购员给每个产品都塑造了一个故事，每个产品都爱不释手的时候，让她用一句话，甚至一个词语来高度概括这个产品的卖点。

4. 新员工技能训练

我们来谈谈情境演练的问题，在前面说过，一对一的情境演练只是纸上谈兵，多对多的情境竞赛才是关键。在多对多的情境竞赛中，情境的设计非常重要，因此经销商老板在日常工作中，要注意收集导购员在这方面的问题，从而为多对多情境竞赛准备大量素材。在实施过程中，一组店员扮演顾客，另一组店员扮演导购，小组与小组竞赛。

"老带新"做得不好，老店员空有一身武艺却无法传承，真是"茶壶煮饺子，有货倒不出来"。面对此种困境，我给经销商老板提了建议，那就是让店员从现在开始写销售日记，每天写一篇，一年365天就是365篇销售日记，两年就是730篇销售日记，所有的顾客问题都是相似的，导购员的奇招、妙招、怪招都写进了销售日记，最终成为店里的武林秘籍。当老导购员离职的时候，新导购接过武林秘籍照样能卖货，这就叫作"野火烧不尽，春风吹又生"。

（二）销售三大战役之"随岗辅导"

教练带学生的一个重要方法就是在岗培训，让学生在做中学、在学中做。把培训的工作单独拿出来，一是需要花费大量的时间和金钱；二是每个学生学习的效果参差不齐，很多的培训费用都被浪费掉了。目前遇到的最大问题是很多公司把培训当成员工福利，不分对象把老板、店长、导购员叫来一起培训。我就曾经遇到过这样的事情，当着导购员的面给这三种人一起上团队管理的课，这样的课怎么能讲得好？集中培训的第二个不足就是不分学员能力，做过三年的员工和做过一年的员工上一样的课程，胡子眉毛一把抓。

很多人都听说过"S曲线"，这条曲线告诉我们，每个人都有生命的发生期、成长期、成熟期和衰落期。对于员工来讲，他的职业生涯同样也要走过四个阶段，正如岁月变迁的四季交替，春耕、夏长、秋收、冬藏，在

对的时间做对的事才是遵守自然规律，符合人的生存发展需要，如图 5 – 1
所示。

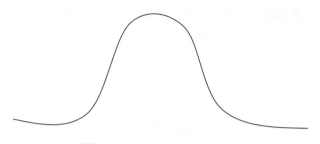

图 5 – 1　员工职业生涯 S 曲线

1. 春耕

对于刚刚入职的新员工来说，我们的培训工作做的正是"春耕"的工作，播下一粒种子期望它成为参天大树。对于刚刚入职的员工来说，此时工作干劲十足，我们只要延续入门训练的内容，辅之以老员工中"标兵"故事分享，让他们充满自信，强化销售技能的训练，就可以让新员工快速成长起来。

2. 夏长

一名新员工入职六个月以后就能够稳定下来，此时他认同了公司的企业文化，愿意在这个团队工作下去，这个时候我们就需要针对这样的员工进行系统化的职业技能培训了。随岗辅导的工作主要发生在这个阶段，我们可以进行销售基础动作强化训练，通过集中培训和随岗辅导相结合的方法提升店员的销售技能。

3. 秋收

对于三年以上的老员工来说，通常销售技都已经达到了一定的水平，如果再给他们安排销售技能类的培训显然效果不佳。这个阶段，老员工不再是技能培训的问题，而是激励的问题，可以考虑通过薪酬考核、内部晋升选拔等方法激励老员工，让他们发挥自己的潜能，为公司做出更大的贡献。

4. 冬藏

很多经销商老板经常问："店里的老员工销售能力很强，可就是对顾客不热情、工作不主动怎么办？"这种状态的老员工已经处于职业发展的瓶颈期，工作除了给他们带来收入上的增长外，没有给他们带来任何成长上的快乐，也就是说工作本身没有挑战性。可是有句话说得好："家有一老，胜似一宝。"老员工的价值不容小觑，对此，经销商老板需要加强对老员工的关怀，通过公司管理制度的推动让老员工愿意帮助带新人，激发团队整体的战斗力。

（三）销售三大战役之"专项训练"

现在回想起学车的经历，记忆犹新。教练教车的方式虽然简单粗暴，但是教车的方法却颇有成效，看起来学车很难，可是教练会分解步骤，"开车门，系安全带、踩离合、点火、挂挡，松手刹，打转向灯、观察后视镜、踩油门"每个步骤都要熟记在心，然后上车实际操练，从基础动作开始，只有学会了上一步才有机会进入下一步的学习，反复练习，直到能够独立开车上路通过考试为止。

销售动作分解将销售人员在每个销售阶段可能遇到的问题和处理方法一一拆解开来，是让销售人员快速提升最有效的训练方法。我曾经写过《门店销售动作分解》的书，把门店销售动作分解了八个步骤，分别是"迎宾—开场—识别—体验—跟进—设计—开单—送宾"，对从顾客进店开始到顾客离店整个销售过程各种场景问题进行专项讨论，让销售人员轻松自如地学会处理顾客的各种问题。

三、打造人才自我复制系统

经销商老板经常跟我说："我自己卖货还可以，但是让我培训店员还是算了吧，我真的不会培训。"在这些老板看来，自己做销售厉害似乎是天生的，他总结不出给别人培训的内容来。尽管经销商老板店里都是销售高手，但是却没有可以培养新人的训练系统和教练，那么，万一销售高手走了怎么办？

案例分享：

前面提到的那位挖走饭店服务员的老板，他是怎么把饭店服务员培训成销售尖兵的呢？他不培训，导购员刚入职就跟她说："从明天起你不用来我店里上班，我给你发一个月的薪水，你先到南京各家卖瓷砖的店里转转，看看别人是怎么卖瓷砖的，拿一支笔、一个小本子，还要随身带着录音笔，每天晚上回家整理一下，向其他品牌的店员学学怎么卖瓷砖。"一个月下来，小姑娘自然知道怎么卖瓷砖了，而且她比经销商店里现在的导购员还厉害，店里导购员只会卖自己的瓷砖，她会卖对手的瓷砖。接下来，这名经销商老板要做的就是给这个导购员培训自己家的产品，这个也不用他来培训，因为公司有现成的产品销售话术手册，只要她照着背就可以了。

每当我讲到这位老板的做法时，大家都很激动，让对手帮我们培训店员，这是一个多么出乎意料的培训方法。所以，经销商老板自己不会做培训一点问题都没有，只要你会借力。

（一）经销商老板借力做培训

1. 借对手的力

南京的这位老板正是借用竞争对手的力，让对手帮自己培训导购员。适度地放自己的导购员出去，到别人家店里转转很有必要。

2. 借行业的力

现在很多行业都会有行业协会，甚至有些行业还出现了联盟组织，经销商老板都可以借力，让行业协会的人帮忙给自己的店员做培训，跟联盟里面优秀的品牌学习。

3. 借厂家的力

厂家业务代表来了，经销商老板拉着他们给店员做培训，讲不了销售技巧讲讲产品知识也行，反正不能让业务员白来。

4. 借员工的力

让老员工分享成功经验，让新员工总结经验教训，只要经销商老板建立了学习型组织的氛围，就可以让一些好的方法得以总结和传承，我们刚刚提到的销售日记也是在向员工借力。

5. 借网络的力

有条件的经销商老板也会从外面请老师给自己的团队培训，没有条件的经销商老板可以借网络的力。随着移动互联网越来越发达，网上授课的视频、网络大学这种教学的形式会越来越多，经销商可以自行组织员工学习。

（二）经销商老板建立培训体系

经销商老板可以认真地想一下，厂家有没有向经销商借力做培训呢？答案是肯定的，这两年我参加企业的经销商大会，发现越来越多的企业会安排优秀经销商分享环节，而且这种分享占的比重越来越大

案例分享：

德高防水是一家非常出色的防水企业，除了企业的管理方式比较人性化以外，他们的很多管理创新也可圈可点。"经销商培训师"就是德高防水特色的培训举措。2013 年，我有幸受德高防水的邀请为他们的经销商做全国轮训项目。在合作过程中，听说了德高防水经销商培训师这样一个职务，原来德高会把自己区域做得好的经销商老板发展成企业的讲师，让他们给其他经销商讲课，公司会给这些经销商培训师一些费用。

1. 培养企业内部讲师

德高的做法值得大家学习，让学生来教学生，这样所学内容才会更加实战、更有针对性。经销商老板要建立培训体系，第一步要做的就是内部讲师的培养，我们可以把那些优秀的销售人员培养成讲师，让他们总结销售经验开发培训课件并完成相关授课工作。

2. 建立培训考核制度

现在的企业竞争已经从资源竞争进入人才竞争的阶段，而未来的企业

竞争将会进入人才培养竞争的阶段。对于经销商老板来说，能人不是招聘来的而是自己培养出来的，将培训纳入考核制度中，让培训成为企业运营管理中的日常工作，是培育人才的必要手段。五星电器每名员工都有个学习护照，每次培训考试合格，主管就会给他们的护照上盖一个章，只有年度修满12个学分，才能享受公司的加薪、升职等待遇。

3. 搭建培训课程体系

对于经销商老板来说，如何规划员工的培训内容呢？员工培训主要分为三大模块：知识培训、技能培训和态度培训。知识培训主要是解决员工为什么要做的问题，销售人员熟悉公司的产品知识、管理制度，这都属于知识类的培训。技能培训主要解决员工怎么做的问题，针对销售人员的销售技巧、服务礼仪等内容都属于技能培训。态度培训主要是解决员工愿意做的问题，公司的企业文化价值观、员工执行力等内容都属于心态类培训。经销商可以按照这三大主题进行外部课程的采购和内部培训课程的开发。

第三节　经销商老板如何用人

管理只对绩效负责，要想让员工发挥潜能为公司创造价值，经销商老板就要想办法激发员工的工作热情。

案例分享：

山东临沂的经销商王总只有30多岁，他开了一家家具店，自己却很少到店里。因为王总还有一个身份，他是当地重点中学的语文老师，他的工作重心在教学上面，店面完全交给店长打理。王老师每天都要批改学生的作业，改完作业他会上网，这时候店里的导购员在QQ上看到了王老师，就问他："王老师，你每天都这么晚才睡觉，你在想什么啊？"王老师答："我每天都在想该怎么治你们。"王老师的治不是要整治自己的店员，而是每天都在想怎么给自己的员工安排工作。

　　虽然每位经销商老板都在给自己的员工做考核，但是考核的结果却大相径庭。管理做得好的团队"人人有指标，人人有压力，人人有动力"，管理做得不好的团队则是"你好，我好，大家好"。要想让员工清楚地知道自己该做什么，我们首先要给员工设定工作目标，也就是接下来要谈到的目标管理。

一、没有目标还谈什么管理

　　所谓目标管理就是通过给自己的员工下达任务，让员工努力完成目标的过程。目标管理既是管理的起点也是管理的终点。因为有了目标，我们就有了考核的标准，根据员工的工作达成情况奖优罚劣。也因为有了目标，员工才有了工作的动力，目标的达成既是对自己工作能力的一种肯定，更是让自己工作能力提升的一种鞭策方法。目标管理不仅仅是目标的制定和下达，还包括对目标达成过程的监控，以及目标结果的应用。如图5-2所示。

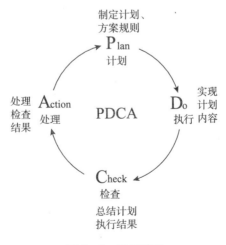

图5-2　目标管理

（一）任务目标的制定

在设定销售目标的时候，既要考虑到销售目标的挑战性，又要考虑到销售目标的可达成性。如果目标定得太高，员工会彻底放弃努力；如果目标定得太低，对员工起不到激励作用，因此销售任务的设定至关重要。

销售目标设定的 SMART 原则：

（1）具体的（Specific）。销售任务的设定一定要具体，年度销售目标100 万元，这只是结果指标，真正有效的销售目标要具体到产品品类，比如 A 产品销售目标 30 万元、B 产品销售目标 70 万元。

（2）可测量的（Measurable）。销售目标的可测量是指销售目标的实现过程可以进行管理和跟进，要想完成年度任务 100 万元，那么每个月完成多少、每天完成多少，需要有清晰的量化分解数字。

（3）可完成的（Achievable）。销售任务的设定不是经销商老板拍脑袋拍出来的，应该结合销售人员去年的销售完成情况、个人销售能力及市场能力进行设定。如果厂家给经销商老板的考核任务是 1000 万元，而经销商老板不加思考地把这 1000 万元的任务分到 3 名店员身上，我想没几个店员能够扛得住，店里的人非跑光了不可。

（4）相关性（Relevant）。销售目标的相关性是指不能简单地把销售目标扔给销售人员就不管了，我们需要分析影响销售目标达成的因素都有哪些。比如影响一家餐饮店生意额的指标就会涉及进店人数、每单单价、翻台率等指标，这些在分解销售目标的时候都需要考虑进来。

（5）有时间限制的（Time-related）。销售目标的考核是有时间节点的，没有节点的销售任务就失去考核的作用。年度销售任务是 100 万元，那么每个月的任务是多少、每周的任务是多少，甚至每天的任务是多少，把销售目标分解得越具体，销售过程的管控就会越有效。

销售任务分解表如表 5 - 1 所示。

表 5－1　销售任务分解表

	1	2	3	4	5	6	7	8	9
P1									
P2									
P3									
P4									
P5									
P6									
P7									

（二）任务目标的下达

销售目标的下达也有技巧，经销商老板在下达销售任务以后，最好找每名销售人员谈一谈，看看每个人是否有清晰的目标达成方法，以及对销售任务达成的信心如何。每名销售人员在拿到自己的销售任务以后，都需要向经销商老板提交一份《行动计划表》（如表 5－2 所示），也就是你要清楚自己该如何才能达成销售任务。这样就形成了一个闭环的反馈，老板下达任务，店员接受任务，店员制定计划，老板接受计划批准执行，店员落实自己的行动计划。

表 5－2　行动计划表

行动计划	具体措施	达成时间	需要资源

（三）销售过程的监控

经销商老板在下达销售任务后，还要对销售过程进行监控，有效的销售过程监控既能够调动员工的积极性，又能够及时发现销售中的问题。

案例分享：

上海有位经销商黎总，很多年前开始从事水晶灯销售，随着生意越做越大、店越开越多，自己根本没有时间卖货不说，连到几个店看看的时间都显得特别紧张。不管多忙，黎总都有一个好习惯，那就是到店里翻看导购员的销售订单，每次他都能从销售订单中发现问题。他经常拿着两名销售人员的订单问店长，为什么两个同时到公司的店员，差距这么大？一个店员没有几单，但是每单的成交金额都比较高，而另一个店员虽然成交的订单数量不少，但是总金额却一直上不来。黎总的问题比较尖锐，通常店长被问得满头大汗，回去以后马上查原因找方法，就这样，黎总门店的生意越做越好。

经销商老板要学会监控销售过程，而不是等到月底了，看着店员的销售任务完不成拍桌子、瞪眼睛。虽然现在有了电脑系统，经销商老板自己可以查看销售情况，但是让店长提报门店业绩，这个过程对店长来说就是一种压力。当然，收到了门店的销售数字以后，经销商老板一定要做一个简单的汇总分析，对于表现优秀的门店给予口头表扬，对于表现不理想的团队指出问题所在，并给予加油鼓励。经销商老板对员工的反馈，无疑是对员工工作表现的一种认可和激励。

（四）销售结果的应用

目标管理不但能够考核人，而且能够激励和培养人。经销商老板拿到店员的销售结果以后，需要从销售数据中找出优秀的员工，对于那个人业绩突出的销售尖兵给予重点培养，对于有管理能力的店员给予晋升。总之，销售结果的应用关系到门店管理体系的建立，善于从销售数据中找到机会和问题，是一名优秀的经销商老板必须修炼的一门硬功夫。每一个数据背后都有一个故事，关键看你如何解读。

二、建立合理的薪酬考核体系

案例分享：

有一次，我在培训的课堂上认识了浙江兰溪的一位老板娘，课间的时候，她跑过来跟我说："李老师，问你一个问题，你得帮帮我。我家店里一共有 6 个导购员，都是跟我创业时的老员工了，这么多年一直都做得不错，但是最近这两年我觉得有点力不从心了，因为我们店里的福利比较好，这几位导购员好像在混日子一样，没有销售激情了，你说该怎么办？"

跟着自己一起创业的员工到了职业的疲惫期，没了干劲怎么办？这是令很多经销商老板比较头疼的问题，这个问题靠培训是解决不了的，培训只能暂时让员工点燃激情，要想获得根本性的改变，关键还是从薪酬考核体系下手。我们走访市场的时候发现，大部分门店实行的薪酬考核制度都是简单的"底薪＋提成"机制，这样的考核方式过于简单，既无法充分调动店员的积极性，也没有办法给店员造成足够的压力，难怪老员工懈怠了。

（一）薪酬体系设计的四个原则

要想改变这种现状，经销商老板在制定薪酬考核机制的时候，一定要考虑到下面的四个基本原则，做到既有制度的刚性，又有人性的弹性。

1. 团队结果和个人结果相结合

如果你的门店销售人员达到四人以上，那么在设定薪酬考核制度的时候，就一定要遵循团队结果和个人结果相结合的原则。这样能够让员工既有集体意识，又有竞争意识，不会为了个人的业绩而胡乱抢单，"胜则举杯相庆，危则拼死相救"，这才是完美的团队。

如图 5-3 所示，我们假设门店月度销售任务是 100 万元，给 A、B 两个销售团队下达的任务都是 50 万元，那么 A、B 两个团队的队长分别把任务分解到店员的头上。假设 A 团队的销售任务分解方案是大毛 20 万元、二毛 20 万元、三毛 10 万元；B 团队队长的销售任务分解方案是大红 20 万元、二红 20 万元、小红 10 万元。那么，现在考核的问题来了。

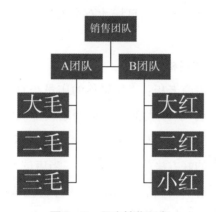

图 5-3 月度销售任务

（1）当 A 和 B 两个团队都完成了 100% 的销售任务时，我们采取 PK 机制，第一名的团队额外奖励 1000 元的红包。当 A 团队整体完成了月度销售任务 50 万元，而 B 团队没有完成 50 万元的任务只完成了 40 万元时，问：A 团队能否拿到全额销售提成？答案是不能，因为我们的销售任务 100 万元没有达成，所以 A 团队的整体提成只能打折扣乘以系数 0.9。此时，A 团队为了拿到 100% 的提成就必须向上冲量，完成全店的 100 万元销售任务，A 团队必须做到 60 万元，此时整店目标达成了，A 团队拿到的提成不是 100%，而是 100% 的系数 1.1 或者 1.2 倍。B 团队没有达成任务没有提成。这样的考核方式就让 A、B 两个团队之间既有竞争又有合作。

（2）当 A 团队 50 万元已经达成，可是三名店员的完成情况是不一样的，大毛完成了 25 万元、二毛完成了 20 万元，而三毛完成 5 万元，根据我们的考核规则,大毛、二毛都可以拿到自己的提成,而三毛拿不到提成。可现在问题是 A 团队整体没有达成,大毛达成 20 万元、二毛达成 20 万元,三毛只达成了 5 万元,大毛、二毛能到自己的提成吗?答案也是不能。这样就逼着大毛和二毛为了完成 A 小组团队的目标向上冲量,来补三毛的缺口,考核方式与上相同,不再叙述。

这个考核方案看起来有点复杂,但是真正操作起来一点都不难,"大河有水小河满,大河没水小河干"。这样的考核最大的好处就是让店员首先有团队意识,只有完成了团队目标才有个人目标,而不是各自为政,谁也不管谁。

2. 长期目标和短期目标相结合

我问过很多的经销商老板:"如果你的店员当月任务没有达成,你会给员工一次补救的机会吗?"大部分经销商老板都沉默了,也就是说没有给店员补救的机会,没完成就是没完成,永远也拿不到这部分提成了。一个真正能够激励店员的好方法就是"补差",当店员 1 月份、2 月份都没有完成任务的时候,还有 3 月份,如果能在 3 月份完成了当月的考核任务,而且把 1 月份、2 月份两个月的销售差额也追上来了,成功地完成了一季度的整体任务,那么就把 1 月份、2 月份扣发的提成一次性补发给员工,你说这样的考核方案对店员有没有激励?我们既要有季度补差,还要有半年补差和年度补差,补差越多,店员干劲越足。

3. 结果指标和过程指标相结合

如果我们只是给销售人员下达了销售任务的指标,那么考核体制就会出问题。因为销售指标是一个结果指标,同时也是一个滞后性指标,也就是说只有到月底了你才知道店员能否完成当月的销售任务,而经销商老板对这个结果是没有任何能力做出改变的。要想真正实现对结果指标的有效管理,实现对销售过程的监控,在下达考核指标的时候,除了销售的结果指标外,还有一个销售过程指标要引起重视,因为销售过程指标做得好,结果指标一定会好。

销售过程指标具有两个特点:一是这个指标要具有可控性,比如有一年中国的牛奶行业遭遇了"三聚氰胺"事件,导致豆浆机产品全线井喷。

此时我们就没办法说豆浆机产品的销售是可控的，你根本不知道什么时候牛奶能够让老百姓重新获得信心，不论多么利好的外部因素，只要不可控都不叫过程指标。二是具有可预见性，你做的工作对未来的销售工作一定是有影响的。我简单举几个例子：门店收集到的顾客电话号码数量、顾客预交定金的数量、门店派发的 DM 单页数量、老客户的电话回访数量，这些都是过程指标。

4. 绩效工资与奖金福利相结合

当我们只是采用"底薪＋提成"的考核方式时，对于有潜力的销售人员是不公平的。如果一名新入职的员工，每个月都有持续的增长，要不要给予额外的奖励，奖励他的稳步进步呢？所以，门店销售考核方式要多样化，经销商可以设定每月的销售大单奖、最佳销售贡献奖等奖项，只有这样才能更好地激发销售人员的干劲。

在设计薪酬考核制度的时候，我们只要把握上述四个原则，那么考核制度就会趋于完善。当然，要想完全把四个原则考虑进来是很难做到的，一定要学会抓大放小，要想得到你想要的结果，就要采取正确的方式对关注的过程指标进行考核管理。

（二）一个简单的考核公式

基本工资（固定工资＋考核工资）＋销售提成＋奖金＋福利

基本工资包括两个部分：一部分是固定工资，不管员工完成的工作怎么样，都得给人家发工资，这是满足员工生活的基本保障。另一部分是考核工资，是指经销商老板对员工进行管理的过程指标的考核，主要是指经销商老板布置给员工的重点工作。

销售提成不用做过多的解释，但是提醒一下，很多经销商老板的提成比较简单，只要完成任务，按照整单金额进行销售提点，问题是这样的提成方案没有办法激励店员卖高利润产品。在设计提成方案的时候，经销商老板需要做到分单品提点，对于利润贡献不同的产品给予不同的提点。

奖金是指针对一些有特殊表现的店员给予的差异化奖励，我们可以设定销售大单奖，从而鼓励员工卖大单，也可以设定销售贡献奖，从而鼓励员工争取销售业绩排名第一。

福利是经销商老板打造企业文化、留住员工的有效方法之一，比如遇到高温天气给予员工高温补贴，这就是一种员工福利。有些经销商老板从来不给店员电话补贴，却天天要求店员利用电话或者短信跟单。那些优秀的销售人员无所谓，可是业绩差的员工就有情绪了，本来就拿不到钱，给客户打电话还要自己出电话费，难怪非要坚持用座机打电话了。

三、经销商怎样做绩效面谈

目标管理不仅仅是达成目标的考核管理系统，更是对员工能力成长进行有效训练的一种途径。当每月的绩效考核完成以后，经销商老板需要对不同员工的绩效表现进行一对一的面谈，了解考核结果的具体原因及未来将要采取的行动计划。

（一）面对业绩一直没有明显进步的员工，如何面谈

业绩一直没有明显进步是针对那些业绩一直不好，即使公司给了很多次的机会仍然没有任何改善的员工。针对这样的员工，经销商老板要开诚布公地跟他讨论现有的工作岗位是否适合他。如果员工对公司的忠诚度很高，只是能力的问题，经销商可以考虑给员工调岗，让他的能力与工作岗位相匹配。对于那些经过调岗仍然没有任何改进，或者由于态度问题导致工作落后的员工，要坚决地淘汰。对于很多经销商老板来说，人情大于法治，碍于面子不善于开除人，最终被员工活活拖死。我认识一位奇葩员工，他是某经销商公司的销售负责人，全盘负责山东省的销售工作，但是多年没有任何起色，经销商便把他调岗到一家门店做店长。结果他一当店长，门店的业绩就开始直线下滑，经销商实在没办法又把他调去当仓库管理员，结果仓库又被他管得一团糟，经销商实在没办法只能解雇这位一直没有进步的员工。经销商老板不能轻易地放弃一名员工，但是也不能一味

地姑息纵容。

（二）面对绩效差的员工，如何面谈

记得我刚刚大学毕业走出校门的时候，负责某品牌电磁炉在绍兴区域的销售，恰逢五一黄金周，想跟老板申请点费用在商场做促销活动，结果老板没有给我这笔费用。竞争对手拿着大把的促销费在卖场拿了最好的位置，五一当天光临促人员就有二三十人，人家的专柜前人头攒动，我们家一点促销活动都没有，怎么办？我亲自上阵，跟着促销员在卖场里做产品演示，吆喝着卖货，一天下来累得腰酸背痛，结果晚上的时候，老板打电话过来，第一句话就问："今天卖得怎么样？"在得知销售状况并不理想后，老板一句关心的话都没有，在电话里足足把我骂了一个小时，当时的心情可想而知。作为一名经销商老板，关注销售业绩是对的，但是如果只抓业绩不管人，却是寒了一片人心。

（三）面对优秀的员工，如何面谈

优秀的员工是公司发展的核心力量，因此经销商老板要高度重视这类员工。用得好，自然能够实现业绩的快速增长；用得不好，不但优秀员工不满意，其他员工也会犯嘀咕，表现再好也没有用，你看某某还不是那样。在跟优秀员工做绩效面谈的时候，经销商老板一定要给予更多的支持和鼓励，肯定他的贡献，鼓励他继续勇往直前，创造更好的成绩。但是在跟这样的员工面谈的时候，经销商老板要注意两个问题：一是不要急于许愿，让优秀的员工产生误解，以为自己很快就能够得到晋升和提拔；二是不要给员工泼冷水，让优秀员工灰心丧气甚至怀疑自己的工作没有得到老板的认可。

（四）面对年龄大、工龄长的员工，如何面谈

"家有一老，胜有一宝"，年龄大、工龄长的老员工是经销商团队中的一宝。任何创业型的公司都离不开跟自己打江山的人，他们跟着创业者吃过苦、受过罪，关键时候没后退，既是经销商老板创业时的

左膀右臂，更是经销商老板创业时的精神伴侣，马云有创业时的十八罗汉、史玉柱有不离不弃的五大金刚。但是，公司正规化运作以后，有些老员工倚老卖老，不但没对公司起到积极的示范带头作用，反而阻碍了公司的发展。对于这样的老员工，经销商老板既要肯定老员工对公司的贡献，又要客观地指出老员工的问题和不足。在日常的沟通中，对老员工的生活给予更多的关注，让老员工没有后顾之忧，愿意在公司继续发光发热。

对员工进行绩效面谈是目标管理闭环系统的重要一环，通过绩效面谈能够让员工正确地看到自己的问题和不足，只有这样才能让每个员工都有进步，从而为公司创造更好的业绩。

第四节　经销商老板如何留人

彼得·德鲁克曾经说过一句管理名言："我们雇佣的是员工大脑，而不是员工的双手。"经销商老板在用人的时候，首先应该想办法激发员工的潜能，让员工自动自发地做好工作。这就要求经销商老板要学点心理学，了解人的性格与特点，针对不同的员工给予不同的管理方法。

一、没有完美的个人，只有完美的团队

随着移动互联网时代的来临，顾客的购买习惯也发生了很大的改变，顾客比以前越来越专业、越来越挑剔了。单枪匹马个人英雄主义的销售时代结束了，任何人不要想着靠忽悠就能够搞定顾客，团队配合在销售过程中变得越来越重要。销售拿单更多的不再是一对一的推销过程，而是销售人员与顾客一起讨论完成的过程，而顾客也不再是一个人，他们可能是一个人、两个人，甚至是一群人。

（一）经销商团队组合之男女搭配

案例分享：

一对夫妻来到一家高端厨房电器店，此时店内有两名店员同时接待。在接待的过程中，店员了解到男顾客是位工程师，而女顾客是位语文老师，怎么接待？此时，男导购员跟男顾客介绍产品的时候使用了大量的专业术语和技术参数的数据，而女导购员则跟女顾客更多地描述了产品的外观，以及产品使用的便利性和舒适性，最后夫妻两人都很开心，表示就在他们店里买产品了。

男导购员和女导购员的销售思路和思维习惯有很大差别。我发现大部分经销商老板的门店清一色都是娘子军，好像门店导购员这个工作就只适合女孩子做，男孩子做导购员就没有优势了。如果你这样想就大错特错了，一个完美的销售团队应该是男女组合的团队，"男女搭配，干活不累"。

我认识的一位商场老总潘总曾经跟我谈起过这个话题，他说："当一对夫妻来到店里看产品的时候，如果导购员发现男顾客比较想买，而女顾客不太想买，很多导购员此时会把重心放到男顾客身上进行突破。如果男顾客长得比较帅，导购员又是个漂亮的女导购员，那么麻烦来了，那位女顾客坚定地不买了，她永远也不会告诉不买的真实原因是什么？她一口咬定不喜欢，其实她不喜欢的是导购员跟自己的老公说了太多的话。"顾客对销售人员的喜好程度不但跟她的专业有关，而且跟店员的性别、年龄和性格，甚至着装有关。我们应该根据顾客的爱好推荐他喜欢的销售人员，而不是顾客只能碰巧遇到了自己喜欢的销售人员。

（二）经销商团队组合之性格互补

长期以来，我们都进入了一个误区，认为销售工作一定是外向型性格的人才能干好，那些沉默寡言、不爱说话的人一定干不好。历史上最优秀的团队当属西天取经修成正果唐僧师徒四人，这四个人性格差异巨大，却能够相互包容和理解，最终达成目标，值得经销商老板学习。

唐僧：唐僧是一个性格内向、沉默寡言的人，做事情小心谨慎、追求完美。这样的员工适合从事技术性的工作，比如设计师、活动策划师等。

沙僧：沙僧是一个胆小怕事、犹豫不决、不太喜欢表达但是执行力比较强的人。这样的员工比较适合从事实干性的工作，比如仓库的库管、店内的服务人员、后勤人员。

猪八戒：猪八戒是一个性格外向，做事情比较直率、非常感性的人，他的社交能力比较强，能够让别人第一时间喜欢和接受自己。这样的员工是比较适合做门店销售，因为门店销售要在第一时间赢得顾客的好感，从而快速成交。

孙悟空：孙悟空是一个敢作敢为、敢打敢拼，不达目的绝不罢休的人。这样的员工比较适合做大客户销售，他喜欢具有挑战性的工作，又能够耐得住寂寞。

案例分享：

一家做家居饰品的公司，主要通过展会、电话和门店三个渠道进行产品销售。在展会期间，公司的销售人员要接待来自全国各地的家具经销商，这些经销商老板集中采购一些饰品用于美化门店的陈列。有一天，公司最漂亮的女销售接待了一名四十岁左右的男客户，合同的总金额在20万元左右，在价格谈判的环节，女销售发现这位男客户有意地摸自己的手，当时心里挺反感的，可是为了20万元的订单，被他摸摸手也没有太大的损失，就毅然地把手递了出去，这笔订单也轻松地搞定了。

这位女销售在我的课堂上讲完这个故事以后，全班同学哄堂大笑。而我却一点也笑不出来，我理解销售人员的心酸和委屈，这位女孩就是孙悟空类型的销售人员，如果换做另外三种类型的销售人员，谁也不会这么做，即使20万元的订单不要也不允许客户侮辱自己，但是孙悟空不一样，他知道自己要什么。如果经销商老板的团队里有孙悟空类型的员工，我们应该感到欣慰，他们通常是大单的创造者纪录保持者。

（三）经销商团队组合之老少混编

老少混编包括两个方面：一方面是指员工的年龄，要有老员工，也要有年轻的员工；另一方面是指员工的工作经验，要有资历深的老员工，也有刚刚进入行业不久的新员工。员工年龄上的差异，会让我们在跟客户沟通的时候获得更多的优势。年龄比较大的员工通常比较稳重，在客户面前容易建立权威；而年轻的店员通常学习能力很强，容易接受新事物，在跟客户的沟通过程中容易找到更多的话题。而工龄的长短直接反映的是专业能力上的差异，一个老员工可以很快发现销售中的问题，能够推动销售快速成交，而新入行的新人在专业上面是有短板的。

二、经销商团队沟通从心出发

因为老板的原因导致店员离职的情况非常多，在众多的原因之中有一个竟然是对老板说话的方式不满意。经销商老板缺少做老板的眼光和格局，却非常在意老板的身份，喜欢发号施令，自己说的话就是圣旨，完全不管公司的规章制度。

案例分享：

西安的一位经销商老板约我前往谈合作的事情，大家交谈甚欢，经销商老板提出让我和他一起去新装的门店看看。来到门店，大家就一些合作的细节问题展开了交流，经销商老板把销售经理和店长也叫过来一起讨论，聊着聊着，销售经理和店长因为观点不合（或者是历史遗留问题）吵了起来。结果，还没等他们两个分出高下，经销商老板大发雷霆，先把店长骂了一顿，然后又把销售经理骂了一顿，而且一发不可收拾，越骂越上瘾，在店里把他的两个核心骨干骂了两个多小时。有些话不堪入耳，如果换做是我，我肯定不在他这里干了，实在是有点侮辱人格。

任何员工，不管职位高低都应该得到经销商老板的尊重，纵然员工有错，也不应该上纲上线，把别人骂的一无是处、无地自容。

（一）经销商老板要学会同理心沟通

同理心沟通需要经销商老板放下身段站在员工的角度思考，多想想员工的处境，沟通起来就会顺畅得多。在表扬员工的时候，经销商老板要注意不要过于夸大员工的个人能力，这样既不利于员工成长，也不利于团队的合作。一个老板对自己喜欢的员工表扬得太多，其他员工就会产生异议，甚至私下里拉帮结派，联合冷落受到老板表扬的员工。老板的表扬应该落到实处，既能够让大家感觉得到，又能够让受到表扬的员工意识到自己还可以做得更好。"人前表扬人，人后批评人"，经销商老板在对员工进行批评的时候，尽量把员工找到办公室一对一进行，千万不要让自己的情绪占了上风，当着全体员工的面不问青红皂白地一顿责骂。

在跟沙僧型的员工沟通时，经销商老板要考虑到此类下属思维决策较为迟缓且害怕风险，与其面谈时要显得镇静、富有耐心，讲话速度要慢，音量不要太高，尽可能显示出老板的友好和平易近人，减小其心理压力。

在跟猪八戒型的员工沟通时，考虑到此类员工特别看重人际关系、对人热情，所以应在沟通中向他传递领导也很看重关系、也很热情的信息以吸引他，可以在面谈中闲聊一会儿，这样后期他会更健谈。

在跟孙悟空型的员工沟通时，要开门见山，直接阐述沟通目的，避免闲聊。

在跟唐僧型的员工沟通时，避免过于热情，要循序渐进，使用大量的事实和数据，来讲解他下一步要做的工作，在最终沟通结束之后，领导者仍需进一步给予适当的鼓励。

（二）经销商老板如何留住核心骨干

经销商老板在团队管理的过程中，一定要抓核心骨干，没有团队的经销商老板是孤独的，没有核心团队的经销商老板是危险的。"独木不林，孤雁难飞"，经销商老板打造自己的核心团队一定要掌握两个核心法则：一是散财；二是收心。蒙牛的牛根生说过："财散人聚，财聚人散。"所以，经销商老板一定要舍得分钱，把钱捂在自己的荷包里舍不得分给员工，生意一定做不大。我接触的一些经销商老板都在实行股权激励，公司船小好掉头，操作比较灵活，业绩做得好，核心骨干就可以得到更多的股份分红。无锡有一个经销商老板开了五六家店，为了激励店长，他经过充分的市场分析和调研，开了第七家店，这家店和原来的店最大的不同是，这家店是店长股份店，七个店长每人占10%的股份，老板占30%的股份，这家店的盈亏情况直接跟店长的收入挂钩。这让店长有了当家作主的感觉，这个店也成了这位老板的试验田。

要想留住核心骨干，靠钱是危险的，钱只能留住需要钱的人而留不住能人，要想留住能人得用心。用心留人就需要经销商老板在日常的工作与生活中多观察人，了解每一名员工的脾气秉性，做到知人善用、用人不疑，给员工足够的信任和授权，让他们能够自动自发地努力工作。

案例分享：

郑州区域的经销商程总给我讲了他带团队的一个故事：由于公司要开发河南区域的分销商客户，所以他就去大学里面招了四个应届毕业生。四个人同一天进的公司，有一个小伙子成为程总的重点培养对象，因为程总发现他是个做销售的料儿。可是做销售有时候还有运气的因素，转眼间三个月过去了，另外三个人都有签约客户了，而这个业务人员却一单都没开，他有点灰心了，程总看在眼里痛在心里。程总说："李老师，我担心这孩子怀疑自己怎么办，放弃了销售这份工作怎么办？我不能不管他，所以我就和厂家的销售经理一起做了个扣儿，本来有个客户谈得差不多准备签约了，我们就派他去签约，然后跟客户提前打好招呼，让客户什么都别问、什么都别说，业务员去了直接签合同。签完合同的那天，这个小伙子跑到我办公室来，兴奋地把这件事告诉我，然后跑到仓库去给客户备货，看着他转身离开的那一瞬间，我的眼泪差点没掉下来。多好的孩子啊，要是我不和厂家销售经理做这个扣儿,他说不定都放弃做销售了。这个客户签下来以后,没到两月,这个业务人员连续开单,销售业绩蝉联公司冠军。"程总说到这里不再说话了,我们俩都陷入了沉默,最后程总说了句语重心长的话:"带人不容易啊!"

程总的一句感叹代表了大多数经销商老板的心声,但是能够像程总这样用心带人的老板不多,团队管理从来就没有捷径可走,不管你学了多少管理方法,如果不用心最后都是纸上谈兵。核心骨干不是靠钱就能招来的,带人带心,像程总这样时刻关心下属,帮助下属成长的老板自然能得到下属的支持。

三、激活销售团队的内功心法

经销商老板如何才能激发销售人员的工作热情?关于激励有两大经典理论:一是马斯洛的五层次需求理论;二是赫茨伯格的双因素理论。

按照马斯洛的五层次需求理论,每个人都有生理需求、安全需求、社交需求、自尊需求和自我实现需求,排序越靠后的需求越是人内心深处的深层次需求,越能够打动人的内心、激发人的状态。

按照赫茨伯格的双因素理论,工资待遇、工作环境、同事之间的关系都属于外因激励,外因激励只能消除人的不满情绪,但是不能激发人的工作热情。工作本身的挑战性、成长和学习都属于内因激励,内因激励才能够激发人的状态,提升员工的工作热情。

经销商老板只要真正理解了这两个激励的理论,实行人性化的激励手段,必然能够取得事半功倍的效果。

(一) 团队激励的四大基本原则

1. 激励要及时

美国有一个知名的金香蕉奖,说的是一名科学家在成功地研发出一款产品之后,连夜到总裁办公室汇报工作。总裁当时没有办法奖励这名科学家，就把抽屉里的香蕉拿出来给他作为奖励，后来公司就专门设立了金香蕉奖。金香蕉奖告诉我们激励要及时，面对员工开单的时候，有的经销商老板会在店里放一面大鼓，开单的员工就敲鼓庆祝，也有的门店会给开单员工送一盒糖果。

2. 激励要公平

经销商老板在做团队激励的时候要一碗水端平，不能厚此薄彼，这一点看起来容易，真正操作起来却很难。原因是我们马上要谈到激励的第三个原则激励要差异化，如果一方面激励差异化，一方面又要公平，怎么才能做到呢？经销商老板只有在平时的工作中注意观察，发现每个员工的爱好给予不同的激励，这样才能做到投其所好。

3. 激励要差异化

每个人的喜好有所差异，有人想要更高的销售提成，也有人想多点时间陪伴家人，因此，经销商老板需要充分了解每个人的性格特征，针对不同类型的员工给予差异化的激励方式。

对于沙僧型的员工，经销商要重视他的"安全感"与"保证"，关怀他的家人；做事有自己的步调，不要紧逼他，有耐心与毅力，赞赏他的这一点；感谢他的无私与支持团队的精神，送给他全家人可用的东西。

对于猪八戒型的员工，要多给他笑容，多给他表现的机会，因为猪八戒喜欢人群，喜欢团队工作；喜欢拓展人脉，喜欢社交；给他的奖励要公开化；喜欢庆功宴、表扬会；希望得到大家的重视；很重视"品牌"。

对孙悟空型的员工，要以"变"为动力；对他的肯定要就事论事；让他全权负责某个工作；喜欢活在掌声中；比较自大，提醒他团队的贡献；很有使命感；给他独立的空间。

对于唐僧的员工，不要给予太直接的激励，给高品位奖品，如古典音乐会的门票；善于独处，可以给他一间办公室；重视数据，可以给可以量化的奖品；给他一些高科技的产品或给他获得信息的渠道。

4. 激励更要奖励过程

日本的一家企业开年终大会，会议休息的时候，很多人都离开了座位。等到重新入座的时候，打开桌子上的茶杯，每个人都发现了变化，给参会人员负责倒水的服务员针对不同座位的情况倒了不同分量的茶水，有些人喜欢喝浓茶，茶杯空了，服务员就给加了满杯的浓茶；有人不喜欢喝茶，服务员就倒了一杯白开水。公司的老板也发现了这个变化，他当场对这名服务人员提出了嘉奖，虽然这种倒水的方法没有为公司节省多少钱，但是他用心服务别人，以公司为家的态度，值得全体员工学习。经销商老板在表彰自己的员工时，一定要注意不但看结果，更要关注过程，千万不要唯业绩结果论英雄，这样会让那些对公司兢兢业业的员工寒心。

（二）经销商激活员工的十个高招

1. 情感激励

经销商老板激励下属，第一个激励的手段就是情感激励，用真心留住核心骨干、用真诚打动基层员工。做到经销商老板的层面上，很多人都有了一些资源，能够力所能及地为员工解决问题，把员工当成自己的亲人，滴水之恩，他必涌泉相报。一位将军在战场上亲自为一名受了箭伤的士兵吸毒，听说这件事情以后，邻居就和士兵的妈妈说："您的儿子好福气啊，将军亲自为他疗伤。"谁料士兵的妈妈反而泪流满面，说道："我儿命休矣！当年他的父亲就是受到将军这样的待遇，所以拼死杀敌回报将军，最后战死在了战场上。如今我儿又蒙将军这样照顾，他必当舍命报答将军，所以我儿子离死在战场上不远了。"果然，不久这位母亲的儿子为了报将军的恩情战死在了战场上。

2. 沟通激励

员工的干劲是谈出来的，经销商老板要跟自己的员工保持及时的沟通，了解他们的工作和生活状态。不要以为自己是雇主，人家是打工的，他把工作做好了拿到该拿的工资就可以了。有一位经销商老板曾经跟我感慨地说"90后"的员工不好管理，自己规定店里员工不能迟到，迟到了罚款50元。有一天，一位员工迟到了，老板按规定准备罚他50元，谁知道员工从口袋里拿出100元交给他，说："老板，我给你100元，你不用找了，万一我下次迟到了，你直接从这100元里扣掉就行了。"员工的逆反情绪一定有原因，"没有无缘无故的爱，也没有无缘无故的恨"，经销商老板不问青红皂白直接罚人家50元，员工不高兴了。也许他上班的路上堵车了，也许他在上班之前先去客户家里拜访客户了，也许他家里的小孩突然生病去医院了，经销商老板不了解情况缺少沟通，必然会造成很多冤假错案。

3. 尊重激励

未来的经销商团队变化会更大，现在很多经销商老板都在为两件事情苦恼：一是招不到人；二是招到人以后留不住人。英国管理学大师查尔斯·汉迪早就预测过未来的商业模式，未来将有1/3的人成为自由职业者或者合伙人。经销商老板想像过去一样通过行政命令的手段管理下属的时代宣告结束了，即使你的员工还在你的店里打工，但是他们的心理需求已经发生了改变，把他们称为"合伙人"比"员工"更有吸引力。星巴克的快速发展就得益于他们的"合伙人计划"，现在就应该给员工更多的主权，经销商在和他们沟通的时候给予更多的尊重。

4. 金钱激励

千万不要小看金钱的作用，如果你总是通过精神激励的方式给员工洗脑，短期内可能会有效果，但是时间长了，员工就会因为生存的需要而离开你。金钱激励是对员工工作业绩的认可，更是员工衣食无忧的保障。我曾经受邀参加一位经销商老板公司的年会，大开眼界，他给自己的员工发钱不是拿100元往下发，而是拿10元往下发，发钱的现场异常火爆。如果员工的奖励有5000元，每张都换算成10元就有50沓，这样有50沓的员工和10沓员工之间的差距就出来了。这位老板告诉我："发钱也是个技术活，就是通过这样的方式让员工之间有竞争意识，拿得多的员工难免欢喜，拿得少得员工则有点不好意思。"

5. 明星效应

在团队树立标杆明星，通过明星的示范作用带动其他员工，一直以来都是团队激励最有效的方法之一。我们小时候的心中偶像是雷锋，等读书的时候又出现两个偶像：赖宁和张海迪，就像老师说的那样，偶像的力量是无穷的。经销商团队中的明星既能够在精神上对其他员工产生激励和鼓舞的作用，又能够在方法、技能上给其他员工一些指导和建议，何乐而不为？但是，这么多年的标杆作用，很多明星已经没办法对其他人起到激励的作用了。我的做法是变个人明星为团队明星，通过明星团队来鼓舞团队士气。我曾经在山东省组建一个优秀导购团队——鸿雁队。鸿雁队由 5 名来自不同门店的优秀店员组成，她们的特点是每个人销售业绩都很突出，口头表达能力强而且笔杆子过硬，进入鸿雁队的人可以享受到内训师一对一的单独辅导，可以联合开发课件分享自己的销售经验，当然每个月还能从公司额外得到一份津贴。整个山东的导购员都行动起来了，人人都想加入鸿雁队，鸿雁队实行严格的末位淘汰机制，每年淘汰两名靠后的队员，全省的导购员就争这两个名额，进入鸿雁队是很多导购员的梦想。

6. 目标激励

在前面的内容中，我们已经谈到了目标的重要性，一个设定合理又有挑战的目标本身就是对员工最好的激励方式。正如著名影星凯瑟琳·赫本说的："奖励对我来说无足轻重，工作就是对我最大奖赏。"当我们给员工设定的目标成为员工工作的动力时，经销商老板的管理就轻松多了。我在做销售经理的时候，最难的一项工作就是给业务人员定销售任务，谁都会觉得经理不公平，给自己的任务太多了，所以每次销售任务制定出来的时候，我都要找到当区的业务人员认真地沟通一次，为什么给他定这样的任务，有哪些方法可以确保任务的达成。我记得当时公司有位叫王×的同事，为了我给他分的任务和我大吵了一架，觉得我给他定的任务太高，他没办法完成。可是后来的情况证明我当初的任务分配是合理的，王×不但完成了自己的销售任务，而且超额完成了。目标就像行动路上的指明灯一样，看着前方的灯光，行动的人必将勇往直前，直到成功。

7. 竞赛激励

有一次到西安培训课程结束以后，经销商李总坚持要送我去机场。在送我去机场的路上，他坚持要我去他的店里看看，说自己遇到了问题，需要我指点一下。李总说自己的公司给员工缴纳五险一金，而且月月发劳保用品，做得好的员工跟着公司参加旅游，各种规章制度都很完美了，唯一美中不足的是感觉业务员没干劲，怎么办？到了李总的办公室一看，果然名不虚传，李总的公司管理得井井有条，墙上挂着各种企业文化理念的宣传标语，业务员的桌子上文件摆得整整齐齐，在办公室转了一大圈，我不由得一声叹息："李总，你的公司什么都不缺，就缺狼性文化，做销售的没有狼性文化怎么行？"怎么激发销售人员的狼性文化呢？采取竞赛机制，我给李总的建议就是业务人员的销售业绩上墙，每天都进行行业绩竞赛，不但墙上有张贴，还要把每天的排名发到业务人员的手机上，让大家有团队竞赛的意识。"人活一张脸，树要一张皮"，团队竞赛能够激发销售人员骨子里的"好斗"本性。

8. 授权激励

"用人不疑，疑人不用"，既然不相信别人就不要用他，一旦用了就要相信人家。我在这里想谈一下我的看法，在经销商团队管理的过程中，"用人不疑，疑人不用"，除了要相信员工的忠诚度外，还要相信员工的能力。在对员工进行了系统化的培训辅导以后，就要放手让员工去做。我有个同事叫李×，是做路演活动的好手，从诺基亚公司跳槽过来的，为了给他一个展示的机会，我把一次重要的路演活动交给他了。当天晚上的路演活动现场，光帐篷就用了二十几顶，公司领导来视察的时候，担心地说："你们弄这么大场面，估计撤场的时候光收物料也得收两个多小时。"最终的结果是，所有的物料撤场仅用了二十多分钟，李×在活动开始以前就对撤场环节做了清楚的布置，谁负责哪几顶帐篷、怎么收、每个箱子上面是否用胶带张贴物料清单等。这件事情给我很多的触动，一定要给年轻的员工一些机会，相信他们能做好。如果经销商老板不给员工授权，他们永远也没办法得到成长、进步的机会。参与感让员工有了更多的积极性，而责任感让员工创造更多的可能。

9. 宽容激励

没有不犯错误的员工，面对员工犯错，经销商老板是积极主动地承担责任，帮助员工找到问题，协助员工解决问题，还是不问青红皂白、劈头盖脸地一顿臭骂，这既体现了老板的胸怀，又是能否留住员工的一个重要因素。我在国美电器上班的时候负责促销策划工作，结果有一次因为疏忽大意，几款特价彩电产品竟然忘了打品牌名称，第二天报纸广告登出来了，我当时就懵懂了，这要是引起客户投诉怎么办？当时我的领导徐经理拍着胸脯跟我说："小李，责任不能怪你，我是你的直接上级领导，是我对最终结果审核不够严谨，主要责任在我，所以这件事情我来处理。"此时的徐经理果然表现出了他的领导魅力和权威，一个上午的时间就把事情处理完了。在当周的例会上，徐经理承认自己是事情的主要责任人，而我这个肇事者负有工作粗心、马虎大意的责任，罚款200元以示警告。虽然当时的200元对我来说不算是太小的金额，可是我心服口服，心里充满了感动，后来在国美电器经受的各种历练也就一口气承担了下来，因为我遇到了一位不错的领导。

10. 赞美激励

世界推销之神原一平曾经说过："研究人性的关键在于了解人的需要，我发现对赞美的渴望是每个人最持久、最深层的需要。"经销商老板要学会在日常的工作中，对自己的员工给予及时的肯定与赞美，就像我们的孩子在长大成人的过程中，他学会走路了、他学会唱歌了、他学会自己穿衣、吃饭了，父母都会对自己的孩子给予表扬。对于员工的每一点进步，经销商老板都要及时地给予肯定，一句赞美的语言、一个关切的眼神、一个温暖的拥抱，都会让员工感受到老板的坦诚和关心。在员工取得一点成绩的时候，经销商老板可以给员工写一封表扬信，也可以送一本书，还可以请员工吃一顿饭，任何赞美的形式都会让员工如沐春风。

第五节　经销商老板如何打造团队文化

不管是在传统的工业制造时代，还是在移动互联网异军突起的时代，领头人对于一家公司来说都至关重要。可以说很多企业家就是这家企业的代名词，是企业最大的品牌资产。我们可以想象，如果海尔没有张瑞敏、华为没有任正非、联想没有柳传志，中国的大制造产业会怎样？如果国美没有黄光裕、万达没有王健林、红星·美凯龙没有车建新，中国的大流通产业会怎样？如果阿里巴巴没有马云、小米没有雷军、腾讯没有马化腾，中国的互联网产业又会怎样？我们姑且不去妄议"时势造英雄，还是英雄造时势"，只想说一家成功的企业通常都会有领导人的影子，老板的思路、胆识、气质、修为都能给企业打上烙印。当我写下企业文化这个四个字的时候，我忽然觉得很多企业的文化其实就是老板文化，阿里巴巴的西湖论剑源于马云的武林情结、国美电器的鹰派文化源于黄光裕的铁腕手段、华为的狼性精神源于任正非的部队经历。

中国的很多企业谈企业文化就是在谈老板文化，对于经销商老板来说更是如此，什么样的领导带什么样的兵，老板的喜好会影响员工的喜好，老板的习惯会影响员工的习惯。在市场竞争日益激烈的情况下，经销商老板只有自身强化素养修为，才能打造一个跟自己理念相符、行为一致、具有超强战斗力的尖刀团队。

一、六种经销商团队文化类型

（一）梦想文化

经销商老板要打造的第一种文化就是梦想文化，要想成功地激励员工跟着自己一起干，经销商老板就不能只想着自己要赚多少钱，以赚钱为目的的生意是做不大的。我发现那些生意做得大的经销商老板都是怀揣梦想的，他们最初创业的时候就是因为一份热爱。在这个过程中，有些老板的梦想开始形成了，而有些老板只是想多赚一些钱，经销商老板之间的差异越来越大了。马云创业的时候就说自己要做一个世界级的企业，所以在遇到了万千阻碍的时候，他毅然决然地坚持了下来。一位优秀的企业老板，不但自己有梦想文化，还要将这种文化复制到员工的身上，让员工跟着自己一起去实现这个梦想。

在打造梦想文化的时候，既要用公司的梦想来激励员工，又要将公司的梦想与员工的梦想结合起来。当饭都吃不上的时候，你让员工天天喊着口号跟你干，我估计这种可能性不大。"有条件要上，没有条件创造条件也要上"，条件可以创造当然得上，怕就怕有时候创造不了这个条件，所以经销商老板一定要让员工看到希望，既要有长期的企业梦想，更要有短期的经营目标。

有些人是没有梦想的，如果一个没有梦想的员工进入你的团队中，怎么办？经销商老板要帮助员工创造梦想，当我们手里有 10 元的时候，你可能想吃饭蛋炒饭就可以了；当我们手里有 100 元的时候，你是想吃蛋炒饭还是想吃牛排呢？那得看你吃过牛排没有，你吃过牛排了就会觉得牛排比蛋炒饭好吃，想天天都吃牛排，所以你得努力工作。老板是带着天天吃蛋炒饭的员工偶尔吃一次牛排的人，然后告诉员工："牛排好吃吗？那就为了天天吃上牛排努力工作。"

案例分享：

我认识一位经销商老板，他告诉我："我给员工打造的梦想文化是五年内可以买辆好车，可是员工不打算买车怎么办？我安排员工考驾照，在规定时间内驾照考出来了，我给报销一半的费用。等员工驾照拿到了，我就给员工办无息贷款让他买车。等员工开上好车了，我再鼓励员工买房。就这样，员工在我这里，每年都有计划，为了实现自己的梦想自然会拼命努力。我把这个叫梦想阶梯，我们做老板的是给员工递梯子的那个人。"

在帮助员工打造梦想计划的同时，我们也要注意充分发挥每个的潜能，每个人的梦想都是不一样的。"中国新歌声"最火的那两年，我给很多企业培训，这些企业都在自己的企业做自己的好声音，让员工参加比赛，既是一种增加企业凝聚力的团队活动，又是激发员工个人潜能的有效手段。我们公司曾经有个叫张××的同事，模仿小沈阳惟妙惟肖，公司就把他推荐给了"非常 6＋1"节目组。虽然最终的结果他还是被淘汰了，但是对张××来说，感觉很欣慰，觉得自己实现了人生的一大梦想，因此对公司更忠诚了。

经销商老板帮助员工打造梦想，这个梦想的发现过程比实现过程更难。首先，你得让员工对这个梦想有渴望，从内心深处说"我想要"，这个梦想可以看得见，通过努力能达到。这既跟梦想的制定有关系，也跟员工的潜能有关系。其次，在员工实现梦想的过程中要给予时时地监督和激励，通过梦想标兵、梦想的标语、图片等反复提醒他坚持。最后，经销商要在适当的时候对于员工的梦想给予支持，这种支持可能是财力、物力、社会资源上的，更重要的是精神上的支持。

（二）家庭文化

每个经销商老板都希望自己的员工能够以公司为家，把公司的事当成自己的事来处理。家通常是一个人精神栖息的港湾，当他累了，家能给他一张最舒服的床；当他受伤了，家能给他一个疗伤的空间；当他苦闷了，家能给他一个微笑的鼓励。经销商是这个家庭里的大家长，能否当得起这个家，直接决定了家人是否愿意蜗居在家还是离家出走。

在打造家庭文化的时候，经销商老板要用亲人的心态去真诚地对待员工，家长也会责骂自己的孩子，但是这种责骂完全是出于爱。如果经销商批评自己的员工是想真正帮助员工成长、进步，而不是发泄自己的情绪，员工能够理解和感觉得到。我认识一位经销商老板，他们在打造家庭文化的时候，每年都会组织员工出去旅游，而且旅游的时候邀请一家三口同去，让员工的家属也能够认同自己的企业。只有这样，当员工因为工作加班的时候，家人才能够多一分理解和支持。

案例分享：

在我的印象中，上海的餐饮服务一直都不太理想，要么上菜速度慢，要么服务人员不热情。但是2016年夏天做培训的时候，我们每天中午都要去一家店里吃饭，这家店的服务给我留下了深刻的印象。一家茶馆能把中餐做得这么好吃，本身就很不容易，更要表扬的是这些员工的表现，她们表现得特别热情，服务也很专业。第一天到店里就餐，我们每个人都告诉服务员想喝的饮料；第二天的时候，服务员问的第一句话就是"喝的饮料还和昨天一样吗"。如果我们的回答是一样的，她们真的能给你倒一杯和昨天一样的饮料，她们记得可真清楚。在这家店里吃饭，氛围是很愉快的，因为大家都是年轻人，有时候拿服务员开玩笑，这些服务员一点也不扭捏，大大方方地回应我们的玩笑。

有一次，我们问一名女服务员要不要换工作，她非常坚定地回答不换。原来这家餐厅的老板以前是位五星级大厨，下海以后自己开了这家茶馆，每个员工在这家店里都分了股份，老板的想法是希望把这家店做成上海最大的茶馆，老板的梦想让每个员工都热血沸腾，她说跟着老板一起都属于创业者。这名服务员告诉我们，餐厅的老板白天很少来店里，但是他每天早上三四点钟都会去菜市场买菜，然后早早地来到茶馆给员工做一顿早餐。五星级酒店大厨每天给员工做早餐，老板的用心留住了店内的员工。

经销商老板打造家庭文化其实一点都不难，在这里我想问几个问题：

（1）你知道每一名员工的生日吗？在员工生日当天能满足员工的一个愿望吗？

（2）你的店里有一张全家福照片吗？员工在你店里上了五年班，五年斗转星移，弹指一挥间，别人把青春都留给了你的门店，而你的门店连一张全家福照片都没有，怎么打造家庭文化呢？

（3）你的店里有"每月共吃一顿饭"的活动吗？老板把员工请到家里，亲自下厨给员工做一顿饭，既能够让员工感受到老板对自己的关心，老板又能更多地了解员工。

打造家庭文化，只要经销商老板把员工当作自己的家人，员工自然会把门店当成自己的家，把老板的事情当成自己的事情。

（三）学校文化

经销商打造学校文化，是践行"学习型组织"的最好方式，让员工在工作中获得能力上的提升，每个人都觉得有成长和进步，这样的团队能够激发员工的潜能，给经销商老板创造价值。一些经销商老板经常跟我抱怨："李老师，我们再也不派店员参加你的培训课程了，因为上完你的课以后，很多人回来半年不到就走了。"经销商老板出于一片好意让员工参加培训，结果员工能力成长了不愿意给老板打工了，这是很多老板比较头疼的问题。这个问题恰恰折射出了经销商老板自我学习能力不强、不愿意学习的现状，员工学习和成长的速度超过了老板，"水往低处流，人往高处走"，人家自然想要更好的发展平台。打造学校文化，经销商老板首先是一名老师，自己有本事教给店员一些做人做事的方式方法，教学相长，老板和员工之间互相促进，学习型团队会越来越强大、越来越有战斗力。

我接触过很多企业老板，谈起培训，这些老板都是一声叹息："我们就是整个行业的黄埔军校。"辛辛苦苦培养出的人才，结果全都跑到对手那里去了。这个问题要一分为二地看，培养的人跑掉了，我觉得这一定是企业的管理制度或者是文化的问题，留不住人。从另外一个角度看，既然你的企业被誉为行业的"黄埔军校"，这本身就是一块金字招牌，有多少优秀的人才等着来你这里镀金。随着移动互联网时代的到来，知识型员工成为企业最大的资源，培养知识型员工的能力成为企业未来的关键竞争力。

案例分享：

2013 年，我为德高防水的全国经销商进行了十多场"精准开店"的轮训课程。在培训的过程中，我发现德高防水是一家非常让人尊敬的企业，他们用几年的时间在国内市场创造了十几亿元的销售额，不但跟德高防水的营销策略有关系，更重要的是德高防水的经销商老板们。在德高，公司组建了经销商老板讲师团队，也就是公司选拔出比较优秀的经销商老板，让他们现身说法，经销商老板给经销商老板上课是最有说服力的，别人的成功经验很容易被模仿和复制，这样既能教会经销商市场运作的方法，又能增强经销商的信心。

优秀的企业都是培养人的企业，同样，优秀的经销商团队也是培养人的团队，单纯地以销售业绩为导向很容易造成杀鸡取卵的恶果，有想法的经销商老板都开始在打造学校文化上下足了功夫。首先，经销商老板需要组织员工参加一些外部培训，开拓员工视野，跟自己的同行去学习，既能够让员工提升能力，又能够让员工认识到自己的差距和不足。其次，要在思想上统一老板和员工的思路，可以开展"每月共读一本书"活动，是指同样一本书一个员工发一本，老板也有一本，大家一起读、一起交流书中的内容，日积月累，员工的沟通方式和思维模式与老板就处于同一频道了，沟通起来也轻松多了。最后，要在员工之间培养自己的内部讲师，让优秀的员工分享经验和方法，不是依赖传统的师傅带徒弟来培养人，而是将优秀员工的方法工具化和系统化。

（四）球队文化

2014 年德国队捧起了大力神杯，在我这个伪球迷看来，德国队的胜利实至名归。因为德国队的打法不是依赖一两名球星，而是严谨的团队作战精神，最终把他们送上了冠军的宝座。德国队历来就有"战车"之称，球员在球场上配合严谨，球风不急不躁，球员之间的默契程度堪称完美。现在的销售已经过了单打独斗、个人英雄主义的时代，要想拿下订单不再考验个人的聪明才智，而是团队的整体作战能力。因此经销商老板的团队应该是一个互补合作型的团队，发挥每个人的优势，将团队作战的能力发挥到极致。

作为一支球队，首先，说说教练的角色定位。一名优秀的足球教练首先能够识人、用人，发挥每一名球员的优势和特长。其次，一名好的足球教练知道在不同的比赛中制定不同的作战方案，把合适的人放在合适的岗位上。最后，足球教练还要想办法在日常的球队管理中打造球员之间的凝聚力，让大家精诚合作，为了集体荣誉而战。经销商老板在管理员工的时候，正是扮演了足球教练的角色，既要想办法提升团队的凝聚力，又要想办法锻炼员工的个人能力。

在打造球队文化的时候，经销商老板首先要发挥每个人的优势和特征，适合做前锋的员工就是常常冲在一线、能够拿回销售订单的那个人；负责防守的后卫则是那些后台服务人员。只有前线员工和后台员工配合默契，真正为客户着想才能让客户满意。全员营销是这些年来比较火的一个词，全员营销不但要求销售人员具有销售意识，而且要求所有员工都有销售意识。当所有员工都为了一个目标而努力的时候，达成目标就变得轻松了。要想打造一支"来之能战，战无不胜"的球队，平时的刻苦训练是必需的。所以打造经销商团队球队文化是需要在市场竞争中磨砺的，每一场促销活动、每一次销售竞赛，既要把不同的人放到不同的岗位上，让大家都得到合适的锻炼，又要让大家通过这样的锻炼增强团队的凝聚力。

案例分享：

我负责销售工作的时候，我们经常会组织业务人员参加小区扫楼的集训活动。我们会从全国各地抽调一二十名业务人员，在短短的一个月时间里对某个地级市实行地毯式地扫楼，寻找意向客户。在这样的集训活动中，每个参训的业务人员都能够得到专项的训练，有人充当了扫楼突击手的角色，有人负责广场路演活动的策划与组织，有人负责卖场的氛围营造与布置，有人负责培训店内导购人员，也有人负责团购促销活动的接待。总之，每个人负责的项目不同，每个人都要对共同的目标——销售业绩负责。每一次集训活动下来，我们都能发现优秀员工的一些特点，大家也因此而走得更近了。

（五）军队文化

如何提高员工的执行力？我觉得这个问题应该从两个方面来看：一方面是企业的制度问题；另一方面是企业文化的问题。如果是因为企业的考核机制、激励制度有问题，员工没办法做到多劳多得、按劳取酬，必然会让员工心生不满，员工的执行力也会大打折扣。如果公司的薪酬考核激励制度本身没有问题，完全是由于员工的心态造成了工作作风散漫，则需要在公司内部打造军队文化。

军人的天职就是执行，在 2015 年 9 月 3 日抗日战争胜利 70 周年的阅兵大典上，当三军将士迈着整齐的步伐，高喊着震耳欲聋的口号通过天安门广场的时候，每一个中国人的内心都充满了骄傲与自豪，有这样一支作风过硬、执行到位的部队捍卫着祖国的领土和尊严，我们没有理由不为之振奋。可是谁知道每一个阅兵战士为了这次盛典背后所付出的汗水与努力呢？军队文化强调的就是员工的执行力文化，当最高指挥官发号施令的时候，员工不找任何借口，竭尽全力完成目标任务，"有条件要上，没有条件创造条件也要上"。军队文化的训练可以通过军训活动，来磨炼员工的意志力和执行力，并且要将这种文化贯穿企业文化的始终，在制度上和用人上得到体现。

案例分享：

马可波罗瓷砖就曾经认真地培训过军队文化，他们的学员来自全国各地，报到当天，每人发一床被子、一个装满脸盆洗漱用品的网袋，徒步 30公里到某高校进行集训。八个人一个宿舍，吃住都在学校，早起跑步，晚上自习，准点熄灯睡觉，只要听到铃声响起，马上集合整队接受新的任务。经过两周左右的集训，员工的执行力得到了很大提升。同时，公司还针对管理干部开展了"红色之旅"集训，专门把大家拉到了陕西延安，体验红色文化，忆苦思甜，加强业务知识和思想意识的培训。

经销商老板要定期组织公司员工进行军训活动，这样不但能够提高员工的执行力，还能够增强员工之间的凝聚力。如果没有办法组织军训活动，适当的户外拓展训练也可以。

（六）土匪文化

行业与行业之间存在着很大的差异，在企业文化的塑造上也必然存在差异性。不但是行业的差异性，即使同样的行业，经销商老板之间也存在巨大的差异，这跟经销商老板的学历、经历、年龄、性格有关。有些经销商老板是真正意义上的儒商，他们受过高等教育、视野宽阔、员工管理规范，在团队文化建设上偏向于学校文化与家庭文化。有些经销商老板则是真正意义上的草莽英雄，没读过多少书，创业时期靠胆识和关系，如今生意上了轨道，管理成了最大的问题，他们经常说的一句话是"打江山难，守江山更难"。这样的经销商老板更加喜欢土匪文化与军队文化，老板发号施令，员工高度执行。

那么，土匪文化与军队文化有什么区别呢？区别就是军队文化有制度、讲规则，以练兵用兵为导向；而土匪文化则没有制度、规矩，规矩就一条——"论功行赏""谁有本事谁当老大"，崇尚江湖义气、酒桌文化。在我接触的经销商老板中，这样的老板大有人在。沈阳的林总就是这样的老板，我最初到沈阳做业务员的时候，林总手下有位业务经理拉着我跟我讲当年如何单枪匹马打天下，一条条街开发客户，一桌桌喝酒达成销量，大有"英雄气短儿女情长"的悲凉和无奈。

说土匪文化没有规矩可言也不为过，经销商老板看见员工做得不对，不是靠规章制度管人，靠得就是吼。员工完成任务了就给予嘉奖，完不成就重罚，很少有老板想过员工为什么完不成任务，要给员工提供哪些辅导和支持，以便帮助员工成长、进步。由于土匪文化过于以结果为导向，不利于员工的成长、进步，所以这样的企业文化必然不会长久。对于创业阶段的经销商来说，土匪文化或许可行，但对于经销商的长远发展来说，土匪文化无法走得太远。

二、打造经销商团队文化落地行动

前面谈到了经销商六种团队文化，对于经销商老板来说，既可以结合六种团队文化的特点取长补短，将六种文化都引入自己的团队中，最终形成有本公司特色的团队文化，也可以选择其中一种文化，深度执行。不论你准备打造哪种团队文化，下面几种做法都是要重点主抓的关键事项。

（一）建立早会制度

要想让员工思想高度统一，就要形成固定的会议管理制度。对于销售型公司来说，销售月度总结会、周例会等必不可少，尤为关键的就是早会制度。早会开得好，员工就会有方向、有动力，一天都会精神饱满地完成自己的工作目标。

开早会的首要目的就是统一员工的思想，清楚地知道自己当天应该做哪些工作、达成什么目标，只有做到了"人人头上有指标，人人工作为指标"，这样的经销商管理才会有的放矢。

早会的第二个目的是要提升员工的士气，增加员工的工作激情与动力。早会就像一部发动机，让员工充满活力地投入工作中，所以很多公司的早会都会增加跳舞、唱歌，甚至是游戏的环节。

早会的第三个目的是要增加员工之间的交流，这样的交流既包括公司与员工之间的交流，又包括员工与员工之间的交流。员工要了解公司的销售政策、产品库存，促销活动信息等，员工之间也有可能出现工作上甚至生活上的小摩擦，早会负责人要协助解决。

早会的第四个目的是要培训员工，增强员工的业务技能。这里的早会培训主要以业务技能抽查与反馈为主，专项训练还需要找时间单独进行。

早会开得好，员工的精神状态就会为之改变。曾经有经销商老板跟我说："早会开了一段时间以后，大家都没兴趣了，怎么办？"我反问一句："学校里推广的广播体操做了这么多年，还要不要做？"如果你觉得这件事情有必要做，就一定要坚持，在坚持的同时还要不断地创新，只有这样才能让早会开出新意、开出创意，千万别照抄和复制别人的模板，他山之石可以攻玉，将早会开出自己的特色来。

案例分享：

经销商孙老板是一位20多岁的年轻人，但是他的生意做得可不小，在鹤岗有两个比较大的汽车售后维修服务店。孙老板给我看了一些他的店内照片，我不由得暗暗佩服。他们的门店每天早上都有晨会制度，几十名店员穿着统一的工服，整齐地站在店门口，在晨曦的阳光中载歌载舞，引得上班的路人纷纷停下脚步驻足观看。

（二）团队文化上墙

打造团队文化，将公司的各种文化制度上墙入册也是非常关键的手段之一。千万不要以为靠经销商老板的个人魅力，潜移默化就可以感染整个团队。在经销商的公司内部，有没有企业文化、企业荣誉、企业理念和企业精神等文化宣传展板出现在办公室、走廊、通道等员工经常能够看得到的地方；公司的价值观、企业文化等内容有没有纳入员工的日常行为管理规范中。我跟很多的经销商老板打过交道，我发现凡是那些公司规模比较大的经销商老板，管理的细节都抓得相当到位。公司的食堂一定会有各种标语："锄禾日当午，汗滴禾下土。一茶一饭当思来之不易""俭以养德，静以修身"等。公司的走廊如果有一面镜子，镜子上一定会写着"注意仪容仪表，细节决定成交"的标语。

将公司文化贴上墙，既是对公司内部员工的提醒，更是对参观公司的客户朋友的宣传。

案例分享：

我在陕西西安遇到一位李老板，盛情邀请我参观他的办公室，结果办公室贴满了公司的各种组织旅游活动的照片。他指着墙上的照片，问我："李老师，你看我们的活动照片跟其他公司有什么区别？"我定睛一看，原来他们的每张照片上面都是一家三口，问他原因，他说："李老师，这就是我们的团队文化，我们更注重家庭文化，所以每次公司员工活动，我们都会鼓励员工邀请家人参加，这样员工辛苦加班时家人也不会有怨言，而且员工也会对公司更有归属感。"

（三）唱响团队队歌

案例分享：

我的这部分文字是在成都机场候机时写成的，在司机送我从丹棱到机场的路上，他的车载音响放了一首吕方的歌——《朋友，别哭》，一下子勾起了我的很多回忆，让我久久没法平静。我是个天生五音不全的人，但是这首歌却能哼上几句，因为这是我在企业上班的时候，我的领导跟我一起去KTV玩的时候，我们俩经常合唱的一首歌。转眼间，我已经离开公司从事培训咨询工作多年，没想到一语成谶，这首歌竟然成了我和我的老领导分别这么多年以后最好的祝福。

早在学校读书的时候，我就体会到了一首歌对一个团队的重要性，那个时候我们寝室因为一个同学失恋，大家一起陪他选了一首《有多少爱可以重来》作为寝室室歌，而今天我到KTV断然不敢唱这首歌。每次唱这首歌的时候，泪水就会流下来，想起天涯海角的老同学，平添一份伤感。后来，我在公司负责市场工作的时候，很多业务人员说自己的压力很大，我们就选了一首《隐形的翅膀》作为团队的队歌，每当在一些特殊的日子和场合唱起这首歌的时候，团队成员之间就有了一种互相帮助、互相鼓劲的动力和感动。一首团队的队歌，比一支舞蹈、一句口号更能增强员工的凝聚力，更能增强大家的团队认同感和归属感。

给德高防水经销商培训的时候，每次培训以前，大家都会唱起《同一首歌》，而我的老东家欧普照明则上到董事长下到最基层的员工，每个人都会唱《众人划桨开大船》的厂歌。一首歌对于团队的影响是潜移默化的，它不会像各种规章制度一样很快就能在员工身上发生作用，但是日积月累，你会发现员工会因为这些企业文化的浸染而拥有相同的思想、相似的价值观，执行力自然也会提高。

（四）政委要发挥作用

在电视剧《亮剑》中，虽然李云龙是能打胜仗的硬汉，但是他的暴脾气常常会出口伤人，伤了很多战士的心。好在他还有一个得力的左膀右臂——政委赵刚，赵刚负责跟战士们谈心，做思想政治工作。在经销商老板的队伍里，老板是发号施令，全面部署各项战斗任务的总司令，而老板娘充当政委的角色，负责跟员工谈心。遗憾的是，我们发现很多团队都是销售业绩工作抓得紧，忽略了思想政治工作（我这里的思想政治工作专指团队文化建设工作）。老板和老板娘没有明确分工，大家都想当领导，你一言我一语，朝令夕改让员工无所适从。即使分了工也是"男主外，女主内"的业务分工，老板跑工程销售，老板娘负责店面零售，团队文化建设基本为零，对于在经销商老板那里打工的员工来说，除了赚钱一无所有。

经销商要想做好团队文化建设工作，必须有人专门负责这项工作，即使没有专人也要有人兼职负责。如果没有人负责这项工作，再好的田地，长满稻谷的同时也会长满杂草。杂草不除，稻谷不长。

推荐作者得新书!

博瑞森征稿启事

亲爱的读者朋友:

感谢您选择了博瑞森图书!希望您手中的这本书能给您带来实实在在的帮助!

博瑞森一直致力于发掘好作者、好内容,希望能把您最需要的思想、方法,一字一句地交到您手中,成为管理知识与管理实践的桥梁。

但是我们也知道,有很多深入企业一线、经验丰富、乐于分享的优秀专家,或者忙于实战没时间,或者缺少专业的写作指导和便捷的出版途径,只能茫然以待……

还有很多在竞争大潮中坚守的企业,有着异常宝贵的实践经验和独特的洞察,但缺少专业的记录和整理者,无法让企业的经验和故事被更多的人了解、学习……

对读者而言,这些都太遗憾了!

博瑞森非常希望能将这些埋藏的"宝藏"发掘出来,贡献给广大读者,让更多的人从中受益。

所以,我们真心地邀请您,我们的老读者,帮我们搜寻:

推荐作者

可以是您自己或您的朋友,只要对本土管理有实践、有思考;可以是您通过网络、杂志、书籍或其他途径了解的某位专家,不管名气大小,只要他的思想和方法曾让您深受启发。

可以是管理类作品,也可以超出管理,各类优秀的社科作品或学术作品。

推荐企业

可以是您自己所在的企业,或者是您熟悉的某家企业,其创业过程、运营经历、产品研发、机制创新,等等。无论企业大小,只要乐于分享、有值得借鉴书写之处。

总之,好内容就是一切!

博瑞森绝非"自费出书",出版费用完全由我们承担。您推荐的作者或企业案例一经采用,我们会立刻向您赠送书币 1000 元,可直接换取任何博瑞森图书的纸书或电子书。

感谢您对本土管理原创、博瑞森图书的支持!

推荐投稿邮箱:bookgood@126.com　　推荐手机:13611149991

1120 本土管理实践与创新论坛

这是由100多位本土管理专家联合创立的企业管理实践学术交流组织，旨在孵化本土管理思想、促进企业管理实践、加强专家间交流与协作。

论坛每年集中力量办好两件大事：第一，"出一本书"，汇聚一年的思考和实践，把最原创、最前沿、最实战的内容集结成册，贡献给读者；第二，"办一次会"，每年11月20日本土管理专家们汇聚一堂，碰撞思想、研讨案例、交流切磋、回馈社会。

论坛理事名单（以年龄为序，以示传承之意）

首届常务理事：

彭志雄	曾 伟	施 炜	杨 涛	张学军
郭 晓	程绍珊	胡八一	王祥伍	李志华
陈立云	杨永华			

理　　事：

卢根鑫	王铁仁	周荣辉	曾令同	陆和平	宋杼宸	张国祥
刘承元	曹子祥	宋新宇	吴越舟	吴 坚	戴欣明	仲昭川
刘春雄	刘祖轲	段继东	何 慕	秦国伟	贺兵一	张小虎
郭 剑	余晓雷	黄中强	朱玉童	沈 坤	阎立忠	张 进
丁兴良	朱仁健	薛宝峰	史贤龙	卢 强	史幼波	叶敦明
王明胤	陈 明	岑立聪	方 刚	何足奇	周 俊	杨 奕
孙行健	孙嘉晖	张东利	郭富才	叶 宁	何 屹	沈 奎
王 超	马宝琳	谭长春	夏惊鸣	张 博	李洪道	胡浪球
孙 波	唐江华	程 翔	刘红明	杨鸿贵	伯建新	高可为
李 蓓	王春强	孔祥云	贾同领	罗宏文	史立臣	李政权
余 盛	陈小龙	尚 锋	邢 雷	余伟辉	李小勇	全怀周
初勇钢	陈 锐	高继中	聂志新	黄 屹	沈 拓	徐伟泽
谭洪华	崔自三	王玉荣	蒋 军	侯军伟	黄润霖	金国华
吴 之	葛新红	周 剑	崔海鹏	柏 龑	唐道明	朱志明
曲宗恺	杜 忠	远 鸣	范月明	刘文新	赵晓萌	张 伟
韩 旭	韩友诚	熊亚柱	孙彩军	刘 雷	王庆云	李少星
俞士耀	丁 昀	黄 磊	罗晓慧	伏泓霖	梁小平	鄢圣安

企业案例·老板传记

书名. 作者	内容/特色	读者价值
你不知道的加多宝:原市场部高管讲述 曲宗恺 牛玮娜 著	前加多宝高管解读加多宝	全景式解读,原汁原味
借力咨询:德邦成长背后的秘密 官同良 王祥伍 著	讲述德邦是如何借助咨询公司的力量进行自身 与发展的	来自德邦内部的第一线资料,真实、珍贵,令人受益匪浅
收购后怎样有效整合:一个重工业收购整合实录(待出版) 李少星 著	讲述企业并购后的事	语言轻松活泼,对并购后的企业有借鉴作用
娃哈哈区域标杆:豫北市场营销实录 罗宏文 赵晓萌 等著	本书从区域的角度来写娃哈哈河南分公司豫北市场是怎么进行区域市场营销,成为娃哈哈全国第一大市场、全国增量第一高市场的一些操作方法	参考性、指导性,一线真实资料
六个核桃凭什么:从 0 过 100 亿 张学军 著	首部全面揭秘养元六个核桃裂变式成长的巨著	学习优秀企业的成长路径,了解其背后的理论体系
像六个核桃一样:打造畅销品的 36 个简明法则 王 超 范 萍 著	本书分上下两篇:包括"六个核桃"的营销战略历程和 36 条畅销法则	知名企业的战略历程极具参考价值,36 条法则提供操作方法
解决方案营销实战案例 刘祖轲 著	用 10 个真案例讲明白什么是工业品的解决方案式营销,实战、实用	有干货、真正操作过的才能写得出来
招招见销量的营销常识 刘文新 著	如何让每一个营销动作都直指销量	适合中小企业,看了就能用
我们的营销真案例 联纵智达研究院 著	五芳斋粽子从区域到全国/诺贝尔瓷砖门店销量提升/利豪家具出口转内销/汤臣倍健的营销模式	选择的案例都很有代表性,实在、实操!
中国营销战实录:令人拍案叫绝的营销真案例 联纵智达 著	51 个案例,42 家企业,38 万字,18 年,累计 2000 余人次参与……	最真实的营销案例,全是一线记录,开阔眼界
双剑破局:沈坤营销策划案例集 沈 坤 著	双剑公司多年来的精选案例解析集,阐述了项目策划中每一个营销策略的诞生过程,策划角度和方法	一线真实案例,与众不同的策划角度令人拍案叫绝、受益匪浅
宗:一位制造业企业家的思考 杨 涛 著	1993 年创业,引领企业平稳发展 20 多年,分享独到的心得体会	难得的一本老板分享经验的书
简单思考:AMT 咨询创始人自述 孔祥云 著	著名咨询公司(AMT)的 CEO 创业历程中点点滴滴的经验与思考	每一位咨询人,每一位创业者和管理经营者,都值得一读
边干边学做老板 黄中强 著	创业 20 多年的老板,有经验、能写、又愿意分享,这样的书很少	处处共鸣,帮助中小企业老板少走弯路
三四线城市超市如何快速成长:解密甘雨亭 IBMG 国际商业管理集团 著	国内外标杆企业的经验 + 本土实践量化数据 + 操作步骤、方法	通俗易懂,行业经验丰富,宝贵的行业量化数据,关键思路和步骤
中国首家未来超市:解密安徽乐城 IBMG 国际商业管理集团 著	本书深入挖掘了安徽乐城超市的试验案例,为零售企业未来的发展提供了一条可借鉴之路	通俗易懂,行业经验丰富,宝贵的行业量化数据,关键思路和步骤

互联网+

书名·作者	内容/特色	读者价值
企业微信营销全指导 孙 巍 著	专门给企业看到的微信营销书，手把手教企业从小白到微信营销专家	企业想学微信营销现在还不晚，两眼一抹黑也不怕，有这本书就够
企业网络营销这样做才对：B2B 大宗 B2C 张 进 著	简单直白拿来就用，各种窍门信手拈来，企业网络营销不麻烦也不用再头疼，一般人不告诉他	B2B、大宗 B2C 企业有福了，看了就能学会网络营销
互联网时代的银行转型 韩友诚 著	以大量案例形式为读者全面展示和分析了银行的互联网金融转型应对之道	结合本土银行转型发展案例的书籍
正在发生的转型升级·实践 本土管理实践与创新论坛 著	企业在快速变革期所展现出的管理变革新成果、新方法、新案例	重点突出对于未来企业管理相关领域的趋势研判
触发需求：互联网新营销样本·水产 何足奇 著	传统产业都在苦闷中挣扎前行，本书通过鲜活的案例告诉你如何以需求链整合供应链，从而把大家熟知的传统行业打碎了重构、重做一遍	全是干货，值得细读学习，并且作者的理论已经经过了他亲自操刀的实践检验，效果惊人，就在书中全景展示
移动互联新玩法：未来商业的格局和趋势 史贤龙 著	传统商业、电商、移动互联，三个世界并存，这种新格局的玩法一定要懂	看清热点的本质，把握行业先机，一本书搞定移动互联网
微商生意经：真实再现33个成功案例操作全程 伏泓霖 罗晓慧 著	本书为 33 个真实案例，分享案例主人公在做微商过程中的经验教训	案例真实，有借鉴意义
阿里巴巴实战运营——14 招玩转诚信通 聂志新 著	本书主要介绍阿里巴巴诚信通的十四个基本推广操作，从而帮助使用诚信通的用户及企业更好地提升业绩	基本操作，很多可以边学边用，简单易学
今后这样做品牌：移动互联时代的品牌营销策略 蒋 军 著	与移动互联紧密结合，告诉你老方法还能不能用，新方法怎么用	今后这样做品牌就对了
互联网+"变"与"不变"：本土管理实践与创新论坛集萃·2016 本土管理实践与创新论坛 著	本土管理领域正在产生自己独特的理论和模式，尤其在移动互联时代，有很多新课题需要本土专家们一起研究	帮助读者拓宽眼界、突破思维
创造增量市场：传统企业互联网转型之道 刘红明 著	传统企业需要用互联网思维去创造增量，而不是用电子商务去转移传统业务的存量	教你怎么在"互联网+"的海洋中创造实实在在的增量
重生战略：移动互联网和大数据时代的转型法则 沈 拓 著	在移动互联网和大数据时代，传统企业转型如同生命体打算与再造，称之为"重生战略"	帮助企业认清移动互联网环境下的变化和应对之道
画出公司的互联网进化路线图：用互联网思维重塑产品、客户和价值 李 蓓 著	18 个问题帮助企业一步步梳理出互联网转型思路	思路清晰、案例丰富，非常有启发性

	书名．作者	内容/特色	读者价值
互联网+	**7个转变,让公司3年胜出** 李 蓓 著	消费者主权时代,企业该怎么办	这就是互联网思维,老板有能这样想,肯定倒不了
	跳出同质思维,从跟随到领先 郭 剑 著	66个精彩案例剖析,帮助老板突破行业长期思维惯性	做企业竟然有这么多玩法,开眼界

行业类:零售、白酒、食品/快消品、农业、医药、建材家居等

	书名．作者	内容/特色	读者价值
零售·超市·餐饮·服装	**总部有多强大,门店就能走多远** IBMG国际商业管理集团 著	如何把总部做强,成为门店的坚实后盾	了解总部建设的方法与经验
	超市卖场定价策略与品类管理 IBMG国际商业管理集团 著	超市定价策略与品类管理实操案例和方法	拿来就能用的理论和工具
	连锁零售企业招聘与培训破解之道 IBMG国际商业管理集团 著	围绕零售企业组织架构、培训体系建设等内容进行深刻探讨	破解人才发现和培养瓶颈的关键点
	中国首家未来超市:解密安徽乐城 IBMG国际商业管理集团 著	介绍了乐城作为中国首家未来超市从无到有的传奇经历	了解新型零售超市的运作方式及管理特色
	三四线城市超市如何快速成长:解密甘雨亭 IBMG国际商业管理集团 著	揭秘一家三四线连锁超市的经验策略	不但可以欣赏它的优点,而且可以学会它成功的方法
	涨价也能卖到翻 村松达夫 【日】	提升客单价的15种实用、有效的方法	日本企业在这方面非常值得学习和借鉴
	移动互联下的超市升级 联商网专栏频道 著	深度解析超市转型升级重点	帮助零售企业把握全局,看清方向
	手把手教你做专业督导:专卖店、连锁店 熊亚柱 著	从督导的职能、作用,在工作中需要的专业技能、方法,都提供了详细的解读和训练办法,同时附有大量的表单工具	无论是店铺需要统一培训,还是个人想成为优秀的督导,有这一本就够了
	百货零售全渠道营销策略 陈继展 著	没有照本宣科、说教式的絮叨,只有笔者对行业的认知与理解,庖丁解牛式的逐项解析、展开	通俗易懂,花极少的时间快速掌握该领域的知识及趋势
	零售:把客流变成购买力 丁 昀 著	如何通过不断升级产品和体验式服务来经营客流	如何进行体验营销,国外的好经营,这方面有启发
	餐饮企业经营策略第一书 吴 坚 著	分别从产品、顾客、市场、盈利模式等几个方面,对现阶段餐饮企业的发展提出策略和思路	第一本专业的、高端的餐饮企业经营指导书

零售·超市·餐饮·服装	电影院的下一个黄金十年:开发·差异化·案例 李保煜　著	对目前电影院市场存大的问题及如何解决进行了探讨与解读	多角度了解电影院运营方式及代表性案例
	赚不赚钱靠店长:从懂管理到会经营 孙彩军　著	通过生动的案例来进行剖析,注重门店管理细节方面的能力提升	帮助终端门店店长在管理门店的过程中实现经营思路的拓展与突破
耐消品	商业车经销商实战 深远汽车　著	聚焦于商用车行业的经销商与4S店的运营	对商用车行业及其经销商运营有很大的指导意义
	汽车配件这样卖:汽车后市场销售秘诀100条 俞士耀　著	汽配销售业务员必读,手把手教授最实用的方法,轻松得来好业绩	快速上岗,专业实效,业绩无忧
	跟行业老手学经销商开发与管理:家电、耐消品、建材家居 黄润霖　著	全部来源于经销商管理的一线问题,作者用丰富的经验将每一个问题落实到最便捷快速的操作方法上去	书中每一个问题都是普通营销人亲口提出的,这些问题你也会遇到,作者进行的解答则精彩实用
白酒	白酒到底如何卖 赵海永　著	以市场实战为主,多层次、全方位、多角度地阐释了白酒一线市场操作的最新模式和方法,接地气	实操性强,37个方法、6大案例帮你成功卖酒
	变局下的白酒企业重构 杨永华　著	帮助白酒企业从产业视角看清趋势,找准位置,实现弯道超车的书	行业内企业要减少90%,自己在什么位置,怎么做,都清楚了
	1. 白酒营销的第一本书(升级版) 2. 白酒经销商的第一本书 唐江华　著	华泽集团湖南开口笑公司品牌部长,擅长酒类新品推广、新市场拓展	扎根一线,实战
	区域型白酒企业营销必胜法则 朱志明　著	为区域型白酒企业提供35条必胜法则,在竞争中赢销的葵花宝典	丰富的一线经验和深厚积累,实操实用
	10步成功运作白酒区域市场 朱志明　著	白酒区域操盘者必备,掌握区域市场运作的战略、战术、兵法	在区域市场的攻伐防守中运筹帷幄,立于不败之地
	酒业转型大时代:微酒精选2014－2015 微酒　主编	本书分为五个部分:当年大事件、那些酒业营销工具、微酒独立策划、业内大调查和十大经典案例	了解行业新动态、新观点,学习营销方法
快消品·食品	5小时读懂快消品营销:中国快消品案例观察 陈海超　著	多年营销经验的一线老手把案例掰开了、揉碎了,从中得出的各种手段和方法给读者以帮助和启发	营销那些事儿的个中秘辛,求人还不一定告诉你,这本书里就有
	快消品招商的第一本书:从入门到精通 刘　雷　著	深入浅出,不说废话,有工具方法,通俗易懂	让零基础的招商新人快速学习书中最实用的招商技能,成长为骨干人才
	乳业营销第一书 侯军伟　著	对区域乳品企业生存发展关键性问题的梳理	唯一的区域乳业营销书,区域乳品企业一定要看
	食用油营销第一书 余　盛　著	10多年油脂企业工作经验,从行业到具体实操	食用油行业第一书,当之无愧

快消品·食品	中国茶叶营销第一书 柏 夔 著	如何跳出茶行业"大文化小产业"的困境,作者给出了自己的观察和思考	不是传统做茶的思路,而是现在商业做茶的思路
	调味品营销第一书 陈小龙 著	国内唯一一本调味品营销的书	唯一的调味品营销的书,调味品的从业者一定要看
	快消品营销人的第一本书:从入门到精通 刘 雷 伯建新 著	快消行业必读书,从入门到专业	深入细致,易学易懂
	变局下的快消品营销实战策略 杨永华 著	通胀了,成本增加,如何从被动应战变成主动的"系统战"	作者对快消品行业非常熟悉、非常实战
	快消品经销商如何快速做大 杨永华 著	本书完全从实战的角度,评述现象,解析误区,揭示原理,传授方法	为转型期的经销商提供了解决思路,指出了发展方向
	一位销售经理的工作心得 蒋 军 著	一线营销管理人员想提升业绩却无从下手时,可以看看这本书	一线的真实感悟
	快消品营销:一位销售经理的工作心得2 蒋 军 著	快消品、食品饮料营销的经验之谈,重点图书	来源与实战的精华总结
	快消品营销与渠道管理 谭长春 著	将快消品标杆企业渠道管理的经验和方法分享出来	可口可乐、华润的一些具体的渠道管理经验,实战
	成为优秀的快消品区域经理(升级版) 伯建新 著	用"怎么办"分析区域经理的工作关键点,增加30%全新内容,更贴近环境变化	可以作为区域经理的"速成催化器"
	销售轨迹:一位快消品营销总监的拼搏之路 秦国伟 著	本书讲述了一个普通销售员打拼成为跨国企业营销总监的真实奋斗历程	激励人心,给广大销售员以力量和鼓舞
	快消老手都在这样做:区域经理操盘锦囊 方 刚 著	非常接地气,全是多年沉淀下来的干货,丰富的一线经验和实操方法不可多得	在市场摸爬滚打的"老油条",那些独家绝招妙招一般你问都是问不来的
	动销四维:全程辅导与新品上市 高继中 著	从产品、渠道、促销和新品上市详细讲解提高动销的具体方法,总结作者18年的快消品行业经验,方法实操	内容全面系统,方法实操
农业	新农资如何换道超车 刘祖轲 等著	从农业产业化、互联网转型、行业营销与经营突破四个方面阐述如何让农资企业占领先机、提前布局	南方略专家告诉你如何应对资源浪费、生产效率低下、产能严重过剩、价格与价值严重扭曲等
	中国牧场管理实战:畜牧业、乳业必读 黄剑黎 著	本书不仅提供了来自一线的实际经验,还收入了丰富的工具文档与表单	填补空白的行业必读作品
	中小农业企业品牌战法 韩 旭 著	将中小农业企业品牌建设的方法,从理论讲到实践,具有指导性	全面把握品牌规划,传播推广,落地执行的具体措施
	农资营销实战全指导 张 博 著	农资如何向"深度营销"转型,从理论到实践进行系统剖析,经验资深	朴实、使用!不可多得的农资营销实战指导
	农产品营销第一书 胡浪球 著	从农业企业战略到市场开拓、营销、品牌、模式等	来源于实践中的思考,有启发
	变局下的农牧企业9大成长策略 彭志雄 著	食品安全、纵向延伸、横向联合、品牌建设……	唯一的农牧企业经营实操的书,农牧企业一定要看

医药	在中国,医药营销这样做:时代方略精选文集 段继东　主编	专注于医药营销咨询15年,将医药营销方法的精华文章合编,深入全面	可谓医药营销领域的顶尖著作,医药界读者的必读书
	医药新营销:制药企业、医药商业企业营销模式转型 史立臣　著	医药生产企业和商业企业在新环境下如何做营销?老方法还有没有用?如何寻找新方法?新方法怎么用?本书给你答案	内容非常现实接地气,踏实谈问题说方法
	医药企业转型升级战略 史立臣　著	药企转型升级有5大途径,并给出落地步骤及风险控制方法	实操性强,有作者个人经验总结及分析
	新医改下的医药营销与团队管理 史立臣　著	探讨新医改对医药行业的系列影响和医药团队管理	帮助理清思路,有一个框架
	医药营销与处方药学术推广 马宝琳　著	如何用医学策划把"平民产品"变成"明星产品"	有真货、讲真话的作者,堪称处方药营销的经典!
	新医改了,药店就要这样开 尚　锋　著	药店经营、管理、营销全攻略	有很强的实战性和可操作性
	电商来了,实体药店如何突围 尚　锋　著	电商崛起,药店该如何突围?本书从促销、会员服务、专业性、客单价等多重角度给出了指导方向	实战攻略,拿来就能用
	OTC医药代表药店销售36计 鄢圣安　著	以《三十六计》为线,写OTC医药代表向药店销售的一些技巧与策略	案例丰富,生动真实,实操性强
	OTC医药代表药店开发与维护 鄢圣安　著	要做到一名专业的医药代表,需要做什么、准备什么、知识储备、操作技巧等	医药代表药店拜访的指导手册,手把手教你快速上手
	引爆药店成交率1:店员导购实战 范月明　著	一本书解决药店导购所有难题	情景化、真实化、实战化
	引爆药店成交率2:经营落地实战 范月明　著	最接地气的经营方法全指导	揭示了药店经营的几类关键问题
	引爆药店成交率:专业化销售解决方案 范月明　著	药品搭配分析与关联销售	为药店人专业化助力
建材家居	家具行业操盘手 王献永　著	家具行业问题的终结者	解决了干家具还有没有前途?为什么同城多店的家具经销商很难做大做强等问题
	建材家居营销:除了促销还能做什么 孙嘉晖　著	一线老手的深度思考,告诉你在建材家居营销模式基本停滞的今天,除了促销,营销还能怎么做	给你的想法一场革命
	建材家居营销实务 程绍珊　杨鸿贵　主编	价值营销运用到建材家居,每一步都让客户增值	有自己的系统、实战
	建材家居门店销量提升 贾同领　著	店面选址、广告投放、推广助销、空间布局、生动展示、店面运营等	门店销量提升是一个系统工程,非常系统、实战

分类	书名/作者	内容	评价
建材家居	10 步成为最棒的建材家居门店店长 徐伟泽 著	实际方法易学易用,让员工能够迅速成长,成为独当一面的好店长	只要坚持这样干,一定能成为好店长
	手把手帮建材家居导购业绩倍增:成为顶尖的门店店员 熊亚柱 著	生动的表现形式,让普通人也能成为优秀的导购员,让门店业绩长红	读着有趣,用着简单,一本在手,业绩无忧
	建材家居经销商实战 42 章经 王庆云 著	告诉经销商:老板怎么当、团队怎么带、生意怎么做	忠言逆耳,看着不舒服就对了,实战总结,用一招半式就值了
工业品	销售是门专业活:B2B、工业品 陆和平 著	销售流程就应该跟着客户的采购流程和关注点的变化向前推进,将一个完整的销售过程分成十个阶段,提供具体方法	销售不是请客吃饭拉关系,是个专业的活计!方法在手,走遍天下不愁
	解决方案营销实战案例 刘祖轲 著	用 10 个真案例讲明白什么是工业品的解决方案式营销,实战、实用	有干货,真正操作过的才能写得出来
	变局下的工业品企业 7 大机遇 叶敦明 著	产业链条的整合机会、盈利模式的复制机会、营销红利的机会、工业服务商转型机会……	工业品企业还可以这样做,思维大突破
	工业品市场部实战全指导 杜忠 著	工业品市场部经理工作内容全指导	系统、全面、有理论、有方法,帮助工业品市场部经理更快提升专业能力
	工业品营销管理实务 李洪道 著	中国特色工业品营销体系的全面深化、工业品营销管理体系优化升级	工具更实战,案例更鲜活,内容更深化
	工业品企业如何做品牌 张东利 著	为工业品企业提供最全面的品牌建设思路	有策略、有方法、有思路、有工具
	丁兴良讲工业 4.0 丁兴良 著	没有枯燥的理论和说教,用朴实直白的语言告诉你工业 4.0 的全貌	工业 4.0 是什么?本书告诉你答案
	资深大客户经理:策略准,执行狠 叶敦明 著	从业务开发、发起攻势、关系培育、职业成长四个方面,详述了大客户营销的精髓	满满的全是干货
	一切都是为了订单:订单驱动下的工业品营销实战 唐道明 著	其实,所有的企业都在围绕着两个字在开展全部的经营和管理工作,那就是"订单"	开发订单、满足订单、扩大订单。本书全是实操方法,字字珠玑、句句干货,教你获得营销的胜利
金融	交易心理分析 (美)马克·道格拉斯 著 刘真如 译	作者一语道破赢家的思考方式,并提供了具体的训练方法	不愧是投资心理的第一书,绝对经典
	精品银行管理之道 崔海鹏 何屹 主编	中小银行转型的实战经验总结	中小银行的教材很多,实战类的书很少,可以看看
	支付战争 Eric M. Jackson 著 徐彬 王晓 译	PayPal 创业期营销官,亲身讲述 PayPal 从诞生到壮大到成功出售的整个历史	激烈、有趣的内幕商战故事!了解美国支付市场的风云巨变
	中外并购名著专业阅读指南 叶兴平 等著	在 5000 多本并购类图书中精选的 200 著作,在阅读的基础上写的读书评价	精挑细选 200 本并一一评介,省去读者挑选的烦恼,快捷、高效
	互联网时代的银行转型 韩友诚 著	以大量案例形式为读者全面展示和分析了银行的互联网金融转型应对之道	结合本土银行转型发展案例的书籍

	书名．作者	内容/特色	读者价值
房地产	产业园区/产业地产规划、招商、运营实战 阎立忠 著	目前中国第一本系统解读产业园区和产业地产建设运营的实战宝典	从认知、策划、招商到运营全面了解地产策划
	人文商业地产策划 戴欣明 著	城市与商业地产战略定位的关键是不可复制性，要发现独一无二的"味道"	突破千城一面的策划困局
	电影院的下一个黄金十年：开发·差异化·案例 李保煜 著	对目前电影院市场存大的问题及如何解决进行了探讨与解读	多角度了解电影院运营方式及代表性案例

经营类：企业如何赚钱，如何抓机会，如何突破，如何"开源"

	书名．作者	内容/特色	读者价值
抓方向	让经营回归简单．升级版 宋新宇 著	化繁为简抓住经营本质：战略、客户、产品、员工、成长	经典，做企业就这几个关键点！
	混沌与秩序Ⅰ：变革时代企业领先之道 混沌与秩序Ⅱ：变革时代管理新思维 彭剑锋 尚艳玲 主编	汇集华夏基石专家团队10年来研究成果，集中选择了其中的精华文章编纂成册	作者都是既有深厚理论积淀又有实践经验的重磅专家，为中国企业和企业家的未来提出了高屋建瓴的观点
	活系统：跟任正非学当老板 孙行健 尹贤 著	以任正非的独到视角，教企业老板如何经营	看透公司经营本质，激活企业活力
	重构：中国企业重生战略 杨永华 著	从7个角度，帮助企业实现系统性的改造	提供转型思想与方法，值得参考
	公司由小到大要过哪些坎 卢强 著	老板手里的一张"企业成长路线图"	现在我在哪儿，未来还要走哪些路，都清楚了
	企业二次创业成功路线图 夏惊鸣 著	企业曾经抓住机会成功了，但下一步该怎么办？	企业怎样获得第二次成功，心里有个大框架了
	老板经理人双赢之道 陈明 著	经理人怎养选平台、怎么开局，老板怎样选/育/用/留	老板生闷气，经理人牢骚大，这次知道该怎么办了
	简单思考：AMT咨询创始人自述 孔祥云 著	著名咨询公司（AMT）的CEO创业历程中点点滴滴的经验与思考	每一位咨询人，每一位创业者和管理经营者，都值得一读
	企业文化的逻辑 王祥伍 黄健江 著	为什么企业绩效如此不同，解开绩效背后的文化密码	少有的深刻，有品质，读起来很流畅
	使命驱动企业成长 高可为 著	钱能让一个人今天努力，使命能让一群人长期努力	对于想做事业的人，'使命'是绕不过去的
思维突破	盈利原本就这么简单 高可为 著	从财务的角度揭示企业盈利的秘密	多方面解读商业模式与盈利的关系，通俗易懂，受益匪浅
	移动互联新玩法：未来商业的格局和趋势 史贤龙 著	传统商业、电商、移动互联，三个世界并存，这种新格局的玩法一定要懂	看清热点的本质，把握行业先机，一本书搞定移动互联网
	画出公司的互联网进化路线图：用互联网思维重塑产品、客户和价值 李蓓 著	18个问题帮助企业一步步梳理出互联网转型思路	思路清晰、案例丰富，非常有启发性
	重生战略：移动互联网和大数据时代的转型法则 沈拓 著	在移动互联网和大数据时代，传统企业转型如同生命体打算与再造，称之为"重生战略"	帮助企业认清移动互联网环境下的变化和应对之道

	书名·作者	内容/特色	读者价值
思维突破	创造增量市场:传统企业互联网转型之道 刘红明 著	传统企业需要用互联网思维去创造增量,而不是用电子商务去转移传统业务的存量	教你怎么在"互联网+"的海洋中创造实实在在的增量
	7个转变,让公司3年胜出 李蓓 著	消费者主权时代,企业该怎么办	这就是互联网思维,老板有能这样想,肯定倒不了
	跳出同质思维,从跟随到领先 郭剑 著	66个精彩案例剖析,帮助老板突破行业长期思维惯性	做企业竟然有这么多玩法,开眼界
	麻烦就是需求 难题就是商机 卢根鑫 著	如何借助客户的眼睛发现商机	什么是真商机,怎么判断、怎么抓,有借鉴
	互联网+"变"与"不变":本土管理实践与创新论坛集萃·2016 本土管理实践与创新论坛 著	加速本土管理思想的孕育诞生,促进本土管理创新成果更好地服务企业、贡献社会	各个作者本年度最新思想,帮助读者拓宽眼界、突破思维
财务	写给企业家的公司与家庭财务规划——从创业成功到富足退休 周荣辉 著	本书以企业的发展周期为主线,写各阶段企业与企业主家庭的财务规划	为读者处理人生各阶段企业与家庭的财务问题提供建议及方法,让家庭成员真正享受财富带来的益处
	互联网时代的成本观 程翔 著	本书结合互联网时代提出了成本的多维观,揭示了多维组合成本的互联网精神和大数据特征,论述了其产生背景、实现思路和应用价值	在传统成本观下为盈利的业务,在新环境下也许就成为亏损业务。帮助管理者从新的角度来看待成本,进一步做好精益管理

管理类:效率如何提升,如何实现经营目标,如何"节流"

	书名·作者	内容/特色	读者价值
通用管理	让管理回归简单·升级版 宋新宇 著	从目标、组织、决策、授权、人才和老板自己层面教你怎样做管理	帮助管理抓住管理的要害,让管理变得简单
	让经营回归简单·升级版 宋新宇 著	从战略、客户、产品、员工、成长、经营者自身等七个方面,归纳总结出简单有效的经营法则	总结出的真正优秀企业的成功之道:简单
	让用人回归简单 宋新宇 著	从用人的原则、用人的难题与误区、用人的方法和用人者的修炼四大方面,总结出适合中小企业做好人才管理工作的法则	帮助管理者抓住用人的要害,让用人变得简单
	管理:以规则驾驭人性 王春强 著	详细解读企业规则的制定方法	从人与人博弈角度提升管理的有效性
	员工心理学超级漫画版 邢雷 著	以漫画的形式深度剖析员工心理	帮助管理者更了解员工,从而更轻松地管理员工
	帅抓战略,将抓执行 王清华 著	深入剖析老板与高管的异同	各司其职,各行其是,相辅相成
	分股合心:股权激励这样做 段磊 周剑 著	通过丰富的案例,详细介绍了股权激励的知识和实行方法	内容丰富全面、易读易懂,了解股权激励,有这一本就够了

通用管理	边干边学做老板 黄中强 著	创业 20 多年的老板,有经验、能写、又愿意分享,这样的书很少	处处共鸣,帮助中小企业老板少走弯路
	中国式阿米巴落地实践之从交付到交易 胡八一 著	本书主要讲述阿米巴经营会计,"从交付到交易",这是成功实施了阿米巴的标志	阿米巴经营会计的工作是有逻辑关联的,一本书就能搞定
	中国式阿米巴落地实践之激活组织 胡八一 著	重点讲解如何科学划分阿米巴单元,阐述划分的实操要领、思路、方法、技术与工具	最大限度减少"推行风险"和"摸索成本",利于公司成功搭建适合自身的个性化阿米巴经营体系
	集团化企业阿米巴实战案例 初勇钢 著	一家集团化企业阿米巴实施案例	指导集团化企业系统实施阿米巴
	阿米巴经营的中国模式 李志华 著	让员工从"要我干"到"我要干",价值量化出来	阿米巴在企业如何落地,明白思路了
	欧博心法:好管理靠修行 曾 伟 著	用佛家的智慧,深刻剖析管理问题,见解独到	如果真的有'中国式管理',曾老师是其中标志性人物
流程管理	1. 用流程解放管理者 2. 用流程解放管理者 2 张国祥 著	中小企业阅读的流程管理、企业规范化的书	通俗易懂,理论和实践的结合恰到好处
	跟我们学建流程体系 陈立云 著	畅销书《跟我们学做流程管理》系列,更实操,更细致,更深入	更多地分享实践,分享感悟,从实践总结出来的方法论
质量管理	IATF16949 质量管理体系详解与案例文件汇编: TS16949 转版 IATF16949:2016 谭洪华 著	针对 IATF 的新标准做了详细的解说,同时指出了一些推行中容易犯的错误,提供了大量的表单、案例	案例、表单丰富,拿来就用
	五大质量工具详解及运用案例: APQP/FMEA/PPAP/MSA/SPC 谭洪华 著	对制造业必备的五大质量工具中每个文件的制作要求、注意事项、制作流程、成功案例等进行了解读	通俗易懂、简便易行,能真正实现学以致用
	ISO9001:2015 新版质量管理体系详解与案例文件汇编 谭洪华 著	紧密围绕 2015 年新版质量管理体系文件逐条详细解读,并提供可以直接套用的案例工具,易学易上手	企业质量管理认证、内审必备
	ISO14001:2015 新版环境管理体系详解与案例文件汇编 谭洪华 著	紧密围绕 2015 年新版环境管理体系文件逐条详细解读,并提供可以直接套用的案例工具,易学易上手	企业环境管理认证、内审必备
	SA8000:2014 社会责任管理体系认证实战 吕 林 著	作者根据自己的操作经验,按认证的流程,以相关案例进行说明 SA8000 认证体系	简单,实操性强,拿来就能用
战略落地	重生——中国企业的战略转型 施炜 著	从前瞻和适用的角度,对中国企业战略转型的方向、路径及策略性举措提出了一些概要性的建议和意见	对企业有战略指导意义
	公司大了怎么管:从靠英雄到靠组织 AMT 金国华 著	第一次详尽阐释中国快速成长型企业的特点、问题及解决之道	帮助快速成长型企业领导及管理团队理清思路,突破瓶颈

战略落地	低效会议怎么改:每年节省一半会议成本的秘密 AMT 王玉荣 著	教你如何系统规划公司的各级会议,一本工具书	教会你科学管理会议的办法
	年初订计划,年尾有结果:战略落地七步成诗 AMT 郭晓 著	7 个步骤教会你怎么让公司制定的战略转变为行动	系统规划,有效指导计划实现
人力资源	HRBP 是这样炼成的之"菜鸟起飞" 新 海 著	以小说的形式,具体解析HRBP 的职责,应该如何操作,如何为业务服务	实践者的经验分享,内容实务具体,形式有趣
	HRBP 是这样炼成的之中级修炼 新 海 著	本书以案例故事的方式,介绍了 HRBP 在实际工作中碰到的问题和挑战	书中的 HR 解决方案讲究因时因地制宜、简单有效的原则,重在启发读者思路,可供各类企业HRBP 借鉴
	HRBP 是这样炼成的之高级修炼 新 海 著	以故事的形式,展现了HRBP 工作者在职业发展路上的层层深入和递进	为读者提供 HRBP 在实际工作中遇到种种问题的解决方案
	把面试做到极致:首席面试官的人才甄选法 孟广桥 著	作者用自己几十年的人力资源经验总结出的一套实用的确定岗位招聘标准、提升面试官技能素质的简便方法	面试官必备,没有空泛理论,只有巧妙的实操技能
	人力资源体系与 e - HR信息化建设 刘书生 陈 莹 王美佳著	将作者经历的人力资源管理变革、人力资源管理信息化咨询项目方法论、工具和成果全面展现给读者,使大家能够将其快速应用到管理实践中	系统性非常强,没有废话,全部是浓缩的干货
	回归本源看绩效 孙 波 著	让绩效回顾"改进工具"的本源,真正为企业所用	确实是来源于实践的思考,有共鸣
	世界 500 强资深培训经理人教你做培训管理 陈 锐 著	从 7 大角度具体细致地讲解了培训管理的核心内容	专业、实用、接地气
	曹子祥教你做激励性薪酬设计 曹子祥 著	以激励性为指导,系统性地介绍了薪酬体系及关键岗位的薪酬设计模式	深入浅出,一本书学会薪酬设计
	曹子祥教你做绩效管理 曹子祥 著	复杂的理论通俗化,专业的知识简单化,企业绩效管理共性问题的解决方案	轻松掌握绩效管理
	把招聘做到极致 远 鸣 著	作为世界 500 强高级招聘经理,作者数十年招聘经验的总结分享	带来职场思考境界的提升和具体招聘方法的学习
	人才评价中心·超级漫画版 邢 雷 著	专业的主题,漫画的形式,只此一本	没想到一本专业的书,能写成这效果
	走出薪酬管理误区 全怀周 著	剖析薪酬管理的 8 大误区,真正发挥好枢纽作用	值得企业深读的实用教案
	集团化人力资源管理实践 李小勇 著	对搭建集团化的企业很有帮助,务实,实用	最大的亮点不是理论,而是结合实际的深入剖析
	我的人力资源咨询笔记 张 伟 著	管理咨询师的视角,思考企业的 HR 管理	通过咨询师的眼睛对比很多企业,有启发
	本土化人力资源管理 8大思维 周 剑 著	成熟 HR 理论,在本土中小企业实践中的探索和思考	对企业的现实困境有真切体会,有启发

企业文化	**36 个拿来就用的企业文化建设工具** 海融心胜　主编	数十个工具，为了方便拿来就用，每一个工具都严格按照工具属性、操作方法、案例解读划分，实用、好用	企业文化工作者的案头必备书，方法都在里面，简单易操作
	企业文化建设超级漫画版 邢　雷　著	以漫画的形式系统教你企业文化建设方法	轻松易懂好操作
	华夏基石方法：企业文化落地本土实践 王祥伍　谭俊峰　著	十年积累、原创方法、一线资料，和盘托出	在文化落地方面真正有洞察，有实操价值的书
	企业文化的逻辑 王祥伍　著	为什么企业之间如此不同，解开绩效背后的文化密码	少有的深刻，有品质，读起来很流畅
	企业文化激活沟通 宋杼宸　安　琪　著	透过新任 HR 总经理的眼睛，揭示出沟通与企业文化的关系	有实际指导作用的文化落地读本
	在组织中绽放自我：从专业化到职业化 朱仁健　王祥伍　著	个人如何融入组织，组织如何助力个人成长	帮助企业员工快速认同并投入到组织中去，为企业发展贡献力量
	企业文化定位·落地一本通 王明胤　著	把高深枯燥的专业理论创建成一套系统化、实操化、简单化的企业文化缔造方法	对企业文化不了解，不会做？有这一本从概念到实操，就够了
生产管理	**精益思维：中国精益如何落地** 刘承元　著	笔者二十余年企业经营和咨询管理的经验总结	中国企业需要灵活运用精益思维，推动经营要素与管理机制的有机结合，推动企业管理向前发展
	300 张现场图看懂精益5S 管理 乐　涛　编著	5S 现场实操详解	案例图解，易懂易学
	高员工流失率下的精益生产 余伟辉　著	中国的精益生产必须面对和解决高员工流失率问题	确实来源于本土的工厂车间，很务实
	车间人员管理那些事儿 岑立聪　著	车间人员管理中处理各种"疑难杂症"的经验和方法	基层车间管理者最闹心、头疼的事，'打包'解决
	1. 欧博心法：好管理靠修行 **2. 欧博心法：好工厂这样管** 曾　伟　著	他是本土最大的制造业管理咨询机构创始人，他从 400 多个项目、上万家企业实践中锤炼出的欧博心法	中小制造型企业，一定会有很强的共鸣
	欧博工厂案例 1：生产计划管控对话录 **欧博工厂案例 2：品质技术改善对话录** **欧博工厂案例 3：员工执行力提升对话录** 曾　伟　著	最典型的问题、最详尽的解析，工厂管理 9 大问题27 个经典案例	没想到说得这么细，超出想象，案例很典型，照搬都可以了
	工厂管理实战工具 欧博企管　编著	以传统文化为核心的管理工具	适合中国工厂
	苦中得乐：管理者的第一堂必修课 曾　伟　编著	曾伟与师博大愿法师的对话，佛学与管理实践的碰撞，管理禅的修行之道	用佛学最高智慧看透管理
	比日本工厂更高效 1：管理提升无极限 刘承元　著	指出制造型企业管理的六大积弊；颠覆流行的错误认知；掌握精益管理的精髓	每一个企业都有自己不同的问题，管理没有一剑封喉的秘笈，要从现场、现物、现实出发

生产管理	比日本工厂更高效 2：超强经营力 刘承元　著	企业要获得持续盈利，就要开源和节流，即实现销售最大化，费用最小化	掌握提升工厂效率的全新方法
	比日本工厂更高效 3：精益改善力的成功实践 刘承元　著	工厂全面改善系统有其独特的目的取向特征，着眼于企业经营体质（持续竞争力）的建设与提升	用持续改善力来飞速提升工厂的效率，高效率能够带来意想不到的高效益
	3A 顾问精益实践 1：IE 与效率提升 党新民　苏迎斌　蓝旭日　著	系统的阐述了 IE 技术的来龙去脉以及操作方法	使员工与企业持续获利
	3A 顾问精益实践 2：JIT 与精益改善 肖志军　党新民　著	只在需要的时候，按需要的量，生产所需的产品	提升工厂效率
员工素质提升	TTT 培训师精进三部曲（上）：深度改善现场培训效果 廖信琳　著	现场把控不用慌，这里有妙招一用就灵	课程现场无论遇到什么样的情况都能游刃有余
	TTT 培训师精进三部曲（中）：构建最有价值的课程内容 廖信琳　著	这样做课程内容，学员有收获　培训师也有收获	优质的课程内容是树立个人品牌的保证
	TTT 培训师精进三部曲（下）：职业功力沉淀与修为提升 廖信琳　著	从内而外提升自己，职业的道路一帆风顺	走上职业 TTT 内训师的康庄大道
	管理咨询师的第一本书：百万年薪 千万身价 熊亚柱　著	从问题出发，发现问题、分析问题、解决问题，让两眼一抹黑的新人快速成长	管理咨询师初入职场，让这本书开启百万年薪之路
	手把手教你做专业督导：专卖店、连锁店 熊亚柱　著	从督导的职能、作用，在工作中需要的专业技能、方法，都提供了详细的解读和训练办法，同时附有大量的表单工具	无论是店铺需要统一培训，还是个人想成为优秀的督导，有这一本就够了
	跟老板"偷师"学创业 吴江萍　余晓雷　著	边学边干，边观察边成长，你也可以当老板	不同于其他类型的创业书，让你在工作中积累创业经验，一举成功
	销售轨迹：一位快消品营销总监的拼搏之路 秦国伟　著	本书讲述了一个普通销售员打拼成为跨国企业营销总监的真实奋斗历程	激励人心，给广大销售员以力量和鼓舞
	在组织中绽放自我：从专业化到职业化 朱仁健　王祥伍　著	个人如何融入组织，组织如何助力个人成长	帮助企业员工快速认同并投入到组织中去，为企业发展贡献力量
	企业员工弟子规：用心做小事，成就大事业 贾同领　著	从传统文化《弟子规》中学习企业中为人处事的办法，从自身做起	点滴小事，修养自身，从自身的改善得到事业的提升
	手把手教你做顶尖企业内训师：TTT 培训师宝典 熊亚柱　著	从课程研发到现场把控、个人提升都有涉及，易读易懂，内容丰富全面	想要做企业内训师的员工有福了，本书教你如何抓住关键，从入门到精通

营销类:把客户需求融入企业各环节,提供"客户认为"有价值的东西

	书名. 作者	内容/特色	读者价值
营销模式	精品营销战略 杜建君 著	以精品理念为核心的精益战略和营销策略	用精品思维赢得高端市场
	变局下的营销模式升级 程绍珊 叶 宁 著	客户驱动模式、技术驱动模式、资源驱动模式	很多行业的营销模式被颠覆,调整的思路有了!
	卖轮子 科克斯【美】	小说版的营销学! 营销理念巧妙贯穿其中,贵在既有趣,又有深度	经典、有趣! 一个故事读懂营销精髓
	动销操盘:节奏掌控与社群时代新战法 朱志明 著	在社群时代把握好产品生产销售的节奏,解析动销的症结,寻找动销的规律与方法	都是易读易懂的干货! 对动销方法的全面解析和操盘
	弱势品牌如何做营销 李政权 著	中小企业虽有品牌但没名气,营销照样能做的有声有色	没有丰富的实操经验,写不出这么具体、详实的案例和步骤,很有启发
	老板如何管营销 史贤龙 著	高段位营销16招,好学好用	老板能看,营销人也能看
	洞察人性的营销战术: 沈坤教你28式 沈 坤 著	28个匪夷所思的营销怪招令人拍案叫绝,涉及商业竞争的方方面面,大部分战术可以直接应用到企业营销中	各种谋略得益于作者的横向思维方式,将其操作过的案例结合其中,提供的战术对读者有参考价值
	动销:产品是如何畅销起来的 吴江萍 余晓雷 著	真真切切告诉你,产品究竟怎么才能卖出去	击中痛点,提供方法,你值得拥有
销售	资深大客户经理:策略准,执行狠 叶敦明 著	从业务开发、发起攻势、关系培育、职业成长四个方面,详述了大客户营销的精髓	满满的全是干货
	成为资深的销售经理: B2B、工业品 陆和平 著	围绕"销售管理的六个关键控制点"一一展开,提供销售管理的专业、高效方法	方法和技术接地气,拿来就用,从销售员成长为经理不再犯难
	销售是门专业活:B2B、工业品 陆和平 著	销售流程就应该跟着客户的采购流程和关注点的变化向前推进,将一个完整的销售过程分成十个阶段,提供具体方法	销售不是请客吃饭拉关系,是个专业的活计! 方法在手,走遍天下不怵
	向高层销售:与决策者有效打交道 贺兵一 著	一套完整有效的销售策略	有工具,有方法,有案例,通俗易懂
	卖轮子 科克斯 【美】	小说版的营销学! 营销理念巧妙贯穿其中,贵在既有趣,又有深度	经典、有趣! 一个故事读懂营销精髓
	学话术 卖产品 张小虎 著	分析常见的顾客异议,将优秀的话术模块化	让普通导购员也能成为销售精英
组织和团队	升级你的营销组织 程绍珊 吴越舟 著	用"有机性"的营销组织替代"营销能人",营销团队变成"铁营盘"	营销队伍最难管,程老师不愧是营销第1操盘手,步骤方法都很成熟
	用数字解放营销人 黄润霖 著	通过量化帮助营销人员提高工作效率	作者很用心,很好的常备工具书

组织和团队	成为优秀的快消品区域经理(升级版) 伯建新 著	用"怎么办"分析区域经理的工作关键点,增加30%全新内容,更贴近环境变化	可以作为区域经理的"速成催化器"
	成为资深的销售经理:B2B、工业品 陆和平 著	围绕"销售管理的六个关键控制点"一一展开,提供销售管理的专业、高效方法	方法和技术接地气,拿来就用,从销售员成长为经理不再犯难
	一位销售经理的工作心得 蒋 军 著	一线营销管理人员想提升业绩却无从下手时,可以看看这本书	一线的真实感悟
	快消品营销:一位销售经理的工作心得2 蒋 军 著	快消品、食品饮料营销的经验之谈,重点突出	来源于实战的精华总结
	销售轨迹:一位快消品营销总监的拼搏之路 秦国伟 著	本书讲述了一个普通销售员打拼成为跨国企业营销总监的真实奋斗历程	激励人心,给广大销售员以力量和鼓舞
	用营销计划锁定胜局:用数字解放营销人2 黄润霖 著	全方位教你怎么做好营销计划,好学用真简单	照搬套用就行,做营销计划再也不头痛
	快消品营销人的第一本书:从入门到精通 刘 雷 伯建新 著	快消行业必读书,从入门到专业	深入细致,易学易懂
产品	新产品开发管理,就用IPD 郭富才 著	10年IPD研发管理咨询总结,国内首部IPD专业著作	一本书掌握IPD管理精髓
	资深项目经理这样做新产品开发管理 秦海林 著	以IPD为思想,系统讲解新产品开管理的细节	提供管理思路和实用工具
	产品炼金术I:如何打造畅销产品 史贤龙 著	满足不同阶段、不同体量、不同行业企业对产品的完整需求	必须具备的思维和方法,避免在产品问题上走弯路
	产品炼金术II:如何用产品驱动企业成长 史贤龙 著	做好产品、关注产品的品质,就是企业成功的第一步	必须具备的思维和方法,避免在产品问题上走弯路
品牌	中小企业如何建品牌 梁小平 著	中小企业建品牌的入门读本,通俗、易懂	对建品牌有了一个整体框架
	采纳方法:破解本土营销8大难题 朱玉童 编著	全面、系统、案例丰富、图文并茂	希望在品牌营销方面有所突破的人,应该看看
	中国品牌营销十三战法 朱玉童 编著	采纳20年来的品牌策划方法,同时配有大量的案例	众包方式写作,丰富案例给人启发,极具价值
	今后这样做品牌:移动互联时代的品牌营销策略 蒋 军 著	与移动互联紧密结合,告诉你老方法还能不能用,新方法怎么用	今后这样做品牌就对了
	中小企业如何打造区域强势品牌 吴 之 著	帮助区域的中小企业打造自身品牌,如何在强壮自身的基础上往外拓展	梳理误区,系统思考品牌问题,切实符合中小区域品牌的自身特点进行阐述
渠道通路	快消品营销与渠道管理 谭长春 著	将快消品标杆企业渠道管理的经验和方法分享出来	可口可乐、华润的一些具体的渠道管理经验,实战

	书名．作者	内容/特色	读者价值
渠道通路	传统行业如何用网络拿订单 张 进 著	给老板看的第一本网络营销书	适合不懂网络技术的经营决策者看
	采纳方法：化解渠道冲突 朱玉童 编著	系统剖析渠道冲突，21 个渠道冲突案例、情景式讲解，37 篇讲义	系统、全面
	学话术 卖产品 张小虎 著	分析常见的顾客异议，将优秀的话术模块化	让普通导购员也能成为销售精英
	向高层销售：与决策者有效打交道 贺兵一 著	一套完整有效的销售策略	有工具，有方法，有案例，通俗易懂
	通路精耕操作全解：快消品 20 年实战精华 周 俊 陈小龙 著	通路精耕的详细全解，每一步的具体操作方法和表单全部无保留提供	康师傅二十年的经验和精华，实践证明的最有效方法，教你如何主宰通路

管理者读的文史哲·生活

	书名．作者	内容/特色	读者价值
思想·文化	德鲁克管理思想解读 罗 珉 著	用独特视角和研究方法，对德鲁克的管理理论进行了深度解读与剖析	不仅是摘引和粗浅分析，还是作者多年深入研究的成果，非常可贵
	德鲁克与他的论敌们：马斯洛、戴明、彼得斯 罗 珉 著	几位大师之间的论战和思想碰撞令人受益匪浅	对大师们的观点和著作进行了大量的理论加工，去伪存真、去粗存精，同时有自己独特的体系深度
	德鲁克管理学 张远凤 著	本书以德鲁克管理思想的发展为线索，从一个侧面展示了 20 世纪管理学的发展历程	通俗易懂，脉络清晰
	王阳明"万物一体"论——从"身体"的立场看 陈立胜 著	以身体哲学分析王阳明思想中的"仁"与"乐"	进一步了解传统文化，了解王阳明的思想
	自我与世界：以问题为中心的现象学运动研究 陈立胜 著	以问题为中心，对现象学运动中的"意向性""自我""他人""身体"及"世界"各核心议题之思想史背景与内在发展理路进行深入细致的分析	深入了解现象学中的几个主要问题
	作为身体哲学的中国古代哲学 张再林 著	上篇为中国古代身体哲学理论体系奠基性部分，下篇对由"上篇"所开出的中国身体哲学理论体系的进一步的阐发和拓展	了解什么是真正原生态意义上的中国哲学，把中国传统哲学与西方传统哲学加以严格区别
	中西哲学的歧异与会通 张再林 著	本书以一种现代解释学的方法，对中国传统哲学内在本质尝试一种全新的和全方位的解读	发掘出掩埋在古老传统形式下的现代特质和活的生命，在此基础上揭示中西哲学"你中有我，我中有你"之旨
	治论：中国古代管理思想 张再林 著	本书主要从儒、法墨三家阐述中国古代管理思想	看人本主义的管理理论如何不留斧痕地克服似乎无法调解的存在于人类社会行为与社会组织中的种种两难和对立